零距离上岗

高职高专人力资源管理专业系列规划教材

人员素质与能力测评

张　钊　朱莀予◉主编
李贵强　张　倜
　　　　戴卫东◉副主编
　　　　万　鑫◉主审

（第2版）

電子工業出版社
Publishing House of Electronics Industry
北京·BEIJING

图书在版编目（CIP）数据

人员素质与能力测评 / 张钊，朱莳予主编. —2 版. —北京：电子工业出版社，2009.10
（零距离上岗·高职高专人力资源管理专业系列规划教材）
ISBN 978-7-121-09525-2

Ⅰ. 人… Ⅱ. ①张… ②朱… Ⅲ. 人员测评工程－高等学校：技术学校－教材 Ⅳ. C962

中国版本图书馆 CIP 数据核字（2009）第 164685 号

责任编辑：杨洪军
印　　刷：北京虎彩文化传播有限公司
装　　订：北京虎彩文化传播有限公司
出版发行：电子工业出版社
　　　　　北京市海淀区万寿路 173 信箱　邮编 100036
开　　本：787×980　1/16　印张：20.5　字数：460 千字
版　　次：2006 年 5 月第 1 版
　　　　　2009 年 10 月第 2 版
印　　次：2022 年 7 月第 14 次印刷
定　　价：34.00 元

凡所购买电子工业出版社图书有缺损问题，请向购买书店调换。若书店售缺，请与本社发行部联系，联系及邮购电话：（010）88254888。
质量投诉请发邮件至 zlts@phei.com.cn，盗版侵权举报请发邮件至 dbqq@phei.com.cn。
服务热线：（010）88258888。

高职高专人力资源管理专业系列规划教材（第2版）编委会

第2版总序

零距离上岗·高职高专人力资源管理专业系列规划教材，经过三年多教学实践的检验，得到了使用该教材的高职高专院校的普遍认可，也受到了广大师生的好评。但是随着社会的发展、科技的进步和国内外人力资源管理专业学科理论建设的日益完善与创新，尤其是近年来国家颁布实施了一系列相关的新的法律法规，这些客观形势的变化，迫切要求对这套教材进行全方位的修订、更新升级、丰富完善，以满足和适应当前及今后教学的需要。

此次修订，在保持第1版主体结构不变的前提下，紧密围绕高职高专人力资源管理专业教学实际需要和零距离上岗这两大主题，有更新、有增加、有精简、有创新，更加重视实践教学环节，加强学生的岗位技能训练，使学生能够更快地适应人力资源管理职业岗位的要求。

修订后的第2版教材具有以下几个显著特点：

（1）目标定位准确。本套教材以强化高职高专院校学生实践能力和职业技能为目标，力求实现学生从学校到工作岗位的"零距离"。

（2）内容与时俱进。本套教材的内容融入了人力资源管理理论研究与实践应用的最新成果和国家最新颁布的方针、政策、法律法规。

（3）体例新颖活泼。本套教材在保持第1版的"引导案例"、"本章重点概念"、"案例分析"、"调查研讨题"的基础上，增加了"学习导航"、"相关链接"、"自测题"等新栏目，不但使学生对章节结构和知识体系有更加清晰的理解，同时也在一定程度上扩大了学生的知识面，拓宽了学生的视野，并与正文内容产生更好的互动。

本套教材以培养具备人力资源管理及管理学、经济学方面的基本理论和基本知识，熟悉人力资源管理相关法规和政策，具有良好人际沟通能力和组织协调能力，能够在企事业单位和政府机关及其他各种组织中从事人力资源管理和相关研究的专门人才为目标，突出抓好把国内外人力资源管理最新理论、方法同我国人力资源管理实践的结合，侧重于将理论运用于实践这一过程的培养，强化学生对操作技能与方法的掌握，真正做到学以致用，运用自如。

本套教材包括：①《人力资源管理基础（第2版）》、②《人力资源规划（第2版）》、③《员工薪酬福利管理（第2版）》、④《劳动关系管理（第2版）》、⑤《人员素质与能力测评（第2版）》、⑥《绩效考评（第2版）》、⑦《人员招聘与配置（第2版）》、⑧《人力资源培训与开发（第2版）》、⑨《人力资源管理实用文案（第2版）》。

本套教材是高职高专学生走向社会、实现零距离上岗不可多得的教科书，同时也适合作为社会力量办学机构与人才培训机构的培训用书，还可供社会各界从事人力资源管理工作的人员参考阅读。

在修订过程中，编者借鉴和吸收了国内外专家学者的最新科研成果，同时也参阅了大量相关书籍和资料，在此谨向原作者表示深深的谢意！

由于编者水平有限，加之时间仓促，书中疏漏之处在所难免，恳请专家、同行和广大读者批评指正，以便下一次再版时修订完善。

唐　静
零距离上岗·高职高专人力资源管理专业
系列规划教材（第2版）编委会主任

第2版前言

本书是零距离上岗·高职高专人力资源管理专业系列规划教材之一，是在第1版的基础上修订而成的。原教材经过三年多教学实践的检验，得到了使用该教材的高职高专院校的普遍认可，也受到了广大师生的好评。近年来，随着改革的进一步深化，在一些法律法规废止的同时，许多新的法律法规实施，国家有关机构和部门也进行了重组，这些客观形势的变化迫切要求对本书内容进行修订与更新，以适应当前及今后教学的需要。

为此，我们适时成立了高职高专人力资源管理专业系列规划教材（第2版）编委会，邀请了有关专家、学者和人力资源管理社会培训机构的资深人士，共同研究修订的具体事宜。大家经过广泛深入的调查研究、反复认真的推敲论证，制定了修订的指导思想、总原则、编写体例、编写格式、具体要求、修订内容、修订方法和注意事项。

此次修订，在保持第1版主体结构不变的前提下，对人员素质与能力测评基本概念、基本理论、指标体系、测评类型，以及人格测验方法、面试、评价中心技术、能力测验、基于工作情景的测验等内容，删繁就简、突出重点、弃旧更新、丰富完善。对章后的复习思考题题型进行了较大的改动，由原来单一的简答题，改为判断题、单选题、多选题、练习题和案例分析题，更符合学生课后复习和巩固的需要。

本书由张钊（辽宁经济职业技术学院）、朱苳予（辽宁商贸职业学院）担任主编，李贵强（辽宁工贸学校、辽宁煤炭技师学院）、张倜（辽宁大学）、戴卫东（沈阳工业大学管理学院）担任副主编，万鑫（东北师范大学）担任主审。写作分工是：张钊（第4章、第6章、第8章），朱苳予（第10章、第11章、第12章），李贵强（第5章、第7章），张倜（第2章、第3章），戴卫东（第1章、第9章）。全书由张钊、朱苳予统稿。东北师范大学的万鑫对本书进行了仔细认真的审定，对全书的体系架构和内容调整提出了重要的建议。

本书是集体智慧的结晶，是大家共同的劳动成果。在此谨对上述全体人员及其付出的辛苦努力表示衷心的感谢！

在本书的修订过程中，我们拜读了国内外许多专家、学者的著作，并借鉴了其中部分内容，在此谨向他（她）们表示深深的感谢和敬意！

受时间和水平所限，书中难免会有错误和纰漏，敬请专家和读者不吝指正。

编　者

目　　录

第 1 章

人员素质与能力测评的基本概念和基本理论

学习目标

- 了解人员素质与能力测评的作用、意义。
- 认识人员素质与能力测评的中外发展史。
- 掌握素质与能力的概念、特征和构成。
- 熟悉人员素质与能力测评的基本理论。

学习导航

1.1　人员素质与能力的基本概念
1.1.1　素质的概念、构成及特征
1.1.2　能力的概念、构成及特征
1.1.3　人员素质与能力测评的概念及特点

1.2　人员素质与能力测评的作用和意义
1.2.1　人员素质与能力测评的作用
1.2.2　人员素质与能力测评的意义

1.3　人员素质与能力测评的基本理论
1.3.1　职务差异原理
1.3.2　个体差异原理
1.3.3　人—岗匹配原理
1.3.4　素质与能力可测性原理

1.4　人员素质与能力测评的中外发展史
1.4.1　我国人员素质与能力测评的发展史
1.4.2　西方人员素质与能力测评的发展史

1.1　人员素质与能力的基本概念

引导案例 1-1

上海通用汽车的“九大门槛”

上海通用汽车有限公司（SGM）是上海汽车工业（集团）总公司和美国通用汽车公司合资建立的轿车生产企业，是迄今为止我国最大的中美合资企业之一。SGM 的目标是成为国内领先、国际上具有竞争力的汽车公司。同时 SGM 的发展远景和目标定位也注定其对员工素质的高要求：不仅具备优良的技能和管理能力，而且还要具备出众的自我激励、自我学习能力、适应能力、沟通能力和团队合作精神。

为了招到符合要求的员工，SGM 制定了近乎苛刻的录用程序。

SGM 对应聘者设立了九大关口，如图 1-1 所示。

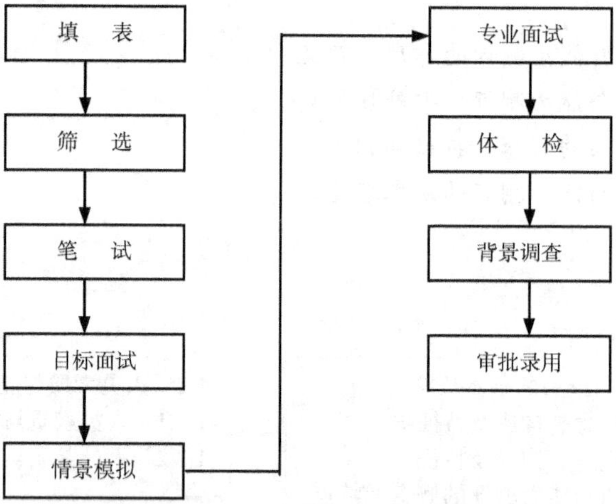

图 1-1　SGM 招聘员工的录用程序

SGM 的整个评估活动完全按标准化、程序化的模式进行。每个程序和环节都有标准化的运作规范和科学化的选拔方法，其中笔试主要测试应聘者的专业知识、相关知识、特殊能力和倾向；目标面试则由受过国际专业咨询机构培训的评估人员与应聘者进行面对面的问答式讨论，验证其登记表中已有的信息，并进一步获取信息，其中专业面试则由用人部门完成；

情景模拟是根据应聘者可能担任的职务，编制一套与该职务实际情况相仿的测试项目，将应聘者安排在模拟的、逼真的工作环境中，要求应聘者处理可能出现的各种问题，用多种方法来测试其心理素质、潜在能力的一系列方法。如通过无领导的两小组合作完成练习，观察应聘管理岗位的应聘者的领导能力、领导欲望、组织能力、主动性、说服能力、口头表达能力、自信程度、沟通能力、人际交往能力等。SCM 还把情景模拟推广到了对技术工人的选拔上，如通过齿轮的装配练习，来评估应聘者的动作灵巧性、质量意识、操作的条理性及行为习惯。在实际操作过程中，观察应聘者的各种行为能力，孰优孰劣，泾渭分明。

（资料来源：职业经理 MBA 整套实战教程）

1.1.1　素质的概念、构成及特征

1．素质的概念

素质是个体完成一项工作与任务所具备的基本条件和基本特点，是行为的基础与根本因素。

一个人的素质是在个体遗传因素与环境因素影响下形成的，即由先天和后天因素组成。遗传因素是素质发展的先决条件，决定素质发展的可能性；而环境因素是素质发展过程的影响因素，决定素质的现实性。任何素质都是先天和后天两种因素相互作用的结果。对大多数人来说，遗传素质的差别是不大的。总体素质之所以有差别，是因为后天环境、教育及实践活动造成的。例如，营养、受教育程度以及从事的职业等都对人的素质会产生重要影响。

个体的倾向性和其他心理特征也是影响素质发展的重要条件。如对待工作，有的人主动性强，有的人主动性差一些，这表现了人不同的心理素质。

2．素质的构成

素质由身体素质和心理素质构成。身体素质是指体质、体力和精力的总和。良好的身体素质是其他一切素质发展与事业成功的生理基础。心理素质有广义和狭义之分。广义的心理素质包括能力素质、品德素质、人格素质、文化素质、心理健康素质及其他素质。狭义的心理素质包括能力素质、品德素质、人格素质、心理健康素质及其他素质。心理素质是个体发展与事业成功的关键。素质的构成如表 1-1 所示。

表 1-1　素质的构成

身体素质	体质	一部分是先天遗传，一部分是后天获得。它是其他一切素质的基础	
	体力		
	精力		

续表

心理素质	能力素质	智力	心理年龄、比率智商、离差智商	狭义的心理素质
		技能	在多种素质基础上，经过实践锻炼形成的工作能力	
		才能		
	品德素质	政治品质		
		思想品质		
		道德品质		
	人格素质		气质、需求与动机、兴趣与情感、态度、习惯、意志等	
	心理健康素质	观念	世界观、人生观、价值观	
		自我意识	自信心、自主性、自知度	
	文化素质	知识	知识结构的合理性，知识的更新程度	
		经验	由实践得来的认识或技能	
		自学能力	掌握学习方法，能独立提出、分析和解决问题	

3. 素质的特征

（1）素质的基础作用。素质是个体完成任务、形成绩效及继续发展的前提。它为个体日后发展和事业的成功奠定了基础。所以，一个人想取得成绩，在事业上有所发展，光有“素质”是不行的，但没有素质是万万不行的。素质是个体行为发展与事业成功的必要条件，而非充分条件。

（2）素质的相对稳定性。素质不是只存在于一时，而是贯穿于整个个体活动中。表现为一个人某种经常性和一贯性的特点。在时间上，素质表现虽然偶尔间断，但总体上却是持续的；在空间上，素质表现虽然有时相异，但总体上却是一致的。

这种稳定性是相对的。一方面表现为，有些素质是随着个体的实践活动的进行而在时间上有所变化，如专业技能可以随着学习和实践的进行而不断提高；另一方面表现为，不同层次结构的素质在稳定性上的区别，如受遗传性影响强的素质比受环境影响强的素质更稳定。

（3）素质的可塑性。个体的素质是在遗传、环境和个体能动性三个因素共同作用下形成和发展的，并非天生不可变的，因而具有一定有可塑性。通过后天学习，不健全的素质可以健全起来；由于环境的影响，成熟的素质也许会退化萎缩；缺乏素质的可以通过实践和学习获得提高；一般性的素质可以训练成特长素质。素质的可塑性也是有差异的。一般来说，受遗传性影响强的素质可塑性小，受环境影响强的素质可塑性大。

（4）素质的内在性与表现性的统一。虽然素质是任何个体客观存在的，却是一种看不见、摸不着、说不清的东西，具有抽象性和隐蔽性。素质虽然是内在的与隐蔽的，但它总会通过一定的形式表现出来。行为方式、行为过程与工作绩效是素质表现的主要途径。虽然就个别素质与个别行为来说，不一定具有一一对应的关系，但总体来说，特定个体的特定素质都会以独特的形式表现，而特定的表现形式也反映了特定个体的特定素质。即素质一般都表现在具体而实在的行为方式、行为过程与工作绩效之中。

（5）素质的差异性和层次性。没有遗传素质完全相同的人，也没有生活在完全相同环境中的人，所以，每个个体都表现出与其他个体不同的素质。素质的差异性表现在每个人的行为方式、行为过程与工作绩效之中。有人活泼好动，有人沉静敏捷，有人反应迟钝。然而这种差异性并不排斥遗传素质相近和社会环境相似的群体中人们在素质上所具有的共性。此外，这种不同个体的素质还表现出不同的结构层次，包括核心素质、基本素质和生成素质三个层次，在核心素质的基础上形成基本素质，在基本素质的基础上形成生成素质。

（6）素质的综合性。同一个体的各种素质、同一素质的各种成分，作为高度统一的有机体存在于个体之中，它们相互联系，统一作用于行为方式、行为过程与工作绩效。素质的综合性还表现在素质对行为辐射的共同性、普遍性与全时空性。因此，对任何一个人与任何一种素质的测评，都不应该是一时一事的，而应该依据所有的行为表现进行综合评判。

（7）素质的可分解性。素质对个体行为辐射的综合性与全时空性，并不排斥对它的可分解性。任何个体的素质都不是单一的，而是一个复杂的系统。要想在特定的时空下把握所有素质，是十分困难的，甚至是不可能的。但是可以先从素质的表现媒介中逐一地去认识单个素质，通过对单个素质的综合，再去把握整体素质。

1.1.2　能力的概念、构成及特征

1．能力的概念

能力是一种内在的心理品质，即顺利地完成一项活动所具备的稳定的个性心理特征。能力看不见，摸不到，它必须借助于外在的活动才能表现出来。心理学家认为，能力与大脑的机能有关，它主要侧重于实践活动中的表现；能力是在运用智力、知识、技能的过程中，经过反复训练才能获得的。能力是人依靠自身的智力、知识和技能等去认识和改造世界所表现出来的身心能量。

2. 能力的构成

能力可分为一般能力和特殊能力两种。一般能力是指在一般活动中所应具备的基本能力，即通常所说的智力。特殊能力是指人在专业活动中表现出来的能力，它只在特殊活动中发挥作用。

心理学家将智力分为五个要素，即观察力、记忆力、想象力、思维能力（包括分析、综合、比较、抽象和概括）和操作能力。通过对科技工作者采用自我评价的方法进行调查，得出智力要素在五类科技创造中的作用大小，其排列次序如下。

（1）自然科学基础研究的科技创造是：思维能力、操作能力、想象力、观察力、记忆力。

（2）自然科学应用研究的科技创造是：思维能力、记忆力、观察力、想象力、操作能力。

（3）自然科学发展研究的科技创造是：思维能力、想象力、记忆力、观察力、操作能力。

（4）社会科学研究的科技创造是：思维能力、记忆力、观察力、想象力、操作能力。

（5）科技管理研究的科技创造是：思维能力、记忆力、想象力、观察力、操作能力。

（6）总的科技创造（上述五类研究的科技创造的总体）是：思维能力、记忆力、想象力、观察力、操作能力。

这个结果表明，智力五要素在科学研究中作用大小的次序不尽相同，但思维能力的作用都是第一位的，说明思维能力在科技创造活动中起着最重要的作用。

一般能力和特殊能力是相互联系、相互影响的。一般能力越是发展，就越为特殊能力的发展创造有利条件。反之，特殊能力的发展也会促进一般能力的提高。

3. 能力的特征

人与人之间在能力上存在着明显差异，主要表现在能力类型、能力水平和能力发展的时间三个方面。

（1）能力类型差异。能力类型差异是人的能力在质的方面的差异。不同的能力有与之对应的职业。比如，工程师、艺术家、医生、护士、绘图员等要有察觉细节的能力，即对物体和图形的有关细节具有正确的知觉能力；舞蹈演员、健身教练、司机等要有运动协调能力，即身体能够迅速而准确地做出动作反应；技术工人、检修人员、模型制造人员、手工艺者等要有动手能力，即手腕、手指能够迅速而准确地操作物体；职业校对、录入人员等要有书写能力，即对词、印刷物、账目、表格等的细微部分具有正确的知觉能力；公共关系人员、对外联络人员、政府新闻官、物业管理人员等要有社会交往能力，即善于进行人与人之间的交往、联系、帮助，以便协同工作并建立良好的人际关系；管理人员，如企业经理、社会团体负责人要有组织管理能力，即擅长组织和安排各种活动及协调参加活动的人的关系的能力。

每一个职业不可能只需要一种能力，但它至少需要个体能够在该职业中发挥最大效应的能力；虽然每一个人的能力是多样化的，但每个人都有自己的优势能力。

（2）能力水平差异。各种能力都有发展水平上的差异。在相同的条件下，一个人在某种活动中表现出比别人更好的成绩和优势，就说明与别人相比，他有较高的能力。能力水平在智力上有明显的表现。心理学将智力水平分为超常、正常和智力缺陷三级。科学家经过大量的抽样调查和统计分析发现，人类的智力水平是按正态分布的，即智力缺陷的人和智力超常的人占人类的极少数，绝大多数的人智力属于正常水平或接近正常水平。

（3）能力发展的时间差异。人与人之间的能力发展的时间也各不相同的。有的人“早慧”，有的人“大器晚成”。能力发展的早晚在年龄上的分布，同智力水平的分布一样，也呈正态分布，即绝大部分人在中青年时期表现出能力最高。

相关链接

素质与能力的区别：素质和能力都包括一些基础性的能力水平，如智力等。这种能力水平的高低也体现出素质的优劣，而除此之外能力还包括一些特殊的能力，如高级的专业技能等。素质则还包括人格与品德等。

1.1.3　人员素质与能力测评的概念及特点

1. 人员素质与能力测评的概念

人员素质与能力测评是指测评主体采用科学的方法，收集被测者在主要活动领域中的表征信息，针对某一素质与能力测评目标做出量值与价值的判断过程；或直接从表征信息中引发与推断某些素质与能力特征的过程。素质与能力测评由以下两部分组成。

（1）测量。主要是测评主体采用科学的方法，收集被测者在主要活动领域中行为的表征信息。测量包括以下五要素：

1）测量对象。当对事物进行测量时，实际上测量的对象是事物的某种属性和特征，如人的智力、品德、知识、技能等。

2）测量规则。即指导如何测量的一种准则或方法。它是根据事物的特性来确定采用什么测量方法。

3）测量结果。一般都用数字来描述被测事物的属性。例如，智力高低可用智商来表示。

4）参照点。要确定事物的量，必须有一个计算的起点，这个起点就是参照点。理想的参照点是绝对零点，但在测量人员的心理和素质时，很难找到绝对零点，一般采用相对零点。

例如，设0岁儿童智力年龄为零，实际上此时的儿童不能说没有智力。

5）单位。理想的单位要符合两个条件，一是有确定的意义，二是要有相等的价值，即相邻两个单位之间的差别是相等的。一般来说，心理测量所用的单位是不等值的。例如，不能说智商100的人是智商50的人智商的2倍。

（2）评定。主要是测评主体采用科学的方法，针对某一素质与能力测评目标系统做出量值与价值判断，或者直接从表征信息中引发与推断某些素质与能力特征的过程。

素质与能力测评虽然离不开素质与能力的测量和评定，但并不是两者的机械相加，而是指一种建立在对素质与能力特征信息“测”与“评”基础上的分析判断。在综合大量行为事实的基础上进行的整体测评，局部范围内行为事实与素质与能力高低不一致的偶然现象，并不能否定素质与能力测评整体把握的必然性。

2. 人员素质与能力测评的特点

（1）人员素质与能力测评主要是心理测量，而不是物理测量。这是就素质与能力测评的内容指向而言的。一般来说，素质与能力测评主要是对个体心理现象的测量，包括智力、性格、兴趣、气质及价值观等。身高、体重等物理指标有时也列入测量范围，但不是主要方面。

（2）人员素质与能力测评是抽样测量，而不是具体测量。从理论上讲，人员素质与能力测评实施时，涉及范围越广，收集的相关信息越充分、越全面，测量结果就越有效、越具体客观。但在实际操作中，任何一项测评的主持者，在有限时间内不可能掌握被测者素质与能力的全部表征信息，只能本着“部分能够反映整体的原理”，对测评要素进行抽样，保证样本的足够多及足够的代表性，从样本的测量结果来实现全部待测内容的特征。

（3）人员素质与能力测评是相对测量，而不是绝对测量。从测评的实施主观愿望来讲，任何测评都力求尽量客观地反映被测者的实际情况，但由于人员素质与能力测评是对人的测评，测评的主观性决定素质与能力测评必然会存在误差。一是测评方案的设计及测评活动的实施都是凭借人的个人经验进行的，而不同的测试者对测评目标的理解，测评工具的使用及测评结果分数的解释，都难免带有个人色彩，不可能完全一致；二是作为测评对象的人，其素质是抽象的、模糊的，构成也是极为复杂的；三是测评工具也有一定的局限性。

（4）人员素质与能力测评是间接测量，而不是直接测量。这是由素质与能力的特征决定的，素质与能力是隐蔽在个体身上客观存在的，是一种内在抽象的东西，是看不见、摸不着、说不清的。但素质与能力并不神秘，它具有一定的表现性，即素质与能力可以通过人的行为表现出来，与行为之间存在一系列中介物。我们不可能对素质与能力本身进行直接测量，但可通过其表现的行为特征进行间接推测和判断。

1.2　人员素质与能力测评的作用和意义

引导案例 1-2

中国建行总行的后备人才培养与选拔测评

为了应对 2007 年中国金融市场全面对外开放以及金融全球化所带来的激烈竞争，中国建设银行总行自 2004 年开始，在全国各一二级分行选拔优秀青年干部（青干）进行培养，在此基础上建立一支高素质的领导人员后备队伍，以在未来的人才竞争中占据优势。

在这种背景下，该行人力资源部与清华大学管理学院合作，对现有青年管理人员进行分期分批次的培训，培训内容包括现代银行管理知识和领导力提升相关课程。如何对现有的管理人员进行甄别，如何发掘有潜力的管理人员，如何对这些青年管理人员进行培养，都是摆在该行后备队伍建设工作面前的难题。经过慎重考虑，该行人力资源部决定引入第三方人才测评机构，在培训班中加入以现代人才测评技术为主的素质测评，将测评与培训相结合，实现培训和测评双重目的。

在项目中，对参加清华管理培训班的该行青年管理人员进行了包括标准化测验和综合能力评价在内的素质测评，发掘有潜力的管理人员作为一级分行行长的后备人才；将测评与培训相结合，把测评过程作为一个培训过程实施；进行培训需求分析，为后续培养提供依据。最后让该行高层了解其中层管理人员的总体能力素质现状，为今后的人力资源规划提供依据。

在本项目中共有 286 人接受了测评。目前，这些接受过测评的人员当中有相当一部分已经走上了重要领导岗位，这些人在岗位上发挥了很好的作用，公司对他们的表现都较满意。

（资料来源：HR 管理世界网）

1.2.1　人员素质与能力测评的作用

1．甄别和评定作用

所谓甄别和评定，是指对人才素质优劣、水平高低状况的鉴别和评定。甄别是测量个体之间的素质差异，评定是衡量被测者素质构成及其成熟程度，看其是否具备规定的资格条件和常模标准。用来比较的标准一般有两种，一种是存在于测评对象之外的客观要求，如任职资格标准；另一种是根据测评对象的特征实际分布的“常模”标准。甄别和评定作用是人员素质与能力测评最直接、最基础的作用。

（1）人员素质与能力测评的甄别和评定作用在人力资源管理中表现为促进与形成作用。例如，一个人通过自我测评，有了对他人与对自己的行为标准，然后通过这个标准来对自己今后的行为进行调整和安排，使自己知道自己的特点是什么，优点和缺点是什么。

（2）人员素质与能力测评的甄别和评定作用还能产生激励与强化作用。人人都有自尊和上进的愿望，人员素质与能力测评可以促进个体素质的培养与成熟，朝着社会所需要的方向发展。

（3）人员素质与能力测评的甄别和评定作用的正向发挥，还表现出导向作用。测评实践证明，测评过程中分值越大的素质，就越应该受到人们的重视，这些素质就提高得越快；反之就受轻视，这些方面的素质就会萎缩。

2．诊断和反馈作用

诊断和反馈二者是相互联系、相辅相成的。诊断是指通过测评，找出被测者素质与能力构成及发展上的问题与不足。反馈是指根据测评结果，提供调整和改进测评对象素质与能力缺点的信息，分析缺点和不足及其产生的原因，提出诊断意见和素质优化开发方案，帮助其克服缺点，发扬优势，推动其素质全面发展。

（1）诊断和反馈作用的正向发挥，表现为咨询作用。对个人进行有关测评后，可以对其能力水平和倾向、与工作有关的人格特点、心理健康状况、知识技能情况等给予客观的评价，并分析原因，指出改进方向。

（2）诊断与反馈作用在人力资源管理上还表现为对测评本身的调节和控制。根据人事测评结果进行的开发和培养实际上也是调节与优化思想和行为发展方向的过程，而这种调节和优化作用在很大程度上是由人员素质与能力测评来完成的。

3．预测和激励作用

预测和激励作用与上述两功能紧密相连，是上述两项作用派生出来的。预测是指通过对人员素质与能力现有状态的鉴别评定，可以预知推测其素质与能力发展的趋向。这种预测的有效性取决于人员素质与能力特征的稳定程度。激励是指通过对人员素质与能力的诊断和反馈，增强被测者的进取心，促使其勤奋学习，努力工作，更快、更好地掌握工作所需的知识和能力，完善自我，通过不同途径培养、提高自己，成为适应社会发展、对社会有用的人才。

1.2.2 人员素质与能力测评的意义

人员素质与能力测评是人事决策的基本工具，是为人事决策提供可靠、客观的依据和参考性建议，其意义有四方面。

1. 优化配置人才资源

人才资源配置是人才资源管理的基础工程。传统的人事管理由于缺乏人员素质与能力测评技术，人才资源没有得到科学合理的配置，造成人才资源的闲置、埋没和浪费，影响了社会经济和各项事业的发展。当代人事管理利用人员素质与能力测评技术，实现了人才资源的优化配置。因为人员素质与能力测评可以测查人的素质状况、优点及缺点，了解其特长、兴趣和爱好。掌握了这些信息，就可以为人事部门使用、安置人员提供客观依据，为领导进行人事决策提供科学根据。

2. 有效推动人才开发

现代人员素质与能力测评是为现代人事管理提供所需信息的有效途径和方法，因为它所提供的信息最多、最具科学性，因而也是最重要的。实施现代人员素质与能力测评，不但能发现优秀人才和稀缺人才，而且能明确各人的长短优劣，加强培训，扬长避短，最大限度地开发潜能，做到人尽其才，才尽其用。

3. 合理调节人才市场

在市场经济条件下，人才流动需要利用人员素质与能力测评的信息咨询作用。这表现在三方面：

（1）人员素质与能力测评能对一个国家、一个地区或一个产业部门的人才结构和职业分布结构进行调节；

（2）调节人才纵向、横向流动，促使社会人才资源合理布局；

（3）调节人才的智能结构和一定社会的人才供求标准，使配置需求与实际有机结合。

4. 帮助个人进行职业生涯规划，促进个人素质与能力的提高

现代人员素质与能力测评可以帮助个体更了解自己，知道自己的能力水平和兴趣爱好，从而因势利导，进行正确的职业生涯规划。同时，通过为各类人才市场提供专业化

的第三方素质与能力评价，以及为中国的各类企业评价人才服务，可以在它们与个人之间建立桥梁，为人才提供能够真正体现出价值的应用场所，也就是使个人能够根据测评结果判断寻找到真正适合自己的职业。而且，每个人从学习到择业的每一个阶段都需要对自己有一个清醒的认识。现代人员素质与能力测评可以使每个人认清自己的素质与能力，知道自己的长处和短处，从而有针对性地接受教育培训，并在实践中扬长避短，更好地实现自我发展。

相关链接

有人曾分析 1947 年至 1971 年之间美国的测评应用情况发现，测评应用与国民生产总值（GDP）、生产率和平均工资的相关系数分别为 0.69、0.67 和 0.59。这在一定程度上说明美国各个公司的经济增长依赖于素质测评的帮助。

1.3　人员素质与能力测评的基本理论

引导案例 1-3

高级经理为什么会被解聘

一位在外企工作的高级经理被外方老板解雇，他来到一家咨询机构进行咨询。他在公司工作期间，业务开展得有声有色，业绩很好，和同事下属相处比较融洽，但半年来和外方老板发生了一些矛盾，自己不以为然，没想到突然被解雇。在事业发展的一个重要阶段受到这样的打击，使这位经理心情难以平静，他想知道问题到底在哪里。这家咨询机构首先对他进行了管理者能力测验、社会愿望量表测验、管理者行为风格测验和管理者职业兴趣测验四项测验，然后对他目前的自我状况进行了详细描述，并提出测评希望。咨询机构专家一起分析了他的个人信息、面谈记录、测验结果和岗位特征，以便找出问题所在。

在测评中，咨询机构发现，这位经理具有很好的管理能力素质和管理意识，为人热情、说话直率，善于把握事物的整体情况，考虑问题理智客观，做事灵活、务实；但是情绪波动较大，不善于控制情绪。

咨询机构分析，他目前受挫的主要原因如下：

（1）在与老板的交往中不能有效沟通，他不能耐心与老板交谈，表现出轻视老板的倾向。这是由他看待上下级关系的观念决定的。

（2）不能很好地控制自己的情绪。

（3）没有一个与自己性格互补的同事和下属配合。

（4）老板的处事方式过于细致，不能充分授权，限制下属的发展。

这家咨询机构进一步确定咨询方案。第一，详细解释测验结果，分析其能力和个性方面的优点和弱点。第二，分析被解雇的主要问题在老板身上，自己要做的是认真总结，而不是失去信心或心烦意乱。第三，建议他从观念和行为上进行调整。比如，如何认识上下级关系，为人处世中的直率是否总是优点，需不需要调整情绪等。第四，提醒他，他适合什么样的上级和同事。在咨询中要注意让他畅所欲言，释放心中的不愉快。

在实际咨询中，这位经理认真地看完测验报告和咨询机构的分析建议，认为报告描述的特点比较准确。他主动谈起自己对被解雇的看法，认为自己在人生路上经历了很多，也明白了很多，但在处世中还是存在着很多缺陷。有些特点在自己看来是优点，其实可能并不是这样，自己经过这样的挫折后，要重视对自己性格的修炼。

（资料来源：中国人力资源网——典型案例）

1.3.1　职务差异原理

职务差异是指不同岗位之间的非一致性，是对企事业内部所有岗位，按照工作性质、责任轻重、难易程度、所需资格等因素进行区分的结果。

1．职务特征模型

职务特征模型从 5 个方面对职务和工作进行了区分，以分析它们之间的关系以及对员工生产效率、工作动力和满足感的影响。根据职务特征模型，任何职务都可以从 5 个核心维度进行描述。这 5 个核心维度具体阐述如下：

（1）技能多样化。指一项职务要求员工使用各种技术和才能从事多种不同活动的程度。

（2）任务同一性。指一项职务要求完成一项完整的和具有同一性的任务的程度。

（3）任务重要性。指一项职务对其他人的工作和生活具有实质性的影响和程度。

（4）工作自主性。指一项职务给予任职者在安排工作进度和决定从事工作所使用的方法方面担任的实质性自由、独立和自主的程度。

（5）反馈。指个人为从事职务所要求的工作活动所需要获得的有关其绩效直接和清晰的程度。

职务特征的得分比较如表 1-2 所示。

表 1-2　职务特征得分比较

核心维度	得　　分	职务人员与工作内容
技能多样性	高分	汽车修理部的经营者。工作内容包括配件维修、装配发动机、接待顾客等
	低分	车体加工厂的工人。工作内容是每天 8 小时喷漆
任务同一性	高分	家具制造者。工作内容是设计图样、选料、制造产品并对产品进行美化包装
	低分	家具厂锯木工人。其任务是开动车床制造桌腿
任务重要性	高分	医院重症监护室的护理人员
	低分	医院中擦地板的人
工作自主性	高分	电话安装员。可以自主安排日程，在没有监督的情况下会见客户，并自由决定最有效的安装方式
	低分	电话接线员。负责处理按照例行程度打进来的电话
反馈	高分	电器工厂对组装结束后的半导体进行检试的人员
	低分	电器工厂进行半导体组装的工人

职务特征模型如图 1-2 所示。

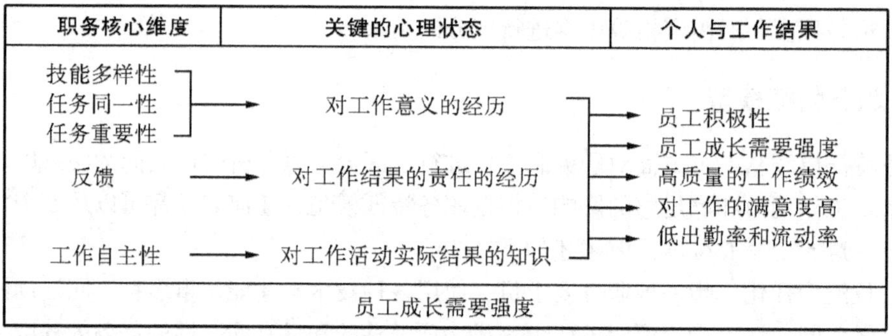

图 1-2　职务特征模型

图 1-2 中，5 个核心维度中的前 3 个共同创造出有意义的工作。即一项工作如果具有这 3 个特征，就可以预期任职者将他的职务视为重要的、有价值的和值得做的。另一个需要注意的是，自主性的职务会给任职者带来一种对工作结果的个人责任感。而如果职务能提供反馈，则员工就会知道他所进行的工作效果如何。

从激励角度来讲，这种理论模型表明，当员工得知他个人在其喜欢的工作方面干得好时，就能得到内在的奖励，员工的积极性、工作绩效、满意度就高，员工缺勤率、流动率就低。

与此同时，职务各维度与工作结果之间受到员工成长需要强度的调节和影响，即受员工自我实现欲望的影响，成长需要强度高的员工与成长需要强度低的员工相比，会更多地经历到这几种心理状态。

2．职务差异评价指标

无论是企业，还是机关事业单位，所设置的每个职务的工作内容、工作责任、工作范围及工作性质等都不尽相同。职务间存在较大差异，对员工的素质要求也就大相径庭。当员工的素质与能力和职务要求相匹配时，员工可以取得好的工作业绩。否则，即使员工再努力，也难以取得好的工作业绩。职务的差异要求人力资源测评找到素质与能力结构与之相符的员工。

在工作管理中，通常有 5 个评价指标，即工作责任、工作技能、工作强度、工作环境和工作心理对各职务进行区分，如表 1-3 所示。

表 1-3　职务差异评价指标

评价指标	工作责任	工作技能	工作强度	工作环境	工作心理
评价内容	质量责任 产量责任 管理责任 安全责任 消耗责任 看管责任	技术知识 操作复杂程度 设备复杂程度 产品质量检测难易程度 处理、预防事故复杂程度	体力劳动强度 工时利用率 工作姿势 工作规则 有害因素危害程度	接触粉尘危害程度 接触毒物危害程度 接触高温危害程度 接触噪声危害程度	择业心理 择岗心理 职务位置

1.3.2　个体差异原理

个体差异，顾名思义就是指人与人之间在个性特征上存在的差异。这些差异虽然是极其复杂的，但概括起来可以归纳为两个方面，一是个性倾向性差异，二是个性心理特征差异。

1．个性倾向性差异

个性倾向性是人在与客观现实相互作用的过程中所表现出来的心理倾向总和。它决定了人的心理活动的选择性和对事物的不同态度及各种行为模式，表明了一个人憧憬什么、企求什么、争取什么、坚信什么、喜欢什么、嫌弃什么和什么驱使他活动等。个性倾向是个体潜在的力量，是人进行一切活动的动力，制约和调节着人的所有行为过程，是个体特征中最积极、最活跃的因素。个性倾向性差异包括：个性的需求差异、个性的动机差异、个性的兴趣差异和个性的世界观差异。

2. 个性心理特征差异

个性心理特征是指一个人带有倾向性的、本质的、比较稳定的心理特征总和，它决定一个人的风格、行为方式与活动效率。这些差异表现在气质、能力、性格三个方面。

（1）气质差异。气质是个人行为全部动力特点的总和。前苏联神经心理学家巴甫洛夫将高级神经活动分为四个类型：不可遏止型、活泼型、安静型、弱型，如表 1-4 所示。

表 1-4　气质与神经活动类型的行为特点

神经活动类型	气质类型	强度	平衡性	灵活性	行为特点
不可遏止型	胆汁质	强	不平衡		攻击力强，易兴奋，不易约束，不可抑制
活泼型	多血质	强	平衡	灵活	活泼好动，反应灵活，好交际
安静型	黏液质	强	平衡	不灵活	安静、坚定、迟缓，有节制，不好交际
弱型	抑郁质	弱			胆小畏缩，消极防御，反应强

（2）能力差异。人的能力差异表现在两个方面：一方面是一般能力存在的差异，如人的记忆力的差别；另一方面是特殊倾向差异，它强调个体的能力具有相对的倾向性，如有人在某一领域表现很出众，而在另一领域则表现平平。

（3）性格差异。性格指一个人独特的、稳定的个性心理。它是人对现实的态度和行为方式概括化与定型化的结果。性格有很大的个体差异，每个人对事物的看法都自成体系，行为表现也有其独到之处，这是由每个人不同的具体生活条件和教育条件导致的。

1.3.3　人—岗匹配原理

所谓人—岗匹配，就是按照人的素质与能力与岗位相匹配的原则，根据个体间不同的素质、能力和需求将其安排在最合适的岗位上，保持个体素质与能力与工作岗位要求的同构性，即保持个体需求与工作报酬的一致性，从而做到人尽其才，才尽其用。人—岗匹配原理具体包括以下内容：

（1）工作要求与人的素质与能力相匹配。要做到员工的素质与能力符合工作岗位的要求，并能在工作中充分发挥他的潜在能力。

（2）工作报酬与人的需求相匹配。要使报酬符合员工的心理需求，以做到人尽其力。

（3）人与人相匹配。要做到人与人之间协调合作，凝聚互补，强调团队精神。

（4）工作与工作相匹配。要使工作之间权责一致，灵活高效，发挥整体优势。

1.3.4　素质与能力可测性原理

1．原理一：素质与能力测评的可能性

个体的每一个行为表现（除先天条件反射），都是其相应心理素质的特定表征。

该原理表明，人是社会的存在物，其素质与能力可以通过语言行为和非语言行为及对外部世界的反映表现出来。如一个人在公共汽车上看到一位老人艰难地站着，就立即站起来把座位让给他。这一行为表现出让座人很善良。

2．原理二：素质与能力测评的现实性

素质与能力是一种相对稳定的组织系统，尽管各个个体不尽相同，但可以综合对不同环境下的刺激，使个体对这些不同的刺激做出一致的反应行为。如一个人很善良，他就会在公共汽车上为老人让座，而且也会热心帮助有困难的人，为别人提供方便。

3．素质与能力测评模式——黑箱理论

所谓“黑箱理论”，就是将看不见、摸不到的系统内部状态的复杂对象看做一个“黑箱”，把外部对系统内部状态的作用看做输入，而把系统内部状态对外部的作用看做输出。通过研究“黑箱”的输入和输出的相互关系，即使不知道这个“黑箱”的内部状态，也可以按照输入和输出的情况来推测“黑箱”的行动。我们可以将素质与能力看成“黑箱”，外部对“黑箱”的作用就是被测者输入的测评信息，“黑箱”对外部的反应就被测者的各种反应。分析各种输出信息，就可以根据测评标准对被测者的素质与能力进行判断。这一模式可用图 1-3 表示。

例如，对“服从”这一特定素质进行分析时，可依据每个人面对图 1-4 所示的各种情景刺激所做出的不同反应行为，包括类型与程度的差异，对照测评标准对“服从”不同等级的规定，给每个人做出判断并报告测评结果。

当测评情景以文字或图形呈现时，测评为笔试形式；当测评情景是以精心设计的、面对面的问答或谈话时，测评为面试形式；当各种刺激以实际情形出现时，测评为观察评定形式。

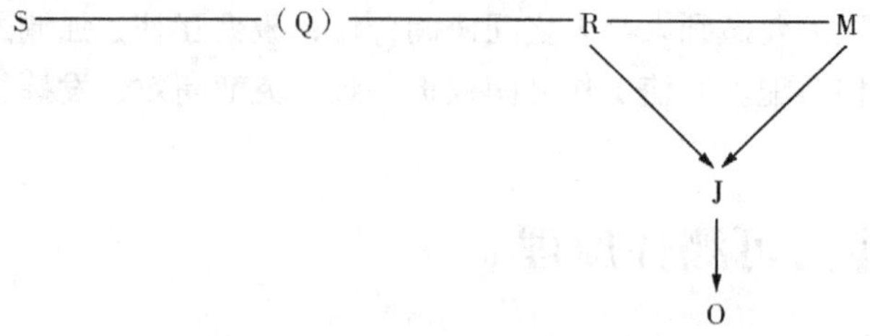

注：S—输入信息；Q—素质；R—输出信息；M—测评标准；J—分析判断；O—测评结果。

图 1-3　素质与能力测评模式

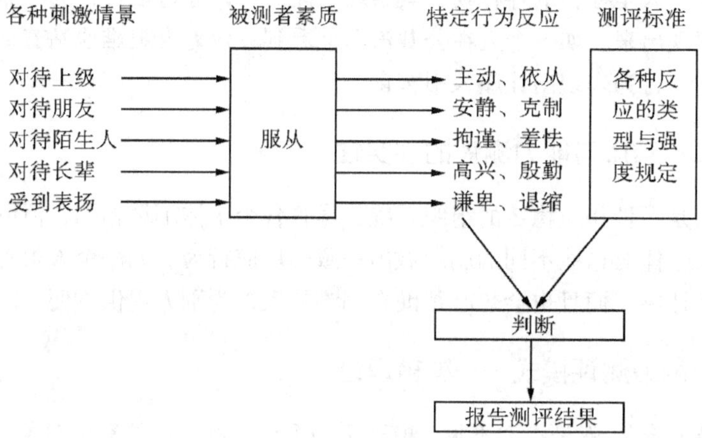

图 1-4　“服从”素质测评模式

1.4　人员素质与能力测评的中外发展史

引导案例 1-4

某公司员工的考评考绩体系

某公司的管理者引入了世界先进的管理理论 ISO 9000 认证体系，将日常工作细化、分解，巧妙地运用统计学的相关理论和方法，通过对员工业绩由模糊到数字的转换，完成了对员工业绩由定性到定量的测评过程，确保考核真正做到公正、公平、公开。

某公司的这套考评考绩体系具体操作主要表现在以下方面。

1．月考核计划

（1）每月之初由各部门制定本部门月度工作计划，计划落实到每个员工，再由主管领导签字和认可后生效。该计划包括工作事项、月进度目标、完成时间、责任人、实际完成情况及时间，如未完成应在备注栏中注明原因。

（2）在每月月末，部门经理填写月计划表中“实际完成情况”栏，部门员工按照当月实际完成工作量填写“员工月考绩评分表”，并按得分标准给出自评分。部门经理再根据实际情况给出考评分。

（3）由公司领导组成考评小组召开考评会议，各部门经理在会上陈述当月工作完成情况，由主管领导先进行评定并给出建议分，再由考评小组集体议定最终评分。这就是该部门该月的部门分。员工的月度考评分是基于部门考评分，由其主管领导及部门经理评出。主管领导及部门经理的当月分数由部门分比照产生。主管领导的月考评分由其所主管部门的综合分数平均产生。每个员工年度收入的 75%与考评分挂钩。

2．年度考核

对于员工来说，在年终由员工填写“员工考核表”，并总结一年工作，部门经理和主管领导对其进行综合评价，并将结果通告本人。员工对考核结果如有异议，可以向部门经理直至考核小组提出申诉。

对于部门经理以上领导干部来说，在年终时由主管领导召集其下属员工开会，共同听取其述职报告，再由员工及上级领导根据其一年来的表现填写“年度领导干部考核评议表”。该表汇总后将分数按照“领导、同级、下属”2∶3∶5 的比例加权平均得出总分。

$$\text{部门月考评分}=\text{主管领导评分}\times 30\%+\text{考评小组组长评分}\times 20\%+\text{考评小组其他成员平均分}\times 50\%$$

$$\text{干部年度考核综合分}=\text{月度考绩平均分}\times 50\%+\text{同级、下级及协调部门评议分}\times 30\%+\text{上级评议分}\times 20\%$$

在整个考核体系中，全体员工分为四组进行计分排序：普通员工、主管级干部、部门经理、高层领导。每组按考核结果分五个等级，每一等级有比例控制：

获得 A 等级范围的人将有机会获得晋升，而 E 等级的人将被淘汰（或降级）。此外，年终还评选出“先进员工”、“优秀干部”、“先进部门”等个人和集体，给予一定奖励，并在来年组织旅游。这一荣誉将记入员工档案作为未来晋升的依据。

3．员工“足球职业联赛”的升降级制

由上述的考评步骤可见，某公司的考评考绩制度包含以下内容：考评考绩的标准是由各部门、子公司的岗位工作指导书，月度工作计划以及年度工作计划这三项指标相结合制定的，

从而构成了某公司考评工作的基础和依据。

（1）岗位工作指导书明确了员工日常工作的作业标准、工作责任和工作程序。月度工作计划则详细规定了每项工作每月应达到的进度及质量标准，二者合一构成了考评工作的标准体系。而年度考核又是在这一体系基础上对员工品行、能力等综合素质的总结和认定。这一整套评价标准，实质上是将每个岗位、每项工作充分细化，加以定量。

（2）这一评价标准在具体执行过程中演变成由《月度考核办法》、《年度考核办法》、《干部年度民主评议办法》、《试用员工转正考核办法》等几个文件构成的考评规范体系。每个部分各有不同的侧重。例如，月度考核重点检查月度工作，目标任务的完成情况为月度浮动工资的分配提供依据；年度考核重点检查员工年度工作完成情况和岗位职责履行情况，对员工的品行、工作态度、工作能力、工作业绩等进行鉴定。考评增进了上下级间的沟通，促进了员工成长。为调整工作岗位和工资等人事决策提供了参考资料，从而决定年终奖的发放标准。

（3）为保证考评的客观公正，公司专门设立了由公司总经理亲自担任组长的考评小组。小组成员包括各部门经理及员工代表。各部门月考评分是集体议定而非某个人“说了算”的。

（4）某公司考评考绩的原则是全员考评，从总经理到普通员工都参加考评考绩。分四组进行，每组考核的结果分五个等级，每组第一等级的人有机会获得晋升，最低等级的人将被淘汰或降级。晋升的原则是：第一等级的人不一定都晋升，但晋升的人一定在第一等级中。这些规定都在具体操作中得到兑现。2007 年年度考评后，考评中总分数名列最后两位的中层干部将被降到下一级岗位工作。2008 年又有三名中层干部被降级使用，另有三名被员工公认为德才兼备的中层干部得到晋升，这样的用人机制使员工获得了极大的激励。

（资料来源：中国人力资源网——典型案例）

1.4.1 我国人员素质与能力测评的发展史

1. 我国古代人员素质与能力测评思想

我国古代的人员素质与能力测评思想可谓源远流长。《尚书·尧典》记载了唐尧对舜禹数年的测试与考察；《礼记》中记载了我国周代就已经采用“试射”的方式选拔文武官员，“试射”就是一种特殊能力的单项测试，并采用了参照效标的记分法。我国古代的人员素质与能力测评大多是在多样化的生活情景中形成的一种综合测验，如《吕氏春秋》的“八观六验”人员素质与能力测评法、刘劭《人物志》中的“八观五验法”、诸葛亮的“知人七法”等，都是在实际生活情景中进行的考察与评价。这些方法主要“是利用特定情景诱导出所要观察的行为品质”。明代何良臣在《阵计》中也提到颇具独创性的人才选拔标准，如“招乡间诚实之人，去市井油滑之徒”、“首取胆气精神，次取膂力便捷”，实际上就是对人的性格、气质的考察与评定。从唐朝到清末，延续了数千年的科举制度，可说是中国应用时间最长、影响最广的人员素质与能力测评方法。而在这之前，秦时的军功制、汉朝的察举制、魏晋的考绩制，无一不体现了人员素质与能力测评的精神。

（1）察举制。“察举”，又称“举荐”，就是考察以后予以举荐的意思。它是由地方长官在自己管辖区内考察选拔人才，按照一定的科目和标准，向中央政府推荐（举），朝廷根据不同的需要设立各种科目，指定有关的官员担任举主（相当于主考官），经过适当的考核（举），授予相应的官职。

察举是以真实言行与长期观察为依据，所以它对素质与能力的测评较为实事求是。但察举往往受察举者个人的情感和经验影响。

（2）九品中正制。九品中正制，又称九品官人法。“九品”指上上、上中、上下、中上、中中、中下、下上、下中、下下九级来区分人物高下。“中正”是专职品评人物的中央官员；“品”即“品状”（“品”是在籍的言行，“状”为居官的才能与政绩）。在此制度下，所有未出仕或现任官吏都由中央评定品级，作为任用及升迁标准。

中正的职权主要是评议人物，其标准有三：家世（被测者的族望和父祖官爵）、道德、才能。中正对人物的道德、才能做概括性的评语，称为“状”；然后根据“状”对人物做出高下的品定，称为“品”。中正官评品时，虑及德行与家世，而德行的评定又颇具体，品评标准合理。另一方面，九品中正制是阶梯式的选举方法，郡中评定品第后，交中央与地方间的媒介（州中正）审核，再送往司徒与尚书，经复核后才授官，而小中正所定的品第，规定每三年检定一次，可见程序严谨。

九品中正制优点在于：要求那些公正无私且富有识人经验的专家担任选拔之职，显然对素质与能力的测评更为准确；要求各等级都有一个具体客观的评定标准，提高了素质与能力测评的客观性；中正官必须亲自或派专人去察访每个士人家庭背景与现实表现，据此做出评语，再评定品级，这样有助于准确客观测评士人的品德和才能；此外，它还采用定期考核的方式，每三年鉴定一次，这有利于保证素质测评的质量和激励官员不断自我提升。

九品中正制缺点在于：中正官评定人物品级时，首先看重的是被测者的家世，而不是他的实际表现。此外，中正官一人决定一切的选士，难以保证公正。

（3）科举制。隋文帝于开皇十八年（598 年）七月诏令开“志行修谨”和“清平斡济”二科举人；隋炀帝时，扩大了分科范围，于大业三年（607 年）诏令开“文武有职事者，以孝悌有闻、德行敦厚、节义可称、操履清洁、强毅正直、执宪不挠、学业优敏、文才秀美、才堪将略、膂力骁壮十科举人”。大业五月（609 年）又诏令开“学业该通、才艺优洽，膂力骁壮、超绝等伦，在官勤奋、堪理政事，立性正直、不避强御”四科举人。

唐代的科考分为常科和制科。每年按例举行的分科考称为常科，而由皇帝下诏临时举行的考试则称制科。常科的考生有两个来源：一是生徒，二为乡贡。在唐代，从朝廷到地方都设有学校。朝廷设有国子监、弘文馆、崇文馆，地方则设有州学和县学。常科的科目设有秀才、明经、俊士、进士、明法、明算、明字、一史、三史、道举、童子、开元礼等。唐代的制科是由皇帝特别召集一些知名人士举行的考试科目。制科名目繁多。

从明代开始，科考成绩主要取决于八股文的优劣。所以，一般读书人往往把毕生精力用在八股文上。八股文以四书、五经中的文句做题目，只能依照题义阐述其中的义理。措辞要用古人语气，即所谓代圣贤立言。格式也很死，结构有一定程式，字数有一定限制，句法要求对偶。八股文是由宋代的经义演变而成，严重束缚人们的思想，同时也把科举考试制度本身引向绝路。

清末，延续了千年的科举已经走入死胡同。在这种新形势之下，一些思想先进的知识分子，对科举制度提出了一系列改革意见。科举改革也成为戊戌变法的内容之一。光绪二十四年（1898 年）六月一日，礼部拟定了科举新章："乡、会试仍定为三场：第一场，试中国史事、国朝政治论五道；第二场，试时务策五道，专问五洲各国之政，专门之艺；第三场，试四书义两篇、五经义一篇。"这一新政在八月六日慈禧政变，尽罢一切新政中即遭废止。此后光绪二十六年（1901 年）七月，慈禧太后不得不采用维新派的改革办法，颁布谕旨，恢复了科举新章，并且规定："以上一切考试，凡四书、五经义，均不准用八股程式。"

从科举开始制定的标准、内容以及保质的措施来看，科举是有利于对道德知识与实用学科的细致测评的。科举注意吸取自荐、选、荐举等形式的民主性及察举中保举制的质量保证措施，并通过考试举人，增添了平等竞争的色彩。后人批判科举是指它所考的内容，科举制度本身并非一无是处。

总结我国古代的人员素质与能力测评，其方式主要有选、举、考、用四种。"选"主要是"贤能制"、"禅让制"等；"举"有察举、荐举、保举等；"考"有考察、考试、考验等；"用"是实际的职务任务考察任职者。我国古代的人员素质与能力测评所采用的技术主要有问、听、观、访、察、论、试等，这都是如今面试、履历表、考察、考试、演讲、辩论、工作模拟等测评技术的早期表达形式。

2．我国现代人员素质与能力测评的发展历程

我国最早的较为标准化的人员素质与能力测评是 1916 年在清华大学内开展的职业指导活动。1921 年，中华职教社采用自制的职业心理测验对入学人员进行了测验，但因早期中国社会工业的落后以及社会条件的限制，人员素质与能力测评难以形成规模的发展。20 世纪 60 年代后，中国因工业和军事发展的需要，使人员素质与能力测评有了一定的发展。如 70 年代，空军第四研究所编制了《学习飞行能力预测方法》，用以对新生进行集体心理测验，取得了良好的效果，使飞行员淘汰率大大降低。在我国，心理测验在 21 世纪二三十年代也

已经开始应用了，但主要应用于教育领域。后来由于抗日战争而中断。新中国成立后由于种种原因，心理学有很长一段时间被视为“伪科学”，人员素质与能力测评与心理测验更是无人敢问津的领域。所以从 1949 年至 1979 年，我国在人员素质与能力测评技术的研究和应用方面基本处于停滞状态。

从 80 年代至今，人员素质与能力测评事业在我国有很大进步。不论是社会对人员素质与能力测评的认识，还是人员素质与能力测评的应用，都发生了可喜的变化。人员素质与能力测评在这 20 多年里的发展过程，可以分为以下 3 个阶段。

（1）复苏阶段（1980—1988 年）。此阶段的特点是从恢复心理测验开始，首先消化、吸收国外先进的测验技术和做法。不过，这个时期心理测验的应用主要局限于教育领域，在社会经济领域的运用很少。当时只有少数心理学工作者和测评专家开始在社会经济领域中开展人员素质与能力测评的应用研究。例如，中科院心理所修订了测量领域行为的 PM 量表，并在企业管理人员的测评中加以应用，取得了较好的成效；又如，原杭州大学心理系受浙江省委组织部的委托，在机关干部中开展了人员素质与能力测评的研究与应用，得到了政府有关部门的认可。这些研究与运用为我国人员素质与能力测评事业的发展起了一定的推动作用。但总体来说，这个时期人员素质与能力测评的发展还处在萌芽时期，人员素质与能力测评的运用很少，影响也很小。

（2）初步应用阶段（1989—1992 年）。此阶段的一个显著特点是国家公务员录用考试制度开始建立。1989 年 1 月，中组部、人事部联合下发了《关于国家行政机关补充工作人员实行考试办法的通知》，要求县以上国家行政机关补充非领导职务的工作人员时，要按照德才兼备的标准，公开考试，严格考核，择优录用。从此以后，所有想加入公务员行列的人必须经过客观化考试，这标志着国家机关用人制度中开始应用现代人员素质与能力测评技术。至 1992 年年底，全国 29 个省、国务院 3 个部门都不同程度地采用了人员素质与能力测评方法补充人员，取得了良好效果。这使得人员素质与能力测评在社会上引起人们的广泛关注。与此同时，我国在高级官员的任用中也开始借用人员素质与能力测评技术。北京、上海、四川、湖南等许多省市都开始用现代人员素质与能力测评技术选拔厅局级领导，测评手段包括纸笔测验、结构化面试、文件框、情景模拟等。由于这种选拔方式比较客观公正，深受社会各界的欢迎和称颂。

（3）繁荣发展阶段（1993 年至今）。近几年来，各地都普遍建立人才市场，使得各类用人机构都有了相对灵活的用人自主权，个人也有了更多的择业自由和机会。人才交流的日益普遍促进了现代人员素质与能力测评技术的更快发展。因为从某种意义上讲，人才市场类似于商品市场，商品交换是必须以其价值和使用价值为基础的，人才交流同样必须有价值尺度。传统的人才价值尺度是讲学历、工作经验和职称等，这些指标通常只能说明某些问题，并不能客观准确地反映人才的真正价值。比如学历，它更多地反映了一个人受教育的多少，即使它在一定程度上可以模糊地反映科技人才的价值大小，但对于管理人才的价值高低则几乎无法体现。所以，要客观准确地反映人才的价值，必须借助于人员素质与能力测评技术。与此相应，随着人员素质与能力测评的应用需求不断扩大，新的人员素质与能力测评手段不断发展，从事人员素质与能力测评研究和服务的机构也不断增多。所有这些都象征着我国人员素质与能力测评事业已进入到了一个繁荣发展阶段。

1.4.2　西方人员素质与能力测评的发展史

1905 年，法国心理学家比奈把智力看做人的一种高级复杂的心理活动，并采用观察多种简单的行为活动的方法来检测构成智力的各个因素，从而在了解一个人的智力水平时，成功地出现了世界上第一个智力测验——比奈—西蒙量表。从此以后，心理测验被公认为测量个别差异的有效工具，西方的人才评价领域也从此更加蓬勃地开展起来了。

20 世纪第二个 10 年是西方人员素质与能力测评技术大发展时期。随着第一个心理测验的产生，人们更加努力地编制和运用心理测验。刚开始，主要还是用于教育和临床诊断领域。第一次世界大战后，心理测验才有了进一步发展，扩大了应用范围。1917 年，随着美国宣告参战，许多心理学家参军并开始为战争服务。他们认为选拔和分派官兵的任务必须考虑到他们的不同智力水平。不过军队有 100 多万人，实现这一想法，只能采取大规模的团体施测方法，为此编制出陆军甲种测验。但他们发现士兵的文化水平不同，影响到测验效果，于是后来又出现了非文字的陆军乙种测验。这样从 1917 年 3 月到 1919 年 1 月，共有 200 多万官兵参加了测试，并取得了令人满意的成效。此后不久，用于测量官兵一般智力的陆军甲种测验和陆军乙种测验被迅速应用于美国社会，心理测验由此名声大振。20 世纪 20 年代，心理测验出现了狂热的势头，为各个阶层、种族人群设计的智力测验不断出现。同时，根据工业部门的人才选拔、安置工作的需要，以及职业咨询的兴起，心理学家又开始编制各种职业能力倾向测验，主要包括音乐、文书、机械和艺术等方面的特殊能力倾向测验。在职业选择与个人特点相结合方面，美国学者斯特朗做出了重要成绩，他于 1927 年编制出版的世界上第一个职业兴趣测验“斯特朗男性职业兴趣量表”至今受到重视。

到了 20 世纪四五十年代，心理测量学家们开始在实践中评价求职者的“岗位适合度”，也就是说，人们从此开始越来越重视人职匹配。为了达到这个目标，心理学家需要事先对求职者进行一次简单的诊断面谈，然后进行一系列纸笔测验，通常包括能力倾向测验、投射性测验。

20 世纪 60 年代以后，评价中心技术在许多大公司开始应用，使得测评对象不仅是以普通员工为主，而且扩展到中高层管理人员。由于评价中心技术综合运用了测验、面试和情景模拟技术，与原来相比，测评效果更加可靠和有效。有研究表明，评价中心选拔出来的经理，工作出色的人数比用一般标准选拔出来的出色人数多50%。在评价中心获得较高评价的人比获得较低评价的人更容易得到晋升。以美国电报电话公司为例，他们在对一批经理候选人进行评价后，把结果保留了下来，8年后，把结果与实际情况进行核对，发现以前预测会升迁的候选人中已经有近64%的人被提升为中层主管，以前预测不晋升的候选人中，只有32%的人上升为中层主管。由于评价中心的有效性较高，目前，此技术已成为西方评价各层管理人员的主要技术工具。

近几十年来，随着测评工作更加专业化，西方出现了许多专门提供人员素质与能力测评服务的公司，他们把人员素质与能力测评技术应用于人力资源开发的各个领域。目前，人员素质与能力测评在西方处于稳定发展时期。

本章重点概念

素质　能力　人员素质与能力测评　甄别　评定　诊断　反馈　预测　激励

自测题

一、判断题

1. 素质由身体素质和心理素质构成。(　　)
2. 能力可分为一般能力和特殊能力两种。(　　)
3. 素质与能力测评就是素质和能力的机械相加。(　　)
4. 人—岗匹配就是人的素质与能力要与岗位相匹配。(　　)
5. 隋朝的科考分为常科和制科。(　　)

二、单选题

1. (　　)是个体完成一项工作与任务所具备的基本条件和基本特点。

A. 素质　B. 能力　C. 水平　D. 实力

2. (　　)是指人在专业活动中表现出来的能力，它只在特殊活动中发挥作用。

A. 一般能力　B. 特殊能力　C. 管理能力　D. 交际能力

3. (　　)是指通过测评找出被测者素质与能力构成及发展上的问题与不足。

A. 甄别　B. 评定　C. 诊断　D. 反馈

4. 人才资源管理的基础工程是(　　)。

A. 人才开发　B. 人才测评　C. 人才资源配置　D. 人才利用

5. 科举制开始于（　）。

A. 隋朝　B. 唐朝　C. 宋朝　D. 明朝

三、多选题

1. 素质的特征包括（　）。

A. 相对稳定性　B. 可塑性　C. 内在性与表现性的统一

D. 差异性与层次性　E. 综合性与可分解性

2. 智力分为（　）。

A. 观察力　B. 记忆力和想象力　C. 思维能力　D. 操作能力

3. 人员素质与能力测评的作用有（　）。

A. 甄别和评定　B. 诊断和反馈　C. 预测　D. 激励

4. 个性倾向性差异包括（　）。

A. 需求差异　B. 动机差异　C. 兴趣差异　D. 世界观差异

5. 评价中心技术综合运用了（　）技术。

A. 倾向测验　B. 面试　C. 情景模拟　D. 投射性测验

四、简答题

1. 怎样理解素质和能力的内涵？
2. 什么是人员素质与能力测评？
3. 素质与能力测评依据哪些理论？
4. 我国古代人员素质与能力测评有哪些主要思想？
5. 简述西方人员素质与能力测评的发展历程。

案例分析

寻找最优秀的人才
——英特尔的用人机制

英特尔的用人标准是什么？“英特尔的业务范围越来越广泛，不仅局限于芯片，也有大量广告、通信。所以我们需要多方面的人才。从过去的经验看，那些真正能从工作中得到乐趣而不仅仅为了拿钱的人能干得更好。所以我们招收的人都精力充沛、聪明，聪明人能吸引聪明人。他们把公司当做自己的公司，所以他们能把自己的想法说出来，公司也鼓励他们这样做。他们都喜欢变化，因为这个行业的变化越来越快；他们还能明智地冒险，愿意对自己行为的结果进行评估。”英特尔公司中国区总裁简睿杰先生如是说。

英特尔公司对应聘人员的基本要求很高，对经理的要求更高，首先要有专长，比如计算机、公关等，这是最基本的素质。然后是他与人相处的能力，因为经理得与大家一起，靠大家来开展工作。英特尔对经理的评价也是看他领导的组织的业绩，而不是看他本人。确定了自己所需人才的基本条件后，英特尔公司的招聘围绕这一要求展开了。首先，从有经验的人还是从新人中招收这类人？这实际上还涉及自己培养还是挖别人墙脚的问题。众所周知，有经验的人才有其无法比拟的优点：这些人已经具备了相当的能力与技巧，能够独当一面，公司使用他们投资少，却可以立竿见影，而且由于经验丰富，犯低级错误的可能性小（他们已经付出了必要的学习成本），这也是许多公司所看重的。他们的缺点也很明显：首先其忠实性很值得怀疑；其次其可塑性受到局限，他们的思维往往已经定型，而且深受以往单位作风的影响。

新人的优缺点也一目了然。这些人的优点在于，学历高，与公司融合快，适应性强，潜力大，而且一旦融入公司，他们的思维定式便以公司为导向，容易培养认同感；缺点在于，投资大，短期内不合算，而且还要承受他们可能的学习成本。通常，在企业新设之初，企业为解燃眉之急，倾向于招收有经验的人才；而企业站稳脚跟后，如果企业实力雄厚，一般更喜欢吸收新人加以培养。毕竟，挖别人墙脚不是长久之计。世界 500 强企业在进入中国之初，往往先招收相关领域内中国大型国有企业的高层领导为其首席代表或业务负责人，而在业务基本稳定后，更愿意从大学直接招收毕业生。英特尔也是这样，现在英特尔中国公司一般直接从大学毕业生中招收人才，公司认为科技人才倾向于在年轻的时候（20～40 岁）出成绩，而且他们刚从学校毕业，对最新事物很敏感。

接着就是如何进行招聘工作，保证所招收的人正是他所要求的人才。英特尔公司的招聘比较常规化，或者说有点循规蹈矩。它的招聘工作基本上是按下面三个步骤进行的。

第一步是初步面试。通常，初步面试由公司的人力资源部主管主持进行，通过双向沟通，使公司方面获得有关应聘者学业成绩、相关培训、相关工作经历、兴趣偏好、对有关职业的期望等直观信息，同时，也使应聘者对公司的目前情况及公司对应聘者的未来期望有个大致了解。面试结束后，人力资源部要对每位应聘者进行评估，以确定进入下一轮应试的人员名单。具体操作是：

（1）就应聘者的外表、明显的兴趣、经验、合理的期望、职务能力、教育、是否马上能胜任、过去雇佣的稳定性等项目从高（10 分）到低（1 分）打分。

（2）就职位应考虑的优缺点，如对以往职务的态度、对生涯或职业的期望等作具体评议。所有应聘者提供的书面材料也供评价参考。

第二步是进行标准化的心理测试。由在公司外聘请的心理学者主持进行。通过测试进一步了解应聘者的基本能力、素质和个性特征，包括人的基本智力、认识的思维方式、内在驱动力等，也包括管理意识、管理技能技巧。目前，这类标准化的心理测试主要有《16 种人格因素问卷》、《明尼苏达多项人格测验》、《适应能力测验》、《欧蒂斯心智能力自我管理测验》、《温得立人事测验》等。心理测试的结果只是为最后确定人选提供参考依据。

第三步是进行“模拟测验”。这是最终面试，也是决定应聘者是否入选的关键。其具体做法是，应聘者以小组为单位，根据工作中常碰到的问题，由小组成员轮流担任不同的角色，以测试其处理实际问题的能力。整个过程由专家和公司内部的高级主管组成专家小组来监督进行，一般历时两天左右，最后对每一位应聘者作出综合评价，提出录用意见。“模拟测试”最大的优点是，应聘者的“智商”和“情商”都能集中表现出来，它能客观反映应聘者的综合能力，使公司避免在选择人才时“感情用事”，为今后的发展打好基础。

英特尔最注重的是，应聘者在面试尤其是最终面试中的表现，这个面试是由业务部门组织的。面试考官不仅限于公司管理者，也经常有应聘者将来的同事，被 10 个人面试后才进入英特尔的人并不稀奇。公司中国区公关经理周先生就是在跟两个经理吃过饭后，又经过好几个人的“鉴定”才被录用的。

（资料来源：《中国经营报》）

案例思考题

1. 英特尔的人才标准是什么？
2. 如果你是公司的招聘人员，该如何选拔和测评应聘者？

调查研讨题

1. 你所了解的机关和企事业单位，哪些对员工录用与选拔还没有使用笔试、面试等测评方式？他们为什么不使用这些测评方式？

2. 你相信心理测验吗？为什么？

第 2 章

人员素质与能力测评指标体系

学习目标

- 了解人员素质与能力测评要素的设计原则。
- 认识人员素质与能力测评指标的构成。
- 掌握人员素质与能力测评要素的设计方法、人员素质与能力测评指标体系的确定程序。
- 熟悉人员素质与能力测评指标的计量。

学习导航

2.1 人员素质与能力测评指标和指标体系
2.1.1 人员素质与能力测评指标和指标体系的概念
2.1.2 人员素质与能力测评指标的构成
2.1.3 人员素质与能力测评指标体系的构成

2.2 测评要素的设计
2.2.1 测评要素设计原则
2.2.2 测评要素设计方法
2.2.3 测评要素的模式

2.3 人员素质与能力测评指标体系构建的步骤
2.3.1 人员素质与能力测评指标体系的确定
2.3.2 人员素质与能力测评指标权重的确定
2.3.3 人员素质与能力分数和计量标准

2.1　人员素质与能力测评指标和指标体系

引导案例 2-1

某公司员工素质测评指标评价表

表 2-1　某公司员工素质测评指标评价表

姓　　名______　　　　　年　　龄______　　　　　文化程度______

工作单位______　　　　　职　　务______

您认为我公司员工最需具备的素质有哪些，请按下表填写。

年　月　日

评分 指标	完全同意 4	同意 3	不同意 2	完全不同意 1	评分 指标	完全同意 4	同意 3	不同意 2	完全不同意 1
创造性					工作质量				
原则性					工作数量				
灵活性					工作效率				
事业心					工作经历				

（资料来源：中国人力资源网——典型案例）

2.1.1　人员素质与能力测评指标和指标体系的概念

1．人员素质与能力测评指标

人员素质与能力测评指标就是指人员素质与能力测评中反映测评对象特定属性的一系列考察因素或维度，亦称人员素质与能力测评要素。确定人员素质与能力测评指标就是要确定衡量和评价被测者的维度。

2．人员素质与能力测评指标体系

测试者根据测评对象、测评目的的要求，精心选择一系列评价指标，这些测评指标的集合就组成了人员素质与能力测评指标体系。它包括测评对象、测评目标和测评指标三个部分，其中测评对象是基础，测评目标是主体，测评指标是基本的单位。人员素质与能力测评指标体系和体系中指标测评结果的表现程度和形式构成了某类人员的素质与能力测评工具。

人员素质与能力测评指标体系是由一组特定组合、相互联系的人员素质与能力测评指标组成的，每个指标又都有自己的相对独立性。一个测评指标只代表人员素质与能力的某一方面，人员素质与能力测评指标体系则反映了人员素质与能力测评要测评的多个方面，所以它是人员素质与能力测评的基本框架。

2.1.2　人员素质与能力测评指标的构成

一个完整的人员素质与能力测评指标应该包括 3 个方面的内容：测评要素、测评标志和测评标度。测评标志和测评标度也被称为测评标准。人员素质与能力测评指标公式如下：

人员素质与能力测评指标=测评要素+测评标志+测评标度

1．测评要素

测评要素是指测评内容的细化条目，确定了测评的具体内容包括哪些方面。制定测评要素是确立测评指标的第一步，即根据测评对象的分析结果拟定一些测评要素。分析测评对象是设计指标内容的基础，虽然指标设计的方法有很多种，但是在不同程度上都要依据于对测评对象的认识与分析，否则设计出来的指标很可能不能客观地反映实际情况。

2．测评标志

测评标志是为每一个测评要素确立的关键性描述特征或界定特征，确立的测评标志要求必须具有可辨别、易操作的特征。通常情况下，一个测评要素由多个测评标志来说明。测评标志的形式是多种多样的，从其表述方式来说，可分为以下 3 种。

（1）评语短句式。它是一种对所考评的要素做出好坏、优劣、大小、是非、高低等判断与评价的句子。主要是描述句、叙述句、议论句，句中含有一个以上的变量词。

相关链接

评语短句中对考评要素程度的描述往往会显得很模糊，如“没有”、“偶尔”、“经常”等，由于它们本身没有明确界限，所以每个人的理解也不一样，易造成评价困难。

（2）设问提示式。这种测评标志是以问题形式来提示测试者把握测评要素的特征。表 2-2 是一个实际的设问提示式测评标志的例子。

表 2-2　职业道德测评指标设计范例（设问提示式）

测评要素	测评标志	测评标度
职业道德	能遵守合同并信守承诺吗？	能（　）有时能（　）不能（　）
	能为完成任务而尽职尽责吗？	能（　）有时能（　）不能（　）
	能把工作安排有条不紊吗？	能（　）有时能（　）不能（　）
	工作的大多数时间都能小心谨慎吗？	能（　）有时能（　）不能（　）

（3）方向指示式。在这种测评标志中，只规定从哪些方面去测评，而没有具体规定测评的标志和标度，让测试者自己去把握，如表 2-3 所示。

表 2-3　业务测评指标设计范例（方向指示式）

测评要素	测评标志	测评标度
业务经验	主要从应聘者的业务年限、熟悉程度、有无成功经验等方面进行测评	根据具体情况把握

3．测评标度

测评标度是指描述测评要素或要素标志的程度差异与状态水平的度量。对于这种程度差异或状态水平的度量表示，可以是数量的，也可以是语言的；可以是精确的，也可以是模糊的。具体到每一个要素，则要制定与其相应的测评标志和测评标度。测评标度可分为表 2-4 中的几种形式。

表 2-4　测评标度形式

测评标度形式	形式说明	举　例
等级式	用一些等级顺序明确、具有程度差异的字词、字母或数字来表示标志特征状况的刻度形式	甲、乙、丙 A、B、C 精通、一般、很差
数量式	直接以分数来表示测评标志水平变化的刻度形式	1 ~ 100 分 1 ~ 5 分
符号式	以一种简单的符号来表示标志的不同水平	√、× 是、否
数轴式	用一个带有刻度和原点的数轴来表示测评标志的不同水平	员工幸福感测评标度 0　20　40　60　80　100（%）
图表式	用直观的图表来表示测评标志的不同水平	略

续表

测评标度形式	形式说明	举　例
综合式	综合两种以上的标度形式来表示测评标志的不同水平	略

表 2-5 是感召力测评指标设计范例。

表 2-5　感召力测评指标设计范例

测评要素	测评标志	测评标度
感召力	擅长说服，善于赢得支持	精通、一般、很差
	能调整表情以吸引听众	精通、一般、很差
	能运用间接影响等复杂手段制造声势和舆论，努力赢得他人支持	精通、一般、很差
	能策划引人注目的事件，以说明问题的要点	精通、一般、很差

现实应用中，人员素质与能力测评指标也可以没有测评标度，也可以将测评标志与测评标度合二为一。

2.1.3　人员素质与能力测评指标体系的构成

人员素质与能力测评指标体系往往由数个指标（要素）组成。例如，测评管理者的素质与能力指标体系由知识、能力、动机、人格类型和职业兴趣等指标组成。

组成素质与能力测评指标体系的每一个素质与能力结构成分（一级指标或因素）又由相应的测评二级指标或子因素构成，有时二级指标又由三级指标组成，如表 2-6 所示。

表 2-6　我国传统的人事测评指标体系

一级指标	二级指标
德	责任心、事业心、原则性、积极性、政策性
能	专业知识、知识面、自学能力、理解力、观察力、组织能力、用人授权能力、判断能力
勤	工作坚持性
绩	工作质量、工作效率、工作成绩

2.2　测评要素的设计

引导案例 2-2

某企业经营管理者工商职业资格测评指标体系的设计

1．测评指标体系设计的目的

（1）为企业经营管理者职业资格论证提供统一的评价标准，使企业经营管理者的资格论证工作有章可循；

（2）对今后开展企业经营管理者职业资格的培训、考核、测评有指导作用；

（3）指明了企业经营管理者今后努力的方向，对企业经营管理者具有导向和激励作用；

（4）为企业提供源源不断的经营管理者后备队伍。

2．测评指标体系的设计

依据企业经营管理者的工作特点和评价要求，将测评指标体系的指标设计成三级指标结构，一级有心理、品德、智力、绩效、体能 5 个方面的内容；二级指标有自我意识、人格等 16 个子内容；三级指标有自信心、自主性等 51 个说明内容，并据此确定了各项指标的相应标志与标度，如表 2-7 所示。

表 2-7　某企业经营管理者工商职业资格测评指标一览表

一级指标	二级指标	三级指标	标志与标度
心理	自我意识	自信心	对自身主要素质及能力有较高评价，自我感觉良好
		自主性	习惯于独立完成任务，仅在疑难时求助他人
		自知性	有自知之明，善于剖析自己，并能自我完善
		气质	胆汁质成分占主导，并混合黏液质成分
		性格	开朗、乐观、积极、情绪外倾，并善于转移
	人格	动机	成就动机占主导，并混合有权力动机和亲和动机
		情感	理智地处理各种问题，较少为情感左右
品德	社会品德	政策性	遵守政府方针政策和法律
		原则性	坚持原则
		公德意识	把企业发展同社会公益事业兼顾起来，不允许个人与企业行为有悖公德

续表

一级指标	二级指标	三级指标	标志与标度
	管理品德	事业心	有远大理想和抱负，爱岗敬业并积极进取
		责任心	认真、审慎和坚韧，常有自我牺牲意识
		公正性	平等地对待所有员工，赏罚分明
		纪律性	以身作则，模范遵守公司规章制度
	商业品德	利益观	重视社会、合作伙伴和顾客利益，为此不惜牺牲自身利益
		承诺性	言必信，行必果，讲求商业信誉
		协作性	正确处理同商业伙伴间竞争与合作的关系
智力	知识结构	工具知识	外语达到非外语大学本科水平，计算机达到非计算机专业大学本科毕业水平
		专业知识	掌握本专业理论知识，对某些问题有独到见解
		经济管理知识	掌握经营管理的有关理论知识，达到工商管理硕士（MBA）所要求的水平
		相关知识	掌握国家有关法律、法规的基本内容，熟悉社会学、心理学、领导学、成功学等学科的基本知识
	认知能力	记忆力	博闻强记，熟悉公司员工的姓名和公司的规章制度
		思维力	思维严密、敏捷，能巧妙地解决问题
		自学能力	掌握学习规律和方法，能提出、分析和解决问题
		综合分析能力	目光敏锐，善于系统、全面地分析问题，判断准确度较高
	经营决策能力	决策能力	运筹帷幄，重视企业发展战略研究
		组织能力	精于设计组织机构，善于用人授权，企业中人尽其才，才尽其用，组织高效运转
		激励能力	能综合运用民主管理、工作成就及物质待遇等手段激励员工
		协调能力	与企业内外建立了双向沟通渠道，善于解决矛盾
		获取市场信息能力	能通过多种途径得到有利于企业发展的信息
		市场营销能力	驾驭市场，抓住商机，引导和创造市场需求
	交际能力	乐群性	善于照顾他人和创造融洽的工作环境，是团队的组织者和合作者
		谈判能力	能抓住对方心理，广泛地建立和开拓业务协作关系
		涉外能力	懂得国际商贸惯例和不同文化背景间的差异，基本上没有语言障碍

续表

一级指标	二级指标	三级指标	标志与标度
	自我控制能力	创新力	有新思路，能发现新问题，找到新途径，提出改革意见
		坚韧性	经得起重大挫折，能百折不挠地实现既定的目标
		果断性	不拘常规，随机应变，迅速反应，且处理得体
		风险承受能力	能对风险收益做出正确估计，敢冒可估风险
	技能结构	基本技能	具有企业内部行政管理能力和向外发展业务能力
		专业技能	是本行业的专家，并能从业务上指导下级开展工作
		相关技能	能从容地处理各种突发事件，组织和策划大中型商贸活动和会议
绩效	工作量	工件质量	一丝不苟，精益求精，质量信得过
		工作数量	工作量饱和
	工作效率	个体效率	时间观念强，完成任务速度快、效益好
		公司效率	公司各种机构运转良好，市场反应速度快
	其他	人才培养	注重对员工的培训，增强员工的工作能力
		群众威信	以德服人，以能服人，身体力行，群众基础好
体能	健康状况	身体健康	身体健壮，精力充沛，胜任工作
		心理健康	能正确对待个人荣辱得失，并能不断地调整自己
	体力状况	耐力	能承受住加班和在外出差
		柔韧性	身体灵活、协调能力强

3．测评指标体系的权重设置

由于不同层级的企业经营管理者对职业资格要求不同，必然带来每个层次及每个指标在整个评价标准中所处的地位和作用不同，因此必须根据不同的考测对象，不同的考核测评时期和不同的考核测评角度而确定权重。设置的基本方法有：

（1）德尔菲法（专家意见法）。请专家“背靠背”地反复填写对权重设置的意见，不断反馈信息以期专家意见趋于一致，得出一个较为合理的权重分配方案。

（2）主观经验法。对于某一非熟悉而有把握的测评对象，可以直接采取主观经验加权的方法。

（3）层次分析法（AHP 法）。即多目标决策方法，首先必须把测评目标分解为一个多级指标，在同一层次上根据相对重要性等级表，列出两两比较矩阵，然后计算每项指标的相对优先权重。

（4）多元分析法。利用多元分析中的因素分析、主成分分析以及多元回归分析来计算各个指标的权重。

（资料来源：中国人力资源网——典型案例）

2.2.1　测评要素设计原则

1．同质性原则

人员素质与能力测评指标是测评对象特征的标准，这就需要测评指标的内容与标志特征同测评对象特征相一致。也就是说，一个测评指标只能有一个明确的、与其特征相符的测评内容与标志。同质性原则是人事考评有效性的保证。

2．针对性原则

由于各类人员的工作性质、特点、专业类别、职务类别都有所差异，在对不同类别被测者进行功能测评时，测评指标体系中的各项指标也应有所区别。指标设计要根据各类人员的具体特点来进行。在设计测评要素时，应首先对各岗位进行详细分析，确定它对人员素质在心理、道德、智力、能力、体能和绩效等方面的基本要求，然后归纳提炼出测评要素。对不同类型的人选进行测评，其指标是不同的，即使有些指标相同，其内容也是不一样的，或者其权重设置是不同的。例如，测评的对象是技术人员，其测评指标除了应具备的基本要素外，还应该具备一些特殊要素，如设计能力、实际操作能力等；管理人员的特殊要素则有决策能力、组织能力、管理能力等。

3．完备性原则

完备性是指处于同一个标准体系中的各种指标相互配合，在不同侧面全面地反映工作岗位所应具备的素质与能力的主要特征，使整个测评对象包含在测评指标体系内容之中。例如，反映被测者综合分析能力的具体指标可以多种多样，而严密性、精确性、理解力和逻辑性四个指标组成的指标体系，基本上能满足指标设计中的完备性原则，做到既使指标的个数尽可能少，又能较全面地反映被测者的综合分析能力。

4．可操作性原则

可操作性是指设立的指标应该能进行比较、辨别、测评，即测评要素所展示的标志是可以观察、计算或能通过一定的方法辨别、把握和计量的。因此，在进行测评要素设计时，要充分考虑可操作性，测评要素的词汇应当通俗易懂，避免意义含糊不清；测评要素的内容和形式应当尽量简化，突出重点。例如，“管理经验”本身是一个难以直接测评的指标，把它表示为“从事管理工作实际年限”时，则就成了可以直接考评的指标。

5. 独立性原则

独立性是指要求设立的测评要素在同一层次上应是相互独立、没有交叉的。一般来说，管理者的测评要素由多层次构成。独立性原则要求同一层级上的两个指标不能存在重叠和因果关系。

6. 结构性原则

由于人员素质与能力测评系统是一个复杂的系统，考评时只从一个方面进行往往难以奏效，一般要求所设立的测评指标体系要有条件、过程和结果三个方面的指标。即在员工素质与能力测评中既要有对所取得效率效果的测评指标，又要有对职责任务完成情况测评的指标，还要有对素质与能力测评的指标。

7. 精练性原则

从理论上说，测评内容越全面、越完整，就越能反映出被测者的素质与能力结构，但实践证明，过多过细的要素往往存在相互重叠的成分，不仅浪费人力、物力和时间，还会使测评结果成为重叠信息，降低测评的有效性。所以，测评指标的设计应尽量简单，把一切不必要的以及不能准确反映素质与能力测评特点的指标都删除掉，只要能达到既定目的并获得所需要的功能信息就可以了。

2.2.2 测评要素设计方法

1. 工作分析法

工作分析法是一种以确定职位工作要求与责任范围为目的的人员素质与能力测评分析方法。通过工作分析，可以明确所从事的工作要求任职者应具备哪些素质与能力。具体应用程序如下：

（1）根据素质与能力测评目的与需要，确定需要进行调查的职位范围，制定调查的提纲与计划；

（2）采用一定方法广泛收集有关某一职位任职者主要素质与能力条件与绩效指标的

素材；

（3）通过一些方法筛选形成内容全面的素质与能力调查表；

（4）在更大范围内进行调查，要求被调查者对调查表上的内容进行评价与补充，并对调查结果进行统计分析，形成职位素质与能力测评指标体系；

（5）对所制定的素质与能力测评指标体系进行测试并修改。

管理者素质与能力分析如表 2-8 所示。

表 2-8　管理者素质与能力分析

工作要求 \ 表现形式	品德素质	能力素质
经营管理	事业心、竞争性、公正心	管理科学知识、专业知识、判断能力、指挥协调能力、任贤能力
信息沟通	平易近人、虚心好学	口头表达能力、交往能力、综合分析能力

2. 专家调查法

专家调查法中的“专家”一般包括有关方面的管理者、理论研究人员、具有管理和技术方面知识并且有丰富实际经验的专家人员等。专家调查法的主要形式有个别访谈法、头脑风暴法和德尔菲法等。

相关链接

头脑风暴法简介

头脑风暴（Brain-storming）最早是精神病理学上的用语，指精神病患者的精神错乱状态而言的，现在指无限制的自由联想和讨论，其目的在于产生新观念或激发创新设想。

头脑风暴法又称智力激励法、BS 法、自由思考法，是由美国创造学家 A・F・奥斯本于 1939 年首次提出、1953 年正式发表的一种激发性思维的方法。此法经各国创造学研究者的实践和发展，至今已经形成了一个发明技法群，如奥斯本智力激励法、默写式智力激励法、卡片式智力激励法等。

3. 问卷调查法

这种方法就是设计者根据需要，把要调查的内容设计成一张调查表或问卷，写好填表或答卷说明和要求，分别发给有关人员填写，以收集和征求不同人员意见的一种方法。

问卷形式按答案的标准化程度可分为开放式问卷和封闭式问卷两种。开放式问卷无标准答案和回答程序，被调查者可以根据自己的真实想法，自由回答。封闭式问卷意味着有标准的答题方式，常见的封闭式问卷有是非法、选择法和等级排列法三种。

（1）是非法。要求被调查者对问卷中的每一个问题做出“是”或“否”的回答。例如，经营管理者需要有交际能力吗？是（　　）否（　　）

（2）选择法。要求被调查者从并列的假设提问中做出选择。例如，技术人员应当有合作精神（　　），技术人员应当有民主作风（　　）。

（3）等级排列法。要求被调查者对多种可供选择的方案，按其重要程度排列出名次。例如，现代领导干部应该具有事业心、责任心、原则性、坚韧性、民主性五项品德，试按重要性依次排列。

问卷调查法应遵循以下设计程序：

（1）根据一定的测评目的把工作分析结果或假设的要素一一列出，再按能力、认知力、绩效、品德四个结构归类，编成要素体系草案；

（2）根据设计的时间、范围以及调查对象的状况，选择问卷表的类型和方式；

（3）拟出问卷提纲，在按精练性原则选取要素后，确定每个要素的提问方式；

（4）编成问卷初稿，送给对此有发言权的人评论，然后综合他们的意见加以修改；

（5）在小范围内预测，核查提问措词是否容易被人理解，是否有暗示性答案；

（6）修订完毕，附上指导语寄出。

4. 典型人物分析法

这种方法是通过对典型人物的工作情况、具体表现或工作角色特征的分析研究，来编制人员测评的指标体系的方法。其步骤如下：

（1）明确测评的目的与对象；

（2）依据测评目的与对象特征来选择典型人物；

（3）选择适当的分析方法，对典型人物做透彻全面的分析。

5. 典型资料分析法

这种方法是以表现典型人物或事件的资料为直接研究对象，通过表现典型人物或事件材料的总结分析，归纳出测评指标体系。选择典型对象时，可以选择成功的典型资料作为正向测评指标，也可以选择失败的典型资料作为反向测评指标。例如，日本人从《孙子兵法》中将“五德”素质提炼出作为现代企业领导者选拔的五种素质：

（1）智——领导者必须聪明而有智慧，遇事能做出准确无误的判断和及时合理的决定；

（2）信——信赖自己的下级并获得下级的信任；

（3）仁——体贴、爱护下级，时刻把下级的事挂在心上；

（4）勇——有勇气，有魄力，处事果断，做事雷厉风行；

（5）严——遵守法纪，赏罚分明。

6．胜任力特征分析法

这是一种基于胜任力概念的素质与能力测评指标体系。胜任力是指能区分在特定的工作岗位和组织环境中绩效水平的个人特征。它是个体的潜在特点，可以是动机、特征、技能、自我反应或社会角色的形象，或是所使用的知识。管理者的胜任力是管理者各项素质有机结合形成的能力，它表现为管理者凭借自己的道德品格素质、个性心理素质和身体素质，把知识和经验有机结合起来具体运用于经营管理过程的能力。胜任力指标体系的形成一般有以下几个步骤：

（1）确定企业战略。需要对组织面临的竞争挑战和组织文化进行研究，同时明确胜任力模型将主要运用在何处，侧重于薪酬管理、绩效考评、选拔，还是职业发展或培训。

（2）数据收集。需要选择合适的方法来收集模型构建中必要的数据信息，这是构建过程中的主要工作。通过数据收集，了解胜任力的主要模块和指标体系。主要有以下几种方法：

1）行为事件访谈。可与特定工作领域或工作职位上的高绩效者面谈，也可找一些普通绩效的员工作为对比，引发他们讲述自己的成功故事。

2）个人访谈。有时高绩效的行为事件难以归纳，而且随着组织的变化，过去的成功并不意味着现在乃至将来的成功。在这种时候，往往需要与关键管理岗位人员进行面谈，了解成功的行为。

3）焦点小组。让来自同一层次的员工组成小组，使他们历数出高绩效者普遍具备的胜任力项目，或者提供足够的事例。

4）问卷调查。将一系列行为书面列出，加以描述，要求被调查者指出哪些行为是组织中高绩效者所具有的。

5）专家数据库。从已有的胜任力模型中找出专家意见，在类似的模型环境中识别出重要的资质信息。

（3）数据集成。需要将已收集的数据进行归纳，可以采用一些统计方法，得出对应于各个工作领域或职位的成组的资质模型。

（4）有效性分析。模型初步成型后，还需要通过绩效考评进行效度验证。只有在一定时间后，员工的绩效符合资质模型中的预测，才能证明此模型是有效的。

2.2.3　测评要素的模式

1．个性理论模式

个性理论模式是以心理学随心所欲个性理论作为理论分析的依据，制定出符合测评对象特点，包含测评对象个性的有关要素的体系（见表 2-9）。

表 2-9　个性理论模式

<table>
<tr><td rowspan="23">个　性</td><td rowspan="14">个性倾向性</td><td rowspan="13">态度体系</td><td rowspan="5">对事业和工作的态度</td><td>事业心</td></tr>
<tr><td>纪律性</td></tr>
<tr><td>原则性</td></tr>
<tr><td>求实精神</td></tr>
<tr><td>正直</td></tr>
<tr><td rowspan="5">对他人和集体的态度</td><td>相容性</td></tr>
<tr><td>服务精神</td></tr>
<tr><td>民主作风</td></tr>
<tr><td>协作精神</td></tr>
<tr><td>企业荣誉感</td></tr>
<tr><td rowspan="2">对自己的态度</td><td>知识性</td></tr>
<tr><td>以身作则</td></tr>
<tr><td>对物的态度</td><td>廉洁性</td></tr>
<tr><td>意志水平</td><td colspan="2">工作坚韧性</td></tr>
<tr><td rowspan="9">个性可靠性</td><td rowspan="9">一般能力</td><td rowspan="9">知识素养</td><td>政治理论基础知识</td></tr>
<tr><td>管理知识</td></tr>
<tr><td>技术知识</td></tr>
<tr><td>本职专业知识</td></tr>
<tr><td>知识面</td></tr>
<tr><td>知识更新</td></tr>
<tr><td>外语水平</td></tr>
<tr><td>获取信息能力</td></tr>
<tr><td>发现问题能力</td></tr>
</table>

续表

			思维能力	自学能力
				综合分析能力
				预见能力
				观察能力
				创新能力
	个性可靠性	一般能力	表达能力	口头表达能力
				书面表达能力
		特殊能力	管理能力	应变能力
				决断能力
				指挥协调能力
				用人授权能力
			交往能力	说服能力
				人际交往能力
			专业技术能力	解决实际问题能力
				本职业务能力
	个人行为风格			
环　境	内环境	学历		
		资历		
		年龄		
		身体状况		
	外环境	工作性质	工作难度	
			工作责任	
			工作周期	
			工作范围	
			工作地点	
			工作量	
		组织背景	人际关系	
			员工素质	
			领导因素	
			组织状况	
工　作 成　绩	工作数量			
	工作质量			
	工作效率			

续表

	工作成果
	人际关系
	人才培养

2. 陆氏模式

陆氏模式由上海交通大学陆红军教授设计。他认为，人员素质与能力测评要素是按其特定的相互关系编制而成的。要素体系包括素质结构、智力结构、能力结构和绩效结构（见表 2-10 ~ 表 2-13）。

表 2-10　企业领导者测评要素基本模式

素质结构	智力结构	能力结构	绩效结构
政策性 事业心 责任心 进取心 自知之明	自学能力 直觉思维能力 综合分析能力	决策能力 创造能力 用人授权能力 组织能力 协调能力 处事果断能力 应变能力 交涉能力 敢冒可估风险能力 人际交往能力	工作效率 工作效益

表 2-11　企业管理者测评要素基本模式

素质结构	智力结构	能力结构	绩效结构
政策性 事业心 责任心 市场和用户观念	本行业生产技术知识 知识面 综合分析能力	处事能力 控制能力 及时发现问题能力 灵活性 信息沟通能力 决策或辅助决策能力 谈判能力 社交能力	工作效率 工作效益

表 2-12 教师测评要素基本模式

素质结构	智力结构	能力结构	绩效结构
贯彻国家教育方针 教育事业心 教书育人观念 为人师表 治学态度 相容性	教学理论水平 专业知识及其更新情况 知识面 外语水平 综合分析能力	体质和精力 教学表达能力 教学思维能力 教学组织能力 感染力 启迪力 教学创造能力 班组管理能力 组织协调能力	教学工作量 教学效果 教学科研成果

表 2-13 企业大中专毕业生实习期满的测评要素基本模式

素质结构	智力结构	能力结构	绩效结构
政策观念 对企业方针的认识 事业心 见习纪律和岗位纪律 尊师观念 主动性	专业考核成绩 管理知识及计算机技术 外语水平 自学能力 体质和精力	企业主导产品的技能 企业系列产品的掌控程度 获得信息的能力 组织能力 文字表达能力 创造能力 人际交往能力	实习期间工作效率 实习期间工作质量 掌握岗位技术的速度

2.3 人员素质与能力测评指标体系构建的步骤

引导案例 2-3

某公司人员素质与能力测评指标体系的设计

某公司以生产高档女装为主，其业务长期以来集中在对日贸易方面，对内贸易和欧美贸易近年来也有所发展。与这种业务性质相适应，公司决定建立一套规范合理的绩效考核体系，并对公司所有非计件员工进行一次测评，以综合考察公司现有的人力资源状况。公司的非计件员工有 80 多人，主要分布在辅助生产部门以及生产部门的管理岗位。与生产一线的计件工不同，这些员工学历相对较高，岗位绩效无法定量，能力表现多样化，是公司人力资源开发的重点。该公司管理层希望通过本次测评达到以下几个目的：

（1）希望通过科学的人员素质与能力测评，对每个人的素质能力进行一次全面公正的评价，以便在实践中更好地配置人力资源。

（2）希望能够发现一些具有发展潜力的人才，以便公司重点培养并加以重用。

（3）希望员工通过测评能够更好地认识自己，以便在以后的工作中改进工作绩效。

1．人员素质与能力测评指标体系的建立

该公司人员素质与能力测评指标体系的建立大致分三步进行。首先，通过对公司员工的学历、工作年限、工作性质等项目的总体调查，发现参与测评的员工以事务性工作为主，较少地参与体力劳动，因而剔除了身体素质要素；其次，与公司各部门员工代表进行访谈，并依据访谈结果确定绩效相关要素；最后，设计出人员素质与能力测评指标体系，如表2-14所示。

表2-14　公司人员素质与能力测评指标体系

心理素质（价值观）	文化素质（智力）	工作技能（人格）
① 事业心、进取心	② 学习能力、③ 综合分析能力、④ 积极主动性、⑤ 自信与开拓性、⑥ 学历、⑦ 专业知识	⑧ 工作经验、⑨ 人际交往能力、⑩ 领导与管理能力、⑪ 科学决策能力

2．人员素质与能力测评方法体系的设计

明确了测评指标，接下来就需要确定用什么方法进行测评才能让个体能力在各项指标上表现出差异。常用的测评方法有心理测验法、笔试法、面试法、情景模拟测验法、评价中心法和评定法等几种。该公司此次测评综合使用了多种方法，其测评方法体系如表2-15所示。

表2-15　公司人员素质与能力测评方法体系

测评方法	对应的测评指标	权重（%）
笔试法+情景模拟测验法	⑨ 人际交往能力 ⑩ 领导与管理能力 ⑪ 科学决策能力 ⑧ 工作经验 ① 事业心、进取心 ⑤ 自信与开拓性	30
面试法	⑦ 专业知识 ③ 综合分析能力 ② 学习能力	20

续表

测评方法	对应的测评指标	权重（%）
学历、工作经历	⑥ 学历 ⑦ 专业知识 ⑧ 工作经验	15
评定法、绩效考评 目标考核 过程考核	综合评定	20
群体评议	⑨ 人际交往能力 ⑧ 工作经验 ④ 积极主动性	15

（资料来源：中国人力资源网——典型案例）

2.3.1　人员素质与能力测评指标体系的确定

在根据素质与能力测评的客体特征与测评目的确定了测评内容之后，需要将测评内容标准化，把它们变成可操作的测评项目。

1．职务分析

职务分析是对各项职务的性质、任务、责任、环境以及工作人员的条件进行系统分析，也称为工作分析。通过职务分析确定职位或岗位对人员素质与能力的要求，为指标要素设计提供依据。职务分析主要包括人员分析和事务分析两个方面的内容（见表 2-16）。

表 2-16　职务分析表

人员分析	事务分析
职业道德 职业条件 智力条件 知识水平 工作经验 工作资历	工作性质 工作程序 工作任务同相关工作的关系 工作与设备

2．理论构思

在职务分析的基础上产生的各类人员素质与能力模型，仅仅是测评要素和要素体系的雏形，还必须从有关学科的意义上进行理论指导，使之具有严密性、简明性和准确性。

（1）严密性。严密性是指要素设计应有一定的科学理论依据和实践基础，要进行科学的论证。

（2）简明性。简明性是指要素的名称应简单明了，言简意赅。

（3）准确性。准确性是指要素的设计应符合管理科学和管理实践，按照管理科学的有关原理去设计，能够客观反映人员的素质及能力特征。

3．要素调查与评判

在职务分析和理论构思基础上，对测评要素体系雏形进行调查或请专家进行评判，使指标体系更具有实用性和可操作性。这就要求必须对每一个素质与能力测评指标认真分析研究，界定其内涵和外延，并给予清楚而准确的表达，使测试者、被测者都能明确测评指标的含义。

筛选素质与能力测评指标应遵循两个原则，一是测评指标必须具有实际价值，二是测评指标要切实可行。主要通过以下两个步骤来完成。

（1）对要筛选的指标陈述一个明确的理由与用途，即说明为什么要选这个指标，以及如何使用这个指标。

（2）针对以下 4 个问题考查这个测评指标的可行性与现实性：

1）保留这个测评指标并进行测评，在逻辑上是否可行？

2）所需要的数据结果及行为表现是否可以从这个测评指标中得到？

3）是否具备实施这个测评指标的条件？

4）这个测评指标的保留有无充分的价值？是否有理由使用其结果？

4．预试、检验和修订

测评要素初步设计出来后，必须同测评指标体系和计量体系相匹配，在小范围内试验，这叫做量表预试。预试后应着重对要素进行分析、论证、检验并不断修订，以便进一步充实和完善，最后形成一个客观、准确、可行的测评指标体系，确保测评的可靠性和有效性。

图 2-1 为人员素质与能力测评指标体系设计流程。

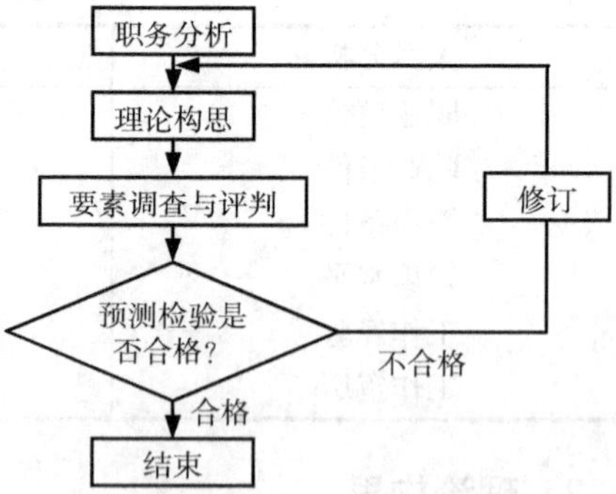

图 2-1　人员素质与能力测评指标体系设计流程

2.3.2　人员素质与能力测评指标权重的确定

人员素质与能力测评指标的确定仅仅确定了测评指标体系的内容。而人员素质与能力测评更加关注每个被测者在这些测评指标上的检测结果，即确定人员素质与能力测评指标应该如何解释并量化。

人员素质与能力测评指标的量化在很大程度上依赖于测评对象和测评目的，同样的人员素质与能力测评指标内容在不同对象的测评中，其解释和量化是不一样的。如“言语表达能力”这一测评指标，在招聘技术人员、管理人员和营销人员时要求是大不相同的。即使是同类人员，如果同一指标同时在笔试、面试和小组讨论中被检测，其最后结果也会随着测评方法的不同而不同。所以，要根据各种测评指标对测评对象和测评目的的反映程度，确定相应的权重。

所谓测评指标权重，就是测评指标在测评体系中的重要性或测评指标在总分数中所应占的比重。常见的确定测评指标权重的方法有以下几种。

1. 主观加权法

所谓主观加权法，就是加权者依据自己的经验权衡每个测评指标的轻重直接加权。如选拔既有专业知识又有管理能力的经营者，若认为专业知识与管理能力同等重要，则分别给予这两个指标 50 分或 0.5 的加权系数；若强调管理能力，则可以给“专业知识”30 分或 0.3 的加权系数，给“管理能力”70 分或 0.7 的加权系数。

在进行权重分配时，应注意以下几点：

（1）权重分配的合理性。权重分配要反映测评对象的内部结构和规律，防止因权重分配不当而脱离实际或产生偏差。

（2）权重分配的变通性。为了符合实际的需要，权重分配可以根据测评目的与具体要求做适当变通。

（3）权重数值的模糊性。权重的分配不必十分精确，为方便测评可以适当模糊些。事实上有些测评指标根本无法做到特别精确，只能模糊一点。

（4）权重数值的归一性。各个测评指标的权数和应为 1 或 100。

2. 德尔菲法（专家咨询法）

德尔菲法是美国兰德公司于 1964 年首先用于技术预测的。它是请专家“背靠背”反复填写对测评指标权重设置的意见，不断反馈信息，以期专家意见趋向一致，得出一个较为合理的权重分配方案。这个方法避免了权威、职务、职称、口才及人数优势对确定权重的干扰，有效集中了大多数人的正确意见。其缺陷是由于最后不再考虑少数人意见，容易失去一部分信息，同时也缺乏科学性的检测手段。弥补的办法是，可以检验各个测评指标的积分和总分的相关性。

相关链接

德尔菲法最早出现于 50 年代末，是当时美国为了预测在其“遭受原子弹轰炸后，可能出现的结果”而发明的一种方法。1964 年美国兰德（RAND）公司的赫尔默（Helmer）和戈登（Gordon）发表了“长远预测研究报告”，首次将德尔菲法用于技术预测中。

3．简单比较加权法

所谓简单比较加权法，就是首先确定测评指标中重要程度最小的那个指标，把其他测评指标与它进行比较，做出是它多少倍的重要程度判断，然后进行归一化，得到各个测评指标的权重系数。这种方法不仅易于掌握，而且主观性也很大。

例如，对于专业知识、人际关系技能、团队精神、语言表达能力、创新能力这五个测评指标，如果是招聘营销人员，假设专业知识指标被认为重要程度最小，将其定为 1，其他四项指标与之相比较，其重要性分别是专业知识这一测评指标的 2.5 倍、3 倍、3 倍和 2.5 倍。将它们相加得到 12，则每个指标所占百分比为这个测评指标的权重系数，分别为 0.08，0.21，0.26 和 0.21。

4．层次分析法

层次分析法的操作步骤如下：

（1）针对同一层次的各个测评指标，运用两两比较的方法建立判断矩阵；

（2）用对偶比较法求出每个测评指标的权重系数；

（3）对权重系数进行一致性检验，并删除不合格的测评指标；

（4）进行综合运算，得出各测评指标在整个体系中的权重。

2.3.3　人员素质与能力分数和计量标准

任何一个人员素质与能力测评指标的计量都由两个因素决定，一是计量等级及其对应的分数，二是计量的规则和标准。在计量等级及其对应的分数方面，为了使测评的结果规范化、统一化和计分简单化，便于计算机处理，对于测评指标体系中的每一个指标，可采取统一的分等计分法，即每一个测评指标都分为 1 ~ 5 等，分别对应分数 5 ~ 1 分。在计量的规则或标准方面，一般取决于具体情况，常见的有以下两种情况。

1. 客观性测评指标

如出勤率、违规的次数等，均可采取客观性测评指标来计量。

（1）可列出与人员素质与能力测评指标有关的参考标准，这个参考标准可以是有关政策的规定，也可以是国内外提供的经验数据，计量中以参考标准为效标，根据测评对象偏离效标的实际程度来确定相应的等级。

（2）可以把测评对象在某一测评指标上实际达到的水平从高到低排序，以获得最高分者得 5 分为标准，剩下的按比例量标折算，确定等级得分。

例如，被测评的总体是 5 位营销人员，他们在某月被抽检的销售额分别是 140 万元、130 万元、100 万元、80 万元和 70 万元。这里销售额最高的是 140 万元，因此规定销售额最高的这位业务员在销售业绩这个测评指标上的得分为 5 分，其余的依次为 4.64 分、3.57 分、2.86 分和 2.50 分。

2. 主观性测评指标

对于主观性测评指标，要求测试者在调查研究的基础上进行定性分析，然后根据自己以往的经验和当前的实际来确定测评对象在该指标上的等级水平，并给以相应的分数。在这种情况下，一般借助于模糊数学的方法进行模糊计量。

为了保证测评结果的相对客观与准确，测试者不能是一个人而必须是一个群体。具体的计量方法是，先要求每个测试者对同一测评指标按统一的等级量表测评对象，然后统计出各个评判等级上的总人数，并据此算出分数。

例如，有 25 个测试者就某一测评指标对同一位员工的素质与能力进行测评，测评结果中评一等 5 分的有 4 人，评二等 4 分的有 9 人，评三等 3 分的有 5 人，评四等 2 分的有 7 人，评五等 1 分的没有，则这位员工在此测评指标下的得分为：

$$(5\times4+4\times9+3\times5+2\times7)\div25=3.4\text{（分）}$$

本章重点概念

人员素质与能力测评指标　人员素质与能力测评指标体系　测评要素

测评指标权重

自测题

一、判断题

1. 人员素质与能力测评指标体系就是一系列测评指标的集合。（　　）

2. 测评标度是指描述测评要素或要素标志的程度差异与状态水平的度量。（　　）

3. 封闭式问卷无标准答案和回答程序，被调查者可自由回答。（　　）

4. 职务分析主要包括人员分析和事物分析。（　　）

5. 同样的人员素质与能力测评指标内容在不同对象的测评中，其解释和量化不一样。（　　）

二、单选题

1. 确立测评指标首先应该（　　）。

A. 制定测评原则　B. 制定测评要素　C. 确立测评标志　D. 确定测评标度

2. 测评指标的内容要与标志特征同测评对象特征相一致是（　　）。

A. 同质性原则　B. 针对性原则　C. 完备性原则　D. 独立性原则

3. 头脑风暴法属于（　　）。

A. 工作分析法　B. 专家调查法　C. 问卷调查法　D. 典型人物分析法

4. 胜任力指标体系的形成第一步应该（　　）。

A. 数据收集　B. 确定企业战略　C. 数据集成　D. 有效性分析

5. 加权者根据自己的经验权衡每个测评指标的轻重直接加权是（　　）。

A. 主观加权法　B. 德尔菲法　C. 简单比较加权法　D. 层次分析法

三、多选题

1. 一个完整的人员素质与能力测评指标应包括（　　）。

A. 测评要素　B. 测评标志　C. 测评标度　D. 测评方法

2. 测评要素设计的原则有（　　）。

A. 同质性和针对性　B. 完备性和可操作性

C. 独立性和结构性　D. 精炼性

3. 测评要素的设计方法是（　　）。

A. 工作分析法　B. 专家调查和问卷调查法

C. 典型人物和典型资料分析法　　　　D. 胜任力特征分析法

4. 筛选素质与能力测评指标应遵循（　　）。

A. 测评指标具有实际价值性　　　　B. 测评指标要切实可行

C. 测评指标要明确清晰　　　　D. 测评指标要详细

5. 确定测评指标权重的方法主要有（　　）。

A. 主观加权法　　B. 德尔菲法　　C. 简单比较加权法　　D. 层次分析法

四、简答题

1. 什么是人员素质与能力测评指标？它是由什么构成的？
2. 什么是人员素质与能力测评指标体系？它的结构如何？
3. 人员素质与能力测评指标体系的确定有哪些步骤？
4. 测评指标权重的概念是什么？确定测评指标权重有哪些方法？
5. 如何对人员素质与能力测评指标进行计量？

案例分析

BR 公司企业管理人员测评与选拔的标准体系

1. 案例概述——BR 公司的历史与现状

BR 公司是一家新兴国有高新技术企业。它成立于 1992 年，原隶属于国家计划委员会，2005 年归并到国有大型骨干企业 S 集团的全资子公司。至并入 S 集团之后，该公司的人力资源结构发生了很大的变化。原来不到 40 人的公司，现在已经发展为超过 100 名员工的企业。同时，公司的部门也进行了拓展。2005 年以前，公司主要有四大部门，即遥感应用部、信息工程部、软件开发部、市场营销部。并入 S 集团后，公司加大了人力资源建设，设立了企业管理部门。

2. 案例分析——建立人员测评与选拔的标准体系

BR 公司企业管理人员测评与选拔的标准体系设计有七大步骤：明确测评与选拔的客体与目的、确定测评与选拔的项目或者参考因素、确定测评与选拔标准体系的结构、筛选与表述测评与选拔指标、确定测评与选拔指标权重、规定测评指标的计量方法、试测并完善测评与选拔标准体系。根据这七大步骤，结合公司企业管理部门的具体情况，我们试图在 BR 公司企业管理部门建立人员测评与选拔的标准体系。分析过程及状况如下：

（1）明确测评与选拔的客体与目的。测评与选拔的客体及测评与选拔的范围，即企业管理部门的全部员工。企业测评的目的包括：

1）通过科学的人员测评，对企业管理部门每个员工的知识结构、工作能力进行一次全面公正的评价，以便在以后的实践中更好地配置和选拔人力资源。

2）通过测评，希望更好地发现员工的潜力，了解员工发展潜力的状况，便于公司下一步的重点培养和加以运用。

3）希望员工能够通过测评更好地认识自己，以便在以后的工作中改进工作绩效。

（2）确定测评与选拔的项目或者参考因素。根据 BR 公司企业管理部门的具体状况，我们决定采用工作内容因素分析法，即把工作分析法运用于工作内容的结构分析，把每个职位工作的活动，按内容归类，确定出几个主要方面，并由此决定素质测评的项目。

以 BR 公司企业管理部门的五大主要职责为基础，确定测评与选拔的参考因素：

1）严谨、认真、负责、刚正的工作态度；

2）敏锐的政策洞察力；

3）具有较高的人际沟通能力和技巧；

4）绩效考核、资产管理、投资管理、质量管理、经济、法律、合同指定与管理方面的专业知识；

5）诚实守信，符合社会对人格的基本要求。

（3）确定测评与选拔标准体系的结构。根据能力是内在于人体之中的体力和智力的总和，而每个人的能力又是由各种素质要素耦合而成的综合体这一原理，制定出了一个表示人员素质及其功能行为的各个方面相互联系、相互制约的要素体系（如表 2-17 所示），试图依次通过测量个体在各个素质要素上表现出来的差异来全面衡量人的能力。

表 2-17　人员测评的初步要素体系

基本要求	分项要求
能力素质	沟通协商、洞察力、应变能力、自我管理能力、学习能力
知识素质	学校教育、经济管理知识、法律知识、计算机知识
品性素质	工作态度、需求和动机、人际交往、情绪
身体素质	外貌、健康、体质

（4）筛选与表述测评与选拔指标。通过对 BR 公司企业管理部门相关职员的学历、工作年限、工作性质、工作难易程度等项目的总体调查，对初步要素进行相应的筛选。综合第（4）步，筛选后的测评要素指标体系如表 2-18 所示。

表 2-18　S 集团下属 BR 公司企业管理人员的测评指标体系

模块结构	项目	要素	标志与标度		
能力素质（40）	沟通协商（10）	语言表达（4）	语言流畅，能清楚地表达自己的意思（4～3）	语言较流畅，可基本表达出自己的意思（2～1）	语言表达不畅，词不达意，不能表达出自己的意思（0）
		倾听（2）	能耐心倾听他人讲话，并适时地做出回应（2）	比较耐心倾听他人讲话（1）	对他人讲话不耐烦，喜欢向他人演讲（0）
		说服力（4）	能清楚地表达自己的立场，巧妙地符合对方，主动诱导对方同意自己的意见（4～3）	努力向对方表达自己的意思，能够说服对方同意自己，有一些说服力（2～1）	不能清楚表达自己，反而受到对方牵制，没有什么说服力（0）
	政策洞察力（10）		通过每天的资料检索，能够很快地抓住同本企业有关的政策要害（10～8）	有一定的观察力，能发现一些政策问题（7～4）	迟钝，不能很快地发现相关政策（3～0）
	应变能力（5）		反应迅速，能很好地处理各种突发事件，随机应变（5～4）	能处理一些突发事件，有一定应变能力（3～2）	面对突发事件显得手足无措，不能随机应变（1～0）
	自我管理能力（5）	情绪控制（1）	冷静，能较好地控制自己的情绪（1）	一定程度上能控制自己的情绪（0.5）	易急躁，发火（0）
		计划性（2）	对工作目标有一定计划，工作前做好充分准备（2）	按章办事，有条不紊（1）	无计划，散漫（0）
		时效意识（2）	行动迅速，不拖泥带水（2）	能按时完成任务（1）	无时效意识，办事拖沓（0）
	学习能力（10）		能够根据工作岗位的需要，尽快尽最大努力地学习知识（10～6）	能够学习岗位技能（5～3）	不想学习（2～0）
知识素质（30）	学校教育（5）		具有较高学历和丰富的知识（5～4）	一般教育程度（3～2）	受教育程度较低（1）
	经济管理知识（15）	经济知识（6）	通晓微观经济学原理、质量经济学原理以及合同经济学方面的知识（6～4）	基本了解（3～2）	不太了解（1）

续表

模块结构	项目	要素	标志与标度		
		管理知识（9）	通晓绩效考核、资产管理、投资管理、质量管理等方面的知识并能实际运用（9~6）	基本了解（5~2）	不太了解（1）
	法律知识（10）		通晓相关法律法规，对合同法、经济法了解颇深（10~6）	基本了解（5~2）	不太了解（1）
品性素质（20）	工作态度（7）	工作责任心（3）	工作责任心强，努力认真，能够较好完成工作任务（3）	能够基本完成本职工作，较认真努力（2）	工作责任心不强，推诿责任，常把自己的工作推给别人（1）
		工作主动性（4）	工作积极主动，关心组织发展，主动提出改进工作的建议（4）	工作较主动，偶尔能提出一些建议（3~2）	工作不积极，不能较好完成本职工作（1）
	需求和动机（5）	亲和动机（3）	愿意投入该工作，融入该组织，认同组织价值观，愿意与组织同舟共济（3）	愿意投入该工作，基本组织公司价值观（2）	愿意投入工作，与组织知识雇佣关系，只关心自己的利益（1）
		成就动机（2）	希望在工作中获得高成就，富有进取心，能自我激励（2）	进取心时高时低，对取得工作成就期望一般（1）	完成工作就行，不指望获得什么成就（0）
	人际交往（3）	外向性（1）	外向热情，喜欢结交朋友，善于与陌生人交谈（1）	较外向，与陌生人交谈时基本能应付（0.5）	内向，不善于与陌生人交谈（0）
		乐群性（2）	希望融入团体，与人和睦相处（2）	基本能与人和睦相处（1）	不能较好地处理与周围人的关系，喜欢独处（0）
	情绪（5）	耐心（2）	非常有耐心，不厌其烦（2）	比较有耐心（1）	较缺乏耐心，容易厌烦（0）
		坚韧（2）	一旦确定目标，就会坚持到底（2）	基本能坚持自己的目标，但遇到大挫折会放弃目标（1）	遇难则退，经常改变目标（0）

续表

模块结构	项目	要素	标志与标度		
		精神面貌（1）	精神饱满，充满自信（1）	精神状况较好（0.5）	无精打采，精神状态差（0）
身体素质（10）	外貌（4）		五官端正，外表诚实（4-3）	五官端正（2～1）	外表狡猾，猥亵（0）
	健康（6）		健康，无疾病（6～4）	基本健康，无大病（3～2）	体弱，有大的疾病（1）

（5）确定测评与选拔指标权重。如何确定测评体系结构中各个项目和测评因素的权重，关系到整个测评体系的精确程度。对于 S 集团下属 BR 公司的企业管理部门，因为该企业管理部门的工作绝大部分都是在办公室完成，亦即没有外地出差的疲劳之苦，所以，身体素质在整个测评体系中占的权重应该最低。而作为企业管理部门工作的基础核心，能力素质和知识素质占据了大部分权重。当然，作为一个管理部门，作为一个管理者，无论中层管理人员，还是高层管理人员，品性素质对于公司的每个员工都是相当重要的。

在本案例中，我们按照专家咨询法来确定四个测评主要板块的权重。在各个板块中，各参考因素之间的权重，也是按照专家咨询法来确定的。

（6）人员测评方法体系的设计。在此次测评中，没有采用心理测验和评价中心，是因为这两种方法价格太昂贵，而且，这两种方法主要用于企业招聘与甄选、人力资源开发及高层管理人员的选拔。具体的测评方法以及方法使用的权重如表 2-19 所示。

表 2-19　BR 公司人员测评指标方法体系一览表

指　标	测评方法	方法使用权重
沟通协商	笔试和情景模拟测验相结合	30%
政策洞察力		
应变能力		
自我管理能力		
学习能力		
学校教育	学历评定	15%
经济管理知识	笔试	20%
法律知识		
工作态度	群体评定法和专家座谈法相结合	30%
需求和动机		

续表

指　　标	测评方法	方法使用权重
人际交往		
情绪		
外貌	医生检查报告和同事评议	5%
健康		

（7）试测并完善测评与选拔标准体系。实践是检验真理的唯一标准。任何完美的理论都需要实践和时间来证明。只有通过实践来检验，通过时间来修正，才能使得根据理论得到的体系更加适用于实践。特别是人员测评与选拔，如果人员测评与选拔的标准体系设计不完美，很有可能会形成“冤案”、“错案”，导致人才的流失和工作岗位的变更，导致人心的变化，甚至于企业的生死存亡。所以，作为建立人员测评与选拔的标准体系的最后一个关键环节，试验并完善测评与选拔标准体系是至关重要的。

（资料来源：www. fyfz. cn）

案例思考题

1. 该公司建立的素质与能力测评指标体系是否合理？
2. 请根据你对案例的分析，总结设计一个素质与能力测评指标体系的主要步骤。

调查研讨题

1. 你能为你从事的职业所需要的素质与能力设计一个指标体系吗？
2. 你能为你设计的指标体系中的指标确定权重吗？

第 3 章

人员素质与能力测评工具

学习目标

- 了解构想和基于构想的解释内容。
- 掌握信度、效度、常模的概念。
- 重点掌握人员素质与能力测评工具组合内容，人员素质与能力测评工具的设计内容。
- 熟悉人员素质与能力测评工具的组合原理。

学习导航

3.1 人员素质与能力测评工具的测量学标准
- 3.1.1 信度
- 3.1.2 效度
- 3.1.3 难度与区分度
- 3.1.4 标准化与常模
- 3.1.5 效标与基于效标的解释
- 3.1.6 构想和基于构想的解释

3.2 人员素质与能力测评工具的设计
- 3.2.1 人员素质与能力测评工具的设计程序
- 3.2.2 测题的设计和测量的编制

3.3 人员素质与能力测评工具组合
- 3.3.1 人员素质与能力测评工具组合概述
- 3.3.2 管理目的不同的人员素质与能力测评工具组合设计
- 3.3.3 对象不同的人员素质与能力测评工具组合设计
- 3.3.4 企业行业特征不同的人员素质与能力测评工具组合设计

3.1 人员素质与能力测评工具的测量学标准

引导案例 3-1

国内某保健品公司中高层营销管理人员的考核与评估

1. 项目背景

某大型保健品公司（以下简称“R 公司”）在国内保健品行业具有很高的知名度，为了创建一流的品牌经营团队，R 公司决定对其30余名品牌经理、市场经理和大区销售经理进行全面的考核与评价，以此全面了解这三类人员的岗位胜任力和潜在素质。

为了保证考核和评价的科学性与公正性，R 公司希望通过专业的测评机构对这些营销骨干人员进行科学、公正的评估，并提供中立的、客观的专业评估意见，为科学合理地配置这三类人才提供决策依据。R 公司经过对多家专业测评机构的严格审核和比较，最后委托××人力资源管理咨询有限公司人员素质与能力测评中心（以下简称“××人员素质与能力测评中心”）对R 公司的这三类人员进行评价与选拔。

2. 解决方案

结合××人员素质与能力测评中心管理人员选拔与评价的流程，项目工作组为 R 公司设计了一套科学、规范、专业的岗位胜任力评估方案。

（1）前期沟通与访谈。为了科学地把握三类岗位的具体评价要求，项目工作组在 R 公司进行了三次访谈。

1）向 R 公司了解和收集有关三类岗位的工作职责和任职资格要求等方面的基本信息。

2）与 R 公司的总裁、营销副总、人力资源部经理等高管人员就公司的企业文化、发展战略、三类人员的胜任能力和工作业绩的现状、高层对三类人员的期望与要求等方面进行了沟通与访谈。

3）采取“两极抽样”的方式，对三类岗位上绩效良好和绩效较差的经理人员就相关岗位的工作职责、工作内容、工作流程、工作障碍和所面临的挑战等方面进行了关键行为事件访谈。同时与他们的上司、助理、业务相关部门的同事进行了多次访谈。

通过对访谈所获得的各种信息的分析，结合××人员素质与能力测评中心的项目经验，项目工作组从知识、能力、心理素质和职业素养四个方面分别初步确定了三类岗位的胜任力模型。

（2）建立胜任力模型。为了确保岗位胜任力模型的科学性和准确性，××人员素质与能力测评中心组织了品牌经理、市场经理和大区销售经理岗位胜任力模型的专家研讨会。邀请具有相关资深管理经验的人员作为外部专家，与中心的测评咨询顾问和 R 公司的人力资源管理人员一起对岗位胜任力模型进行研讨，参会人数达16人。研讨会上，专家们运用德尔菲法对三类人员的岗位胜任力提出各自的看法，通过与会人员的交流与辩论，最终达成了品牌经理、市场经理与大区销售经理的岗位胜任力模型专家意见。

在整合专家意见的基础上，项目工作组按建立胜任力模型的要求，对能力维度的名称、定义、权重和标准等进行了分析和整理，形成了 R 公司三个岗位的胜任力模型草案。随后，项目工作组就此模型草案向 R 公司高层领导征询了意见和建议，经修订后，最终达成了各方认可的胜任力模型。

建立的三类岗位胜任力模型主要包括职业素养、核心能力（核心业务能力与核心管理能力）、心理素质和知识素质。其中，品牌经理的岗位胜任力模型具体内容为：

1）职业素养——包括诚信度、成就动机、激情等；

2）核心能力——包括市场分析能力、系统思考能力、创新能力等；

3）心理素质——包括情商、工作风格、个性特征等；

4）知识素质——包括市场营销、法律、财务等。

（3）确定评估方案。结合胜任力模型的内容与特点，项目组拟定运用专业化的评价中心技术对每个人进行全方位的评估与考察。所使用的评价中心技术主要包括：

1）心理测验——主要从个性特征、情商、工作风格等方面进行评估，以此评估个性和行为风格，预测职业发展的方向；

2）综合知识考试——主要从市场营销、法律、财务等方面进行测验，以此评估知识技能，为公司培训和个人自我学习与培训明确方向。

3）结构化面试——通过收集相关的行为信息，重点评估企业视为重要的诚信度、市场分析能力、系统思考能力、激情等；

4）无领导小组讨论——重点评估创新能力、沟通协调能力等；

5）文件筐测验——重点评估市场分析能力、执行控制能力和组织协调能力等；

6）无领导小组任务——与××拓展训练中心合作，运用户外体验式评估的方式重点评估创新能力、团队合作等。

这些评价方法的具体评估内容和方案是项目组在前期工作分析的基础上，根据专业化的设计技术，结合企业的特点和三类岗位特点设计出来的，具有较强的针对性和实效性。尤其是结构化面试、无领导小组讨论和文件筐测验的具体评估内容具有较强的针对性和情景性，能让评估专家更有效地评估每位被测者。

（4）实施评估。具体评估实施共计四天时间，分别运用了上述的评估方法对30余名被测者进行了全面的考察与评估。

1）心理测验主要运用××人员素质与能力测评中心自主开发的人才素质测评系统进行个性特征、情商、工作风格等方面的人—机对话测验；

2）综合知识考试采用纸笔答卷的方式对被测者的各项知识技能进行测验；

3）结构化面试是评估专家通过一一面谈的方式对每一位被测者的能力与素质进行观察与评估；

4）无领导小组讨论则在××人员素质与能力测评中心设计的情景模拟测评室中进行，6~8位被测者组成一个小组，共同讨论、解决一项任务或方案，评估专家则通过录像监控观察的方式对每一位被测者进行观察评估；

5）文件筐测验通过让被测者处理针对岗位而设计的文件的方式对其能力与素质进行评估；

6）无领导小组任务是通过被测者分组完成“地雷阵”和“一圈到底”两种游戏的情况，评估专家组对每一位被测者进行观察评估。

（5）提交报告与建议。经过四天多时间，评估专家对30余位被测者做了一系列科学的、多角度的、深入细致的观察与评估。通过整理评估数据，对收集到的各种原始证据进行充分的讨论和分析，从各种评估中收集反映被测者的各项素质能力的行为证据与信息，评估专家形成了每位被测者的书面评估报告，并向R公司提交了个体与群体书面评估报告。个体书面评估报告具体分析了每一位被测者的岗位胜任力特征，并综合分析了被测者的强项与弱项、优点与缺点、胜任水平与潜在素质，提出被测者相应能力发展及培训的建议和推荐建议。另外，评估专家对被测者群体做了综合分析与比较，分别以四级推荐的方式推荐出三类岗位的胜任人选、比较胜任人选、基本胜任人选和不胜任人选。

报告出台后，××人员素质与能力测评中心专门举行了项目报告会，向R公司出席的9位高层领导汇报了被测者的个体与群体的评估结果，并提出了一些针对团队建设和管理方面的问题和建设性意见。R公司高层人士认为××人员素质与能力测评中心实施的品牌经理、市场经理和大区销售经理相关岗位人员的评价方法与评价结果比较科学、客观、公正，对于公司的人事调整与任用决策具有很好的参谋作用。在随后R公司对三类岗位任职人员的人事调整中，该公司基本上采纳了本次评价结果与建议。

（资料来源：中国人力资源网——典型案例）

3.1.1 信度

1. 信度的概念

信度是一种测试手段不受随机误差干扰的程度。简单地说，就是指测量数据和结论的可靠性程度，即测量工具能否稳定地测量到它要测量的事项的程度。

人们常常用不同的指标来表示测评工具的信度。信度大小主要指一组测验分数中真分数方差与实测分数方差的比率，即

$$R_{tt}=R_{t\infty}^{2}=S_{\infty}^{2}/S_{t}^{2}$$

式中，R_{tt} 为信度，即信度系数；$R_{t\infty}$ 为信度指标，是真分数与实测分数的相关系数；$R_{t\infty}^{2}$ 为决定系数，即真分数与实测分数相关系数的平方，表示两测量间共有的方差比率；S_{∞}^{2} 为真分数的方差；S_{t}^{2} 为实测分数的方差。

2. 信度指标的种类

（1）再测信度。也称抵消稳定性系数，是同一组被测者在不同时间用同一测验方法测试两次，两测验分数的相关系数，表示测评工具在时间上的稳定性。再测试结果与第一次测试结果的相关系数就是再测信度。它适用于日常随即因素有较大影响的素质内容，如军队或入学体检中的生理素质、理论素质、动机等。

对同一对象再测试同样的内容，难免会受回忆的影响，由此造成的第二次测试成绩的提高会降低两次测试的相关。这样得到的再测信度很难反映出真正的时间间隔的稳定性。这是再测信度的局限性。

（2）复本信度。又称等值信度。估计的是两个相等的复本测验之间的一致性，是两个平等测验分数的相关。

复本信度摒弃了再测信度的弊病。由于被测的复本内容不同，被测者对第一份试卷的回忆和复习并不影响第二份试卷的回答。而且，第二次考试的内容也不是或不完全是第一次考试的内容，对被测者的兴趣也无影响。但是，在命题时要使两套试卷完全平等等值，难度很大。如英语四六级考试中的 A、B 卷信度测评。

复本信度主要的优点是：避免重测信度的一些问题，如记忆效果、练习效果等；适用于进行长期追踪研究或调查某些干涉变量对测验成绩的影响；减少了辅导或作弊的可能性。

复本信度存在的缺点是：若测量的行为易受练习的影响，则复本信度只能减少而不能消除这种影响；复本与正本测试间仍然会有影响，主要是迁移作用。例如某些问题的解决具有规律性，如果掌握了解题的规律，就可能产生迁移。有些测试很难找到复本。

（3）内部一致性信度。也称内部一致性系数，反映测验内部项目之间的同质性，考察一个测验中想要测量相同内容或特质的各个题目是否真正测量了相同的内容或特质。一个具有可靠性的测量工具必须具有很好的内部一致性。例如，假定职业兴趣测试中有 10 个项目，这 10 个项目都从不同角度测量个体的户外工作兴趣，你可以实施测试，然后统计分析对 10 个项目的反应的总体差异程度，这个差异程度就是内部一致性信度。其优点是只需要一份试

卷而且只需要测试一次，避免了再测信度和复本信度的弱点。

（4）评分者一致性信度。评分者一致性信度指的是不同评分者使用同一测评工具时所评分数间的一致性程度。它在面试或情景性测评方法中尤其重要，可以反映多个面试者或观察者对被测者的评价是否一致。它能克服评分者的主观误差和个体差异性带来的误差，尤其可检测面试或评价中心技术的评分者误差，如高考作文评分中的评分者信度检验。

一般说来，一个测评工具可能会提供上述一种或几种信度系数。信度系数是在 0～1 之间的数字，1 是最理想的情况，但这种情况却是永远无法达到的。通常能力测验的信度在 0.9 以上，性格、兴趣等人格测验在 0.8 以上。当信度系数小于 0.7 时，就不能用该测评工具对个体进行评价，也不能用于团体的比较；当信度大于 0.7 时，可以用于团体间的比较；当信度大于 0.85 时，可以用于对个体的比较。

3．信度的影响因素

（1）被测者方面的影响因素。被测者方面的影响因素可以分为两部分来考察，一是被测者个人影响因素，主要包括应试动机、测验经验、身心健康状况、注意力、持久性、求胜心、作答态度等。二是被测者作为团体的影响因素，主要包括团体的异质性和团体的平均水平等。如受测团体的异质性越高，测验分数的分布范围越宽，在其他条件不变的情况下，可以提高信度。

（2）主试者方面的影响因素。主试者方面的影响因素主要有不按规定实施测验，制造紧张气氛，给予某些被测者特别关照、评分主观态度等。

（3）内容方面的影响因素。内容方面的影响因素主要有测验题目取样不当、内部一致性低、题目数量过多或过少、题目意义含糊、难度太高或太低等。

（4）分数分布方面的影响。分数分布方面的影响主要有分数分布范围越大，信度系数就越高。

（5）测试场地方面的因素。测试场地方面的因素主要指测验的现场条件，如温度、湿度、亮度、噪声、空间大小等。

（6）测试中意外干扰的影响因素。测试中意外干扰的影响因素主要有停电、测验设备出现故障、试题出现问题、被测者出现意外等。

3.1.2 效度

1．效度的概念

效度就是正确性程度，即测量工具在多大程度上反映了我们想要测量的概念的真实含义。效度越高就表示测量结果越能显示出所要测量的对象的真正特征。公式为：

$$Val=S_{co}^{2}/S_{t}^{2}$$

式中，Val 为效度，也即信度系数；$S\infty^{2}$ 为由测量的心理特征引起的变差。

$$S_{t}^{2}=S_{co}^{2}+S_{sp}^{2}+S_{e}^{2}$$

式中，S_{sp}^{2} 为由于所测量的特征无关的其他个别特征所造成的变差；S_{e}^{2} 为误差变差。

2．效度的种类

（1）内容效度。对于测评工具的内容而言，题目能否有效代表测评所要求的内容范围便可以作为测评工具有效性的一个指标，即内容效度。检验内容效度就是检验实际测到的内容与所要测量的内容之间是否吻合。它主要应用于成就测验、职业测验，不适合能力倾向测验和人格测验。

内容效度实质上是一个判断问题。内容效度必须考虑两个主要问题：

1）测量工具所测量的是否正是调查人员所想要测量的那种行为；

2）测量工具是否提供了有关那种行为的适当样本。

（2）构想效度。人员素质与能力测评所关心的人的心理特征往往具有一定的理论构想，如关于人格结构和能力结构的假设。从测验的理论依据来说，测验实际所测得的结果应该符合测验的理论构想或假设，这就是测验的构想效度。构想效度关注的问题是，测试是否能正确地反映理论构想的特征。如对业务人员进行知识素质的测试，这项测试所测评的是不是业务人员真正需要具备的知识素质，是否对业务人员知识素质的理论概念中所包含的所有特点（如市场营销、法律、财务知识等）都进行了测量。

一般来说，确定一个测评的构想效度，应该包括以下三个基本步骤：

1）建立理论框架，以解释被测者在测试上的表现；

2）依据理论框架，推导出各种有关测试成绩的假设；

3）以逻辑和实证的方法来检验假设，根据这些累积的材料决定这种理论是否能恰当地解释现有材料，如果不能做出恰当解释，则应当修正。

（3）准则效度。又称实证效度，或关联效度，是指被假设或定义为有效的测量标准，符合这种标准的测量工具可以作为测量某一特定现象或概念的效标。当我们对同一现象或概念进行测量时，可以使用多种测量工具，每种测量方式与效标的一致性就成为准则效度。

衡量测验有效性的一个重要方法是，是否能证实根据测验所做出的预测。如果一个测验的预测与将来实际发生的事情非常接近，那么这就是一个好测验。例如，用大学入学考试来预测被测者入学后的学习，如果预测准确性高，便说明这是一个好测验。在这里，被测者的行为是衡量测验是否有效的标准，简称效标。所谓效标效度，就是考查测验分数与效标的关系。因为效标效度需要有实际证据，所以又叫实证效度。

效标效度通常以效标与测试间的相关系数表示，称为效度系数。效度系数的大小，表示以效标分数作为标准来衡量测试结果正确性高低。目前公认的相对标准为：

0.9 ~ 1（关系非常密切），0.7 ~ 0.9（关系密切），0.4 ~ 0.7（关系一般），0.2 ~ 0.4（略有关系），0.2 以下（几乎没有关系）。

3．影响效度的因素

凡能造成测试结果误差的因素，都会影响测试的效度。由测试本身带来的影响因素主要有以下几方面：

（1）被测者的影响因素。这些因素包括被测者反应定势、测试动机、情绪和身心状态。

（2）测试的长度。一般来说，增加测试的长度通常可以提高信度，而效度系数也受信度的影响。因此，增加测试的题目往往也能提高测试的效度。不过，效度增加的前提是这些增加的题目必须与测评的目标有关。

（3）题目的质量。题目的指导语不明确，试题的表达不清晰，试题太难或太容易，题目中出现额外的线索，答案设计不合理，题目过少，试题的安排和组织不恰当，试题不符合测试目的等因素，都会影响测试的效度。

（4）实施测试时的干扰因素。测试的环境太差，被测者不遵从指导语，计分失误等，都会使效度降低。

4．信度与效度的关系

（1）信度低，效度就不可能高。因为如果测量的数据不准确，也就不能有效地说明所测评的对象。

（2）信度高，效度未必高。例如，如果我们准确地测评出某人的受教育水平，也未必能够说明他的工作能力。

（3）效度低，信度很可能高。例如，即便一项测评未能说明某人离职的原因，但它很有可能很精确、很可靠地调查了此人的工作业绩。

（4）效度高，信度也必然高。能够有效地说明所测评的对象，其所测评的资料数据一定是很准确的。

3.1.3 难度与区分度

1．难度的概念

一个好的测评工具还应该具有适宜的难度。试题的难度是指应试者解答试题的难易程度。对能力测验来说，难度就是题目是难还是易，这种测试往往有一个反映难度水平的指标。其公式如下：

$$P=R/N$$

式中，P 为试题的难度系数；N 为应试者总人数；R 为试题的答对人数。

一般认为，试题难度值在 0.3 ~ 0.7 之间较为合适。整份答卷的平均难度最好在 0.5 左右。低于 0.3 或高于 0.7 的试题不能太多。

2. 区分度的概念

一个良好的测评工具还应该有好的区分度。区分度就是对被测者的水平有良好的鉴别能力，能够将高水平的被测者与低水平的被测者很好地区分开，难度与区分度是紧密联系在一起的。如果一个测验的难度过高或过低，大部分被测者都会趋向于取得比较接近的分数，这样很难将被测者的实际水平区分开。通常，试题具有中等难度，其区分度较大区分度公式如下：

$$D = (H-L)/N$$

式中，D 为区分度指数；H 为高分组答对题的人数；L 为低分组答对题人数；N 为应试者总人数。

高分组和低分组指试卷总分高的应试者和试卷总分低的应试者。

区分度指数越高，试题的区分能力就越强。一般来说，区分度高于 0.3，试题便可以接受。

3.1.4　标准化与常模

1. 标准化

标准化是指人员素质与能力测评工具的编制、实施、记分以及测验分数、解释程序都依据一套系统的程序。没有标准化，测量仅是一种非正式的过程，它随测试者的不同而变化。

为了确保测验条件的一致性，提出了以下几方面的标准化要求。

（1）内容标准化。内容是标准化的第一个要素。给所有被测者做相同的一组测试题，即给所有被测者实施相同内容的刺激（处理），比较被测者的行为或反应。为了使测量的物理特性保持一致，就要求在编制测验时，测题的印刷和成批生产的器具能保证物理特性上的一致。

（2）实施标准化。实施是标准化的第二个要素。只有对所有的被测者都使用相同的测题，并且是在相同的条件下进行测验，他们的分数才能进行比较。实施标准化主要包括以下几点。

1）统一的指导语。指导语有两个方面，一种是对被测者的，另一种是对测试者的。对被测者的指导语应尽量做到清晰，应简单扼要地向被测者解释如何对测题做出反应，如果测题的格式对于被测者是生疏的，应举出一个例题。例如，一个思考能力测验给出这样的指导语："以下这些测验的目的是为了考考你的思考能力，如不知道，可以猜测。"

2）统一的施测时间。测验的时限是测验程序中的一个重要方面。一般说来，每一个测验都要求被测者在一定的时间内完成。大多数人格测验在实施时不受时间的限制，但速度测验的目的是测量作业的快慢，所以测验的时间要求相当严格。一般在测验时限内，作业最快的被测者也不能把测验全部做完。施测时要注意按指导语要求准确计时。难度测验在理论上不应有时间上的限制，但在实际上为避免个别被测者过分拖延测验时间，仍有一定的时间限制，但一般保证 90%以上的被测者能在规定时间内做完全部的测验。

（3）客观记分。客观记分是标准化的第三个要素。它是指在两个或两个以上有能力的记分者之间保持一致性。不同记分者之间取得完全的一致是最理想的状况，但实际上对主观题即论文式测题的评分很难完全一致。一般认为在成对的受过训练的记分者之间平均一致性达到 90%以上，就认为记分是客观的。客观记分可归纳为以下三个要点：

1）反应要及时，记录要清楚。

2）应用标准反应表即记分键作为对照加以评分。对于采用选择方法的测题来说，标准反应表包括每一道题答案的号码或数目；对于论文式的测题来说，标准反应表包括一系列正确答案与容许变化的范围；对于作文式的测题来说，标准反应表规定了作为具有某种特征或特点的指示的反应。

3）将被测者的反应与标准反应表进行比较。

（4）分数解释标准化。从某个测验中得出的单个分数往往并不能说明什么问题，只有把这个分数与常模进行比较，才能对测验分数进行很好的解释。建立常模以对测验分数进行客观、公正的解释是标准化的第四个要素。

上述这些标准化要求应在测验手册或说明书中得以体现。测验手册中要说明测验的功用和目的，测验的效度、信度资料：如何实施测验、如何记分、如何解释分数，以尽量减少主、客观误差，保证测验的客观性。标准化要求中也包括明确指出什么样的人员有资格实施测验，以及对测验分数进行解释。

标准化测验与一般性测验相比，有以下几个优点：

（1）标准化测验具有较高的质量。它的效度、信度都较高，增加了测验的客观性，所得的结果较为真实。

（2）测验经过标准化后，省时方便，能得到广泛的运用。

（3）使用标准化测验促进了施测人员及被测者之间的交流。

测验标准化只是使测验程序达到统一，在使用时还应注意每个测验都有它的使用条件和使用范围，只能在一定情况下使用，否则会造成不良后果。

相关链接

历史上最早提出对测试者给以一定控制的问题是 19 世纪莱比锡的实验心理学家，他们发现在给予指导语或做观察时很小的差异也会导致行为上的不同。最初的标准化测验始于 20 世纪早期，实验心理学家桑代克和其他一些学者把实验室中的一些原理扩展到心理测量中去。1974 年，美国心理学会出版了《教育心理测验的标准》，指出了测验编制者和使用者必须遵照执行的标准化步骤。

2．常模

常模又称测验常模，它是一种描述由个体所组成的总体的行为特性的概念，这种总体行为特性的描述一般需借助于测验才能实现。因此常模可以直接解释成一个总体关于其某一被测量对象（即心理属性）确定的特殊分数分布状态。即某一标准化样组在某一测验上的平均分数，为测验分数提供比较的标准，从而对测验分数加以解释。

为了建立测验的常模，测验编制者应在标准化的条件下，对一具有代表性的大规模样组施行测验。样组的代表性可以通过随机抽样或随机分层抽样和采用大规模样组来达到，测验组的平均成绩可作为常模，给分数解释提供参考。根据常模，结合该测验信度、效度的资料，就能对测验所得的分数做出比较合理妥当的解释，也使测验整个过程更具客观性。

（1）常模产生的条件。常模是针对一个具体的总体而言，从理论上说这个总体的容量应该是无限大的，而且在实践中其容量也的确非常大，因此要产生一个总体的常模并不是一件简单的事。所以，常模产生的关键在于寻求一个能有效代表总体的样本，即标准化样本。常模可根据标准化样本的测验分数经过一定的数据统计处理而产生。

标准化样本的产生与抽样的方法有关。只有经过恰当的抽样设计，并有较大的样本容量，才能产生能够恰当代表总体的标准化样本。对于总体容量很大，而且对各子体之间的差异也比较大的总体而言，一个测验能通过其标准化样本的测量而产生常模，可以实现对总体行为特性描述的目的。

（2）常模表达的形式。常模表达的形式多种多样，不同的测验分数表示方式可相应地形成不同的常模表达方式，如以原始分数直接表示测验结果时，一般把频数分布中的平均数简洁地表示常模值。如果测验分数是以百分等级形式表示时，常模即以百分等级量表形式表示，通常以百分等级量表中的中位数（第 50 个百分等级）表示常模。此外还有标准分数、九段分数、T 分数等一系列方式表示常模。

总之，常模是总体（或标准化样本）测验分数的分布状态，其本质上只有一种分布状态，而由于分数表达方式的不一样，所以它可以有多种分布形式。每一种分布形式都可以以其分布形式的某些参数（如平均数、中位数、等级位数等）简单地表示。

（3）常模的解释。常模是针对一个总体的某一具体特性而言的，因此，不同的总体有不同的常模，相同总体的不同具体特性也有不同的常模。如“年龄常模”、“年级常模”等都是针对具体的年龄或年级。所以常模的解释也只能局限于构成此常模的总体范围内。

对于非该总体的子体，我们不能按该总体的常模对该子体进行状态描述。例如，9 岁儿童的计算能力高低不能用 8 岁或 10 岁儿童组的常模进行判断。常模的解释也只能局限于具体的测验属性之内。例如，不能用 8 岁儿童组计算能力常模去解释 8 岁儿童的阅读能力。

常模的含义与常模的标准一词有严格区别。个体达到标准并不一定意味着此个体在总体中处于领先位置；同样，个体分数在总体常模处于平均数之上，也并未说明他达到了标准。这两个概念之间没有必然的联系。常模是客观的，而标准则是主观的。

常模是可以变化的，尽管它是客观的。总体的行为特性随着教育、社会影响、时间推移等诸因素的影响而变化，人们所制定的常模也是暂时稳定的，所以常模必须不断更新，不仅结果要更新，测验本身也要更新。

（4）常模样本的确定和选择。

1）确定和选择常模样本的步骤包括确定一般总体、确定目标总体、确定常模样本。

不同的测验性质，不同文化教育水平，不同的性别，都可能影响常模。

2）在确定和选择常模样本时应注意以下要求：

① 常模样本的构成必须明确。一个测验可能有许多常模样本。在选取常模样本时，首先要保证常模样本的所有成员是同质的，可以相互比较。另外，要在测验手册中对常模样本进行明确的说明，包括常模样本的构成和特性等。

② 常模样本必须是所测群体的代表性样本。

③ 常模样本大小要适当。常模样本大小（即取样大小）由以下三方面决定。

- 常模样本大小取决于总体的规模。总体规模小，如只有几十个人，则常模样本应包括所有总体成员。如果总体数目大，相应地，样本也应较大，一般最低不应少于30个或100个。
- 常模样本大小取决于总体性质。总体性质越复杂，越需要较大数量的样本。
- 常模样本大小取决于施测结果。样本大小适当的关键是样本要有代表性。

④ 注意常模的时效性。常模必须定期修订。

3）在确定常模时，常用的取样方法有以下几种。

① 简单随机抽样。也叫做纯随机抽样，是在总体中抽选样本单位时，不附加任何条件，完全按随机原则从总体的 N 单位中抽选 n 个单位组成样本，并且保证每个总体单位都有相等机会被抽选出来。

② 系统抽样。也称做机械抽样、等距抽样。具体方法为，假设总体数目为 N，若要选择 K 分之一的被测者作为样本，则可以把所有的人分为 N/K 组，每个组选一个人，则刚好组成 $1/K$ 的样本。或者把所有的人从 1 到 N 按序编号，把所有编号是 K 的倍数的人抽取出来，即可组成所需样本。需注意的是，在进行系统抽样时，分组和从组中抽取，或者是编号，都必须是随机的。

③ 分组抽样。在总体数目较大，无法编号，并且总体成员又具有多样性的情况下，可以先将群体分为一定的小组，再从小组内随机抽样。如将全国大学生按地区分为许多小组，然后在各小组中选取一定比例的学生作为被测者。

④ 分层抽样。在确定常模样本时，最常用的是分层抽样方法。它是先将目标群体的某一种变量（如年龄）分成若干层次，如 R 个层次，再从各层次中随机抽取若干个案。各层次的个案总和即为样本个案数目。分层抽样分为两种方法。

- 分层比例抽样法：如果各层抽取的个案数目是根据各层的个案数目占总体数目的比例而决定的。
- 分层非比例抽样：有些层次的重要性大于其他层次，这时应该采用非比例抽样方法。这种方法的目的在于降低各层次的标准差，使总体平均数的估计较为准确。

（5）常模的类型。常用的常模有发展常模、百分位常模和标准分数常模。

1）发展常模。发展常模是表示个人在以正常途径发展的心理特征方面处于什么样的发展水平。如一个 8 岁儿童的智力表现与 12 岁儿童的平均水平一样，则可以说他有 12 岁的智力年龄。这种表示方式是将被测者的表现与各种发展水平的人的平均表现做比较，根据这种平均表现所制成的量表就是发展常模或年龄量表，它有智力年龄、年级当量、发展顺序表等几种形式。

2）百分位常模包括百分等级、百分点或百分位数。

① 百分等级。百分等级是应用最广的表示测验分数的方法，是指把一个总体的所有分数按大小顺序排列后，将所有分数按个数等分为 100 等份，每一等份对应的百分数就是这个分数分布的百分等级，而刚好把所有分数个数分为 100 份的分数值叫做百分位数。一个分数的百分等级就是指在常模样本中低于这个分数的人数百分数。例如，如果一个原始对应的百分等级为 98，就表示在常模样本中有 98%的人的得分比这个分数要低。百分等级是以百分率形式来表示一个人的相对等级，即如果我们将常模团体分成一百等份时该被测者所占的等次。

② 百分点或百分位数。在很多情况下，并不需要像百分位数将量表分成 100 等份那样精密的区分，只要分成少数的段落区间就足够了。常用的有四分位数和十分位数。四分位数的计算将数据分成四等份，实际上就是第 25，50，75 等百分点段。同样，十分位数的计算

由与计算第 10，20，…，90 等百分点相同。

3）标准分数常模。标准分数是等距量表，它可以做加、减、乘、除运算，由原始分转换而来，这种转换可分为线性转换和非线性转换。最典型的线性转换标准分数为 z 分数，常见的非线性转换标准分数有 T 分数和标准九分数。

（6）常模的表示方法。

1）常模的表示方法主要有两种：转化表和剖析图。最简单而且最基本的常模表示方法就是转化表，也叫常模表。它是由原始分数表、相对应的导出分数表和对常模样本的具体描述等三个要素组成的。根据转化表进行解释时，须注意，常模转化表总是特异性的，即一个转化表总是来自特定的常模样本，这种转化表只能表示被测者在常模样本内的相对等级，若要依此做出某种结论或预测，需要进一步获得信度和效度的依据。

2）剖析图是测验分数的转换关系用图形表示出来的一种模式图。使用剖析图做解释，要求各个分测验所使用的常模样本必须相同，否则各个分测验分数之间无法比较。须注意，使用剖析图容易夸大各个分测验间分数的差异。为避免这个问题，有些剖析图注明了多少距离代表两分数间差异显著，使用者可以依此很快地确定某对分数间是否存在差异。另一种方法是将被测者分数用一段范围表示，假如范围不重叠，表明分数间有显著差异存在。

3.1.5　效标与基于效标的解释

效标参照测验关心的是被测者是否达到了某种标准或效标。参照效标的分数解释分为内容参照分数的解释及结果参照分数的解释。

1. 内容参照分数的解释

（1）内容参照分数。内容参照是指测验被测者对范围中的内容和技能掌握的程度。内容参照分数的测量目的是确定被测者对某个确定材料内容或技能的掌握和熟悉程度的分数。编制内容参照测验和对测验做出解释时，首先要确定测验所包含的内容的技能范围，然后再编制一个能报出测验成绩的量表。

编制内容参照测量表的关键是预先制定一个判断被测者是否已掌握了某种内容或技能的熟练程度的标准。这种标准可以通过掌握分数和正确百分数来表示。

（2）掌握分数。它是指一个判别被测者是否通过或掌握某项知识和技能的最低分数。

（3）正确百分数。它表明了被测者在测验中答对题目的比例，即：

$$正确百分数=答对题目数/总题目数\times 100$$

2. 结果参照分数的解释

（1）结果参照分数。它是将效标材料直接结合到测验结果的解释过程而进行评价的分数。结果参照分数可能表示获得某个分数的被测者达到某种效标水平的可能性，预测性测验往往适合用结果参照分数进行解释。如在高级管理技能测试中，它的结果解释可依据一定管理业绩或成效为标准。对于测验所得到的某个分数，可以判断它达到某一水平的绩效可能性有多大。

（2）得到结果参照分数的两个先决条件：① 测验分数必须与一个重要的效标量数具有高度相关；② 要有一个能把测验分数和效标成绩之间的关系结合起来的方法，也就是要有转换分数的图表。

（3）进行结果参照分数解释的常用表示方法是期望表。这种方法是通过一种简单图表，显示出获得特定测验分数的人得到每一种效标分数的百分比。即将测验分数以产生各种不同结果的概率来描述。具体步骤如下：

1）搜集预测源分数和效标分数，并分别加以分类；

2）确定预测源分数和效标分数每一组合情况的次数；

3）把每一种组合的次数转换成百分比，并做成表格。

3.1.6　构想和基于构想的解释

在心理学上，所谓构想是指心理学理论所涉及的抽象且具假设性的概念和特征，如智力、焦虑、内向、动机等。实践中，人们往往用某种操作来定义并用测验来测量这种概念。构想效度就是测验某理论概念或特质测量的程度。这些构想往往无法直接观察，但是每个构想都有其心理学的理论基础，依赖于各种可以观察的资料，其中也包含了一些超出可观察的行为范围的因素。我们可以依据构想来解释人类的行为。如果依据构想来解释和分析测验分数所代表的意义，则可以看做是基于构想的解释。

1. 确定构想效度的步骤

要确定一个测验的构想效度，一般包括以下三个基本步骤：

（1）建立理论框架，以解释被测者在测验上的表现；

（2）依据理论框架，来解释被测者在测验成绩上的假设；

（3）以逻辑和实证的方法来验证假设。

如某人对研究创造力这个构想感兴趣，他必然假设或认为那些具有创造力的个体与其他个体有某些不同，因此可以建立一个理论来说明这些不同，从而使人们能够通过观察个体的行为和根据某种理论分类来辨别具有创造力的个体。如果希望编制一个测验来测量创造力，那么这个测验必须具有构想效度，即测验分数与根据创造力的心理学理论观察被测者行为所做出的判断有关。如果这种关系不成立，则该创造力测验缺乏效度的支持。

2．确定效度的方法

有关构想效度的资料可以用很多方法从各种不同来源去搜集，大致可分为如下几类。

（1）测验内容的方法。

1）确定测验的内容效度。测验的内容效度有时可以作为测验的构想效度的证据，内容效度确定后就可以利用这些资料来定义测验所要测量的构想的性质。因此，确定了测验的内容效度便提供了有关构想效度的证据。

2）分析被测者对题目做反应的过程。通过观察被测者在测验中的表现，询问他们如何处理题目，以及必要的统计分析，可以发现究竟哪些变量影响了反应，以确定测验是否测量了所要测的特质。如在人格测验中有这样的题目“当事情不顺我意时，我总爱动怒”，“我总是避免对别人的言行进行批评”。通过分析发现，对这类题目的反应是由被测者的真正行为与社会对正面反应的称赞所决定的。这说明影响反应的不只是性格一个变量，这其中还受道德观念的影响。用这样的测验来测性格特质，其构想效度是不会高的。

3）考察测验的同质性。通过计算被测者在每个题目上的反应与测验总分的相关性，或分测验分数和总测验分数的相关性，以及一些内部一致性的指标，可以推算测验是测单一特质还是测多种特质，从而确定测验构想效度的高低。

（2）测验间接方法。通过研究几个测验间的相互关系，找出它们的共同特点，进而推断出所测的共同特质是什么，便可确定这些测验是否有构想效度。

1）相容效度。确定构想效度最简单的方法是计算被测者在新测验上的分数与另一效度一致的同类测验上分数之间的相关，这种相关系数叫做相容效度。如果相关效度高，说明这两个测验所测的是相同的特质，那么新测验就没有必要编制了。与其他测验的相关还有一种用途，就是表示新测验是否受到某些无关因素的影响。一般来说，测量不同构想或特质的测验之间相关要低。例如，一个能力倾向测验或者人格测验不应该与一般智力测验或学术能力倾向测验有高的相关。

2）区分效度。一个有效的测验不仅应与其他同一构想的测验有相关，而且要与测量不同构想的测验无相关。即测验必须要有效测量与其他变量无关的独立构想，用此种方法确定的效度叫区分效度，又叫求异效度。其基本思想是：如果两个测验测量的是不同的特质，即使用相同的方法测量，它们之间的相关也应该是低的。如一个数学推理能力测验与阅读能力测验的相关性很低，就是区分效度。因为在测验设计时，已将阅读能力作为数学推理能力的无关变量来考虑。由于人格因素受到各种无关变量的影响，所以区分效度特别适合于人格测验。

3）因素效度。建立构想效度的常用方法是因素分析。通过对一组测验进行因素分析，可以找到影响测验分数的共同因素。每个测验在共同因素上的负荷量，即测验与各因素的相关，称做测验的因素效度。而在测验分数的总变异数中来自有关因素的比例，便可作为构想效度的指标。

在因素分析过程中，描述被测者表现的因素数日将从原来较多的测验减少到少数儿个因素或共同性质。例如对 400 名被测者实施 30 个测验，30 个测验可以归结为 8 个合适的因素。在因素确定之后，就可以利用因素来描述测验的组成，如各个测验上中素的权数或负荷以及各因素之间的相关。例如，在词汇测验中，言语理解因素的权数为 0.66，那么就说这个测量言语理解特质的词汇测验的因素效度为 0.66。

4）汇聚效度。汇聚效度又称为求同效度，其基本思想是，如果两个测验是测量同一特质的，即使使用不同方法测量，它们之间的相关也应该是高的。例如，一个阅读能力测验与语文课成绩相关就是汇聚效度。

3.2　人员素质与能力测评工具的设计

引导案例 3-2

某企业营销人员素质测评表

表 3-1　某企业营销人员素质测评表

姓名		职务		到职日		年资	
部门		主管		工资			
业务能力（30 分）	顾客应付能力极强，有敏锐的销售战略精通业务（30～25）	有极好的交际能力，善于应酬，责任感极强，工作协调性卓越（24～20）	能随机应变，能应付顾客要求，有价值观念（19～15）	基本能完成自己销售任务，人事协调力好（14～10）	表现欠佳，不能按时完成任务（9 分以下）		
效率（20 分）	20	平均效率 110%以上	10	平均效率达 80%以上			
	17	平均效率 100%以上	5	平均效率达 75%以上			
	14	平均效率达 90%以上	0	平均效率未达 75%以上			
出勤（全勤 10 分）	每旷工一日扣 5 分						
	每请假一日扣 1 分						
	每迟到一次扣 1 分						

续表

工作知识（20 分）	2	经常询问技术问题		3	会处理新的问题	
	3	常提新的方法建议		3	能协助主管处理技术问题	
	3	了解机器材料使用		2	知道如何省用材料、工具	
	2	对于品质优劣能评定		2	能了解工具机器材料好坏	
合作精神（20 分）	2	准时上下班		2	愿协助新同事	
	2	遵守公司各项规定		2	很少与人发生口角	
	2	遵守各项安全规定		2	乐意参加各项团体活动	
	2	接受工作调动		2	易接受他人意见	
	2	愿意担任他人不愿做的工作		2	整洁习惯良好	
备注	等级		总评分			

评分标准：90 分以上为“特别优秀”；80～90 分为“优秀”；70～80 分为“普通”；60～70 分为“需要努力”；60 分以下为“差”。

3.2.1 人员素质与能力测评工具的设计程序

由于各种测评的性质不同，其所用的测评工具也有不同。但由于测评原理大致相同，所以测评工具设计编制过程依然是有规律的。测评工具设计大体上包括以下几个步骤。

1．测量目标的分析

编制测试时，首先要明确测试的目的，即我们所编制的测试是用来测量什么和测量的对象又是什么。测试的目的不同，所设计的内容、测量工具、操作形式、题目形式、题目范围和难度都会有所不同。

按测试目的的不同可将测试分为显示性测试和预测性测试。当测试的题目和我们想要的测量行为相似时，这个测试就是显示性测试，如成就性测试、态度。测试当我们所关心的是预测一些没有受到测量的行为时，这个测试就是一种预测性测试，如各种能力倾向测试、部分人格测试。在实际工作中，测试的编制者必须把测试目标转换成可操作的测量指标，包括理论上和实际上的假设，我们将这种转换过程称为操作化或目标分析过程。

目标分析与测验目的是密切相关的，根据测试目的和所测量的维度，我们从三个方面进行分析：

（1）具有选拔和预测功能的预测性测验。这种测试的主要任务就是对预测的行为活动做具体分析，我们称之为任务分析或工作分析。这种分析包括以下两种步骤。

1）确定使所预测的活动达到成功所需要的心理特质和行为，如职业兴趣测验，若某项工作包括打字，那么测试编制者可以假定手指的灵活性、手眼协调等能力是必需的。这种确定可以通过参阅前人的工作从理论上分析，也可以通过对某项活动中已经录用或已经成功被试的行为进行分析后得到。

2）当测试编制者确定完成某项工作需要哪些能力、技能或特质后，他就可以做出测试的题目了。

（2）建立衡量测试是否成功的标准，我们称之为效标，它可以作为鉴别测试的预测是否有效的重要指标。首先必须给所要测量的心理和行为特质下定义，然后必须发现该维量将通过什么行为表现出来和怎样测量得到。如创造力的测量，有人将创造力定义为发散性思维的能力，即对规定的刺激产生大量的、变化的、独特的反应。根据此操作定义，创造力应该从反应的流畅性、灵活性、创造性和详尽性四个方面来测量。

（3）描述性的显示性测验。目标分析的主要任务是确定显示的内容和技能，从中取样。成就测试是典型的描述性测试，它的内容分析过程主要体现在双向细目表的编制过程中。双向细目表是一个由测量的内容材料维度和行为技能维度所构成的表格。如果要检查新员工培训班的培训效果，就需要采用成就测试，双向细目表能帮助这种测试的编制者决定应该选择哪些方面的题目以及各题目应占的比例。双向细目表也适用于其他非成就测试。

2．制定编题计划

制定编题计划实际上就是编制测试的蓝图，通常是一张双向细目表，亦即测评指标体系及指标体系中的相对重要性（权重）。在确定测试目标以后，分析测量目标的结构，确定结构所包含的具体内容，以及各种内容所占的比重，亦即建立测评指标体系。由此，确定测试编制什么样的题目，编多少题目。由于第一种行为特征的结构往往有其不同的层面或构成因素，因此，一个测试往往包括很多测试，每个分测试又包括自己的测试内容。制定编题计划时要充分考虑这一点，如表 3-2 所示。

表 3-2　小学生自然常识“测试”的编制计划表

行为目标 / 教材内容	获得基本知识	理解原理原则	应用原理原则	分析因果关系	综合系统意见	建立评价标准	合　计
生物世界	3	5	6	3	2	1	20
资源利用	2	3	3	1	1	0	10
动力和机械	2	3	4	2	0	1	12
物质与能量	5	6	8	3	2	1	25

续表

行为目标 / 教材内容	获得基本知识	理解原理原则	应用原理原则	分析因果关系	综合系统意见	建立评价标准	合　计
气象	2	4	3	2	2	0	13
宇宙	2	5	4	1	0	0	12
地球	2	2	2	1	1	0	8
合计	18	28	30	13	8	3	100

制定编题计划有两个好处：

（1）在编题阶段，计划可以根据对测验目标结构及其内容的分析指出编多少题目和编哪些题目，题目编好后可以将题目的实际分布情况与编题计划对照，以确定测试题目是否恰当地代表测试目的的结构和内容，核对重要方面的内容是否有遗漏。

（2）在记分时可以按照每种内容所占比重初步确定每类题目的分数。

3．编辑题目

（1）搜集有关资料。测试计划编好后，就要搜集有关的资料作为命题的依据。测试的好坏与测试材料的选择适当与否密切相关，因此，要注意以下几个问题：

1）材料来源要尽可能的丰富，这样测试就不会有偏颇，而且能提高行为样本的代表性；

2）材料要有普遍性，尤其是成就测试，对大家要公平，不要以某些被测者熟知的题目施用于一些没有学习过这类内容的被测者，要尽量避免文化背景差异的影响。

（2）选择题目形式。测试编制者还要确定题目的表现方式。在大多数情况下，任何题目都可以用几种形式呈现，应该如何选择最合适的形式呢？在一个测试中，可以采用一种形式，也可以采用几种形式。在选择时应该考虑以下几点：

1）测试的目的和材料的性质；

2）接受测试的团体的特点；

3）各种实际因素。

（3）编写和修订题目。编写题目的过程包括编写、编辑、预试和修改等。在获得比较满意的题目之前，这些步骤是不断重复进行的。在这个过程中，编制者要对题目进行反复的审查和修订，改正意义不明确的词句，取消一些重复和不适用的问题。在编制过程中编制者要注意以下几个问题：

1）题目的范围要与编题计划中确定的结构以及所包含的具体内容相一致，比例适当，题目要有代表性；

2）题目的数量要比实际需要的题目多一些，以备筛选和编制副本用；

3）题目的难度要符合测试目的的需要，不要超出受测团体的知识或能力范围；

4）题目的表述要尽量避免主观性和情绪化的词句，不要出现伤害被测者或让其难于回答的问题。

4．题目的试测和分析

初步筛选出来的题目虽然在内容和形式上符合要求，但是否具有适当的难度与鉴别作用，必须通过实践来检验，即通过预测进行项目分析，为进一步筛选提供客观依据。

试测应注意以下几个问题：

（1）试测对象应来自将来正式测试准备应用的群体；

（2）试测的实施过程与情景应力求与将来正式测试时的情况相似；

（3）试测的时限可以稍微放宽一点，最好让每一位被测者都能做完题目，以搜集较充分的反应资料，使统计结果更为可靠；

（4）在试测的过程中，应对被测者的反应情形随时加以记录，如在不同时限内一般被测者所完成的题目数、题意不清之处以及其他有关问题。

试测完成之后，要对测试的结果进行分析。分析主要从质和量两个方面进行，根据分析结果，再选择、编制出比较好的测试。

5．组合测试和标准化

经过试测和分析，对各个项目的性能已经有可靠的资料作为评价的根据，这一步可以选出性能优良的题目加以适当的编排，组合成测试。

性能优良的题目主要有两个标准：最好的鉴别力和最适合的难度。鉴别力是指题目只测定所需要的特征；难度则是指构成测试的各个题目，应由较难的和较易的等各个不同程度的题目构成，测试要有一定的平均难度。

题目出来之后，要根据测试的目的与性质，并且考虑被测者作答时的心理反应，加以合理的安排。一般题目有两种组合方式：并列直进式和混合螺旋式。前者是将整个测试按材料的性质归为若干分测试，依其难度由易到难排列；后者是先将各类试题目依照难度分为若干不同的层次，再将不同性质的试题加以组合，交叉排列，其难度逐渐加大。

然后要编制复本。测试的各个复本必须等值，需要符合下列几个条件：

（1）各份测试测量的是同一种心理特征；

（2）各份测试具有相同的内容和形式；

（3）各份测试的题目不应有重复的地方；

（4）各份测试题目数量相等，并且具有大体相同的难度和区分度。

至此，测试已经基本成型了，可以进行标准化工作。标准化包括确定内容实施规则（指导语、时限）及评分方法，更重要的是建立常模。

6. 对测试的鉴定

测题编制好之后，必须对测试的可靠性和有效性进行鉴定，因此要进行测量学方面的分析，搜集信度资料和效度资料。信度指的是测量的可靠性或一致性，一般采用相关法，以相关系数的大小表示信度的高低。效度指的是测量的有效性或正确性。

7. 编写测试说明书

为了合理地实施和应用测试，在正式测题编写完成之后，还要编写一份说明书，即测试指导手册，主要是提供给用户实施的程度，也是用户评价、比较测试优劣的重要依据。测试手册一般包括以下内容：

（1）标题名称、作者、实施形式、记录形式；

（2）测试的目的和功能，指出测试可以用于哪种情景；

（3）测试编制的理论背景和选择题目的依据，一般还要提供选择题目的统计指标；

（4）测试的实施方法、时限和注意事项，包括指导语的充分性、相对性和对主试的训练要求；

（5）测试的标准答案和评分方法；

（6）测试的信度和效度资料。

结束以上几个步骤之后，测试就可以正式交付使用了。

3.2.2 测题的设计和测量的编制

编制测试的核心是题目。要想编制出比较好的测试，除了要遵循以上所介绍的一般程序以外，还要掌握编制题目的技术。

1. 命题的一般原则

试题的类型有很多种，性质各不相同，并且功能也各异，但在编制的时候还是有一般原则可循的：

（1）试题要符合测试的目的；

（2）内容取样要有代表性；

（3）试题格式不要使被测者产生误会；

（4）文句要简明扼要，既排除与解题无关的因素，又不可遗漏解题所依据的必要条件，要避免使用艰深的字句；

（5）应有不引起争论的确定答案；

（6）各个试题必须彼此独立，不可相互牵连，不要使一个题目的答案影响另一个题目的答案；

（7）题目中不可含有暗示本题或其他题目正确答案的线索；

（8）题目内容不要超出受测团体的知识和能力；

（9）所提出的问题要避免涉及社会禁忌与个人隐私；

（10）实施与评分省时。

2. 测题的种类及编制要领

测试题目的种类很多，根据对被测者的要求不同可分为提供型、选择型和操作型。

（1）提供型要求被测者提供答案，具体有以下几种方式。

1）填空题和简答题。填空题和简答题比较适合于测试实际知识的记忆和理解，其优点是比较容易编制，在评估学科知识方面特别有用，并且不会受到猜测的影响。其缺点是不能测量更加复杂的知识和能力，多个题目的答案很相似，易造成计分不能完全客观，并且计分不如选择题方便。

编制填空题和简答题时应注意以下几点：① 填空题目所空出的应该是关键字句，并且要和上下文密切联系，不要出无关紧要的字词；② 一句之中空格不能太多，过多的空白会使题意不明确；③ 每题最好只有一个答案，并且这个答案要简短、具体、预先可以规定每一空格的分数；④ 最好用问句的形式，填空题的空格最好放在句子最后。问题要具体，范围要确定，要使被测者明白答案的类型、长度和确切程度。

2）论文题。论文题适合测试组织能力、综合能力和文字表达能力，有时还可以测量评价能力和创造能力。其优点是编写容易，不能够猜测和简单背诵，可以反映出被测者的理解深度。缺点是取样缺乏广泛性且取样不均，特别是评分客观性差，计分比较困难；另外，这种题比较容易受到其他因素的影响，比如书写风格、卷面整洁、个人偏见等，因此这种测验的可靠和有效性会大大降低。

编制论文题时要注意以下几点：① 避免出现含糊不清的一般性问题，应该说明答案要求的长度、举例的详细程度等具体的要求，但不能规定得太具体，以免变成一系列的简答题。② 题目的数目不能太多，最好规定每题的答题时间。尽量让所有的被测者做同样的问题，最好不要选择试题回答，因为两个题目很难做到等值，而且被测者往往都会倾向于选择自己比较熟悉的问题回答，这就进一步增加了取样的复杂性。③ 最好要求被测者在新的情景下，应用知识去解决新问题。④ 应该将一个大题目细分成几个小题目。⑤ 要对每一个题目编制几个理想答案，即要有一份标准答案和评分标准。

（2）选择型要求被测者在几个选项中选择正确的答案，具体形式有以下几种方式。

1）是非题。是非题又称为正误题，就是通过许多陈述句或疑问句要被测者在对与错两种可能的回答中选择一个。

是非题的优点是，能很快书写和阅读，因此，它能比较广泛地取样，计分也比较客观。是非题的缺点是，被测者容易猜测出答案，受机遇的影响较大，可靠性比较差。

在编制是非题时应注意以下几点：① 内容应以有意义的事实、概念或原理为基础，避免无关紧要的问题或琐碎的细节，不要照抄原文；② 每道题目只能包括一个重要的概念，避免两个以上的概念出现在同一题目中，而且要把各个概念放在题干的重要位置上；③ 避免使用模棱两可的词汇或定性的解释；④ 避免使用具有暗示性的特殊词汇；⑤ 对的测试题与错的测试题数目应该大致相等，其排列应当是随机的，其叙述的长度、复杂性应该尽量一致；⑥ 测题要多，至少有 30 ~ 50 个。

2）选择题。选择题在结构上包括两个部分：一是题干，即呈现一个问题的情景，由直接问句或不完全的陈述句构成；另一部分为选项，即此问题的可能回答，包括一个正确答案及若干错误答案，这些错误答案叫做“诱答”，主要功能是迷惑那些无法确定答案的被测者。选择题适用于文字、数字和图形等不同性质的材料。

选择题的优点如下：① 适用范围广，从一般知识测试到复杂能力测试均可使用；② 选择题的计分相比其他形式的客观测试题更少受猜测和其他反应定势的影响；③ 题意明确，被测者一般只做一种反应，因此题目的调整和计分都很容易；④ 具有诊断作用，可以从不正确反应的分析中获得有用的信息；⑤ 阅卷方便迅速，可以利用机器阅卷；⑥ 保密性比较好，好的题目可以存入题库重复使用。

选择题的缺点如下：① 有固定答案，测不出组织材料的能力和创造力；② 题量大，编写困难费时，需要一定的技巧。

编制测试题目的要领和原则如下：① 题干所提出的问题必须明确，使用简单清晰的词句；② 选项要简练，尽量将选项中共同的词句移至题干中；③ 每题只能有一个正确答案，其他易引起错觉和偏差的答案可以造成诱答；④ 题干应当包括解题所必需的共同要素，并尽可能做到精炼、准确、清楚；⑤ 错误答案对被测者具有迷惑性，不要错的太明显；⑥ 答案之间避免重叠现象；⑦ 各个选项在形式上应该协调一致，或为数字，或为图形，或为人名，应取一律，文字长短也应该大体相当，以免对正确回答提供线索；⑧ 几个选项最好按逻辑顺序排列或随机排列。正确答案在每个位置上出现的次数要大致相等，且不要形成固定的格式；⑨ 少用“以上皆是”和“以上皆非”的答案。

3）匹配题。此种试题包括并列的两行，一行为刺激项目，一行为反应项目，被测者的任务是由后者中选出与前者相适应的项目，可以是完全匹配（刺激项目与反应项目数量相等），也可以是不完全匹配（反应项目多于刺激项目）。适用于测量概念或事实之间的关系。

匹配题的优点是容易编制而且在短时间内测量大量相关联的材料，覆盖面较广。缺点是只能测量简单记忆的事实材料。

编制匹配题要注意以下几点：① 刺激项目和反应项目的位置应该清楚，通常反应项安排在右边；② 配对项目不可过多或过少，最好使用不完全匹配，使反应项目的数目多于问句项目的数目，而且不限制每个选项被选择的次数，这样可以降低猜测的概率，但是一定要在指导语中说明白。

（3）操作型。操作型测试是纸笔测试的重要补充，它介于一般认知结果的纸笔测试和在未来真实情景的实际活动之间，在这种模拟的情景下，真实性要高于纸笔测试。

按照测试的真实性程度可以分为：

1）纸笔的操作性测试。虽然使用纸笔，但是偏重于模拟情景下知识的应用，如编写某些操作性计划、步骤、注意事项等，可以作为真实性测试的第一步；

2）辨认测试。包括各种不同真实性程度的测试情景。有时是辨认某项工具，指出其功能；或者辨认完成某项工作的工具及使用程序；更复杂的是辨认某处故障及原因和补救原因。辨认测试是实际操作技能的间接测试；

3）模拟操作测试。强调正确的程序，被测者需要在模拟情景下完成与真实活动相同的动作；

4）工作样本操作测试。真实性最高，包括了真实测试的全部要素，但是得在有控制的条件下去完成的。比如司机在标准场内的考核等。

编制操作测试题应该遵循以下原则：

1）明确所要测量的目标，将其操作化；

2）指导语一定要简单明确，使被测者知道要干什么和在什么条件下去做，以及评价的依据；

3）确定计分标准；

4）选择合适的真实程度。

3.3　人员素质与能力测评工具组合

引导案例 3-3

某国有企业运用测评组合工具进行人员调整

某国有企业机关管理人员严重超编，人员素质和岗位技能参差不齐。为激发队伍活力，优化队伍素质，达到“精简效能”的目的，该公司拟通过竞聘上岗的方式重新聘任机关管理人员。

企业决策层决定聘请测评中心全面负责本次管理人员竞聘上岗的素质与能力测评工作。希望借助第三方专业测评机构的顾问服务，为人事任免决策提供客观、公正、科学的依据。

人员素质与能力测评中心接到这一任务后，派出4名具有丰富项目实施经验的资深测评顾问组成项目小组负责本项目的具体实施，另外调派2名顾问助理为项目实施提供数据统计分析等协助。项目实施过程中，测评中心与公司的竞岗领导小组成员进行深入的沟通，在进行了大量的访谈、调查与信息收集工作的基础上。根据项目的特点，与公司的竞岗领导小组共同商定了具有可行性的实施方案，并遵照以下流程开展竞岗工作：

（1）报名与资格审查。人力资源部通过公司内部 0A 系统公布竞聘职位，接受员工的自愿报名，通过资格审查后，成为竞岗候选人，最终确定接受测评的候选人数为118人。

（2）建立胜任能力模型。通过对竞聘岗位进行岗位分析，并与竞岗领导小组成员进行充分沟通的基础上，专家顾问们运用德尔菲法建立起竞聘岗位的胜任能力模型，并确定了各维度的权重与测评标准等。

（3）运用工具组合进行综合素质与能力测评。综合素质与能力测评包括笔试、民主评议、心理测评、无领导小组讨论与半结构化面试等几个测试环节。

1）笔试。主要测试履行岗位职责所必备的基本知识，并注重能力测试与实务操作。

2）民主评议。借鉴 360 度反馈评估方法，组织相关人员对竞聘候选人进行民主评议，了解候选人平常的德才表现、工作态度以及工作绩效。

3）心理测试。应用测评中心开发的人员素质与能力测评系统进行心理素质测试，主要测试候选人的个性特征、行为风格、职业价值取向与职业倾向等。

4）无领导小组讨论。将候选人分为 17 个小组，每组 6～8 人，围绕指定的主题展开小组讨论，主要测试其影响力、沟通能力、团队合作精神、主动性等素质与能力。

5）半结构化面试。在本环节中，智尊测评在面试题库中精心挑选出285道有针对性的题目，主要测试候选人的沟通能力、应变能力和分析能力等素质与能力。

（4）提供人事决策建议。按照人岗匹配的原则，智尊测评在综合分析笔试成绩、民主评议结果、情景模拟测试得分、心理测评报告的基础上，结合学历、职称等参考因素对每一个候选人都给出了一个可以量化的分值，以供公司竞岗领导小组结合候选人的申报志愿择优录取。

该公司依据智尊测评提供的竞聘人员综合素质测评结果和人事决策建议，谨慎、客观、公正地作出了对118名一般管理人员的聘用决策，平稳、顺利、圆满地完成了第二步的管理人员竞岗工作。

（资料来源：中国人力资源网——典型案例）

3.3.1　人员素质与能力测评工具组合概述

1．人员素质与能力测评工具组合设计的概念

人员素质与能力测评工具的组合是工作岗位对人员的素质与能力要求与反映这些素质与能力的测评工具之间的匹配，所进行的组合是根据特定工作岗位的素质与能力要求在各种测评方法中进行选择，将最合适的测评工具选出来并组成一组或一套测试。显然，对于不同的工作岗位来说，适合它们的测评工具组合也是不同的。

任何一个完善的人员测评系统应具备以下两种功能：

（1）提供足够数量的、能全面满足实用选择的工具。这是人员素质与能力测评系统的基本功能。没有足够供选择的工具，无法满足复杂的使用需要。不同类型的任职者，如工人和管理人员，初级管理人员与高级管理人员，任职要求相差很大，不仅是程度的不同，而且是内容的不同。因此，需要不同的测量工具。

（2）提供如何组合各种测量工具的技术。评价系统的这种高级功能集中体现在该系统的深度使用上，从而可以达到更具综合性、复杂性，更具有应用价值的功能。深度使用的思路包括：一方面，测评专业人员对所使用的测评工具的深入了解。不仅要了解测试手册上介绍的基本操作知识，还要了解该测评工具的构想所涉及的有关理论，如对与人格测试相联系的人格理论的理解。另一方面，测试本身能用于哪些更为复杂的人事测量目的，不同测试相互结合能产生哪些新的贡献。这些高级功能的发挥是设计测验组合方案的出发点和指导原则。

2．人员素质与能力测评工具组合的程序和原则

（1）人员素质与能力测评工具组合的一般程序。

1）确立考评目的。明确设定考评目的不仅为人员素质与能力测评具体方案的设计指明了方向，同时也确立了后期对测量目标、评估效果的依据。

2）需求分析。需求分析要建立在对施行人员素质与能力测评的企业有全面、深入的认识基础上。比如，要了解公司的规模、性质、管理体制、经营理念、企业文化等方面的情况。从这些方面大体上把握符合企业形象追求的人员素质与能力的水平。人员素质与能力考评要素的确定是整个人员素质测评工具组合设计的关键目标，考评要素是否全面、敏感、有效，决定了整体人员素质与能力测评工作的质量和可实现价值。所以，要求人员素质的考评要素必须反映企业文化和理念的要求、岗位工作要求、岗位职责要求、个人可发展的要求、适应性要求。

3）确定测量手段。在每选择一个具体的工具时，要说明这个测量工具的功能、采用理

由。在选择测量工具时，必须考虑到企业的特色文化。

4）预期结果。选择完所有要求的测评工具后，应重新系统地评估这个设计方案，对可能的结果做出预期。这一预期包括：由具体的分数如何建立综合报告；测量的结果将如何指导后期工作；可能在更大范围上对员工产生的影响。

5）实施过程的设计。要把实施所有测量的具体程序确定下来，包括有关时间、地点、辅助材料、现场布置要求、分组、设备、流程等所有细节工作的安排、落实。由于一般都会有多个测量项目，不同项目的先后顺序也需要考虑妥当。一般来说，需要考虑以下几个原则：① 简单易行的测量放在前面；② 成本低的测量放在前面；③ 当一个测量的内容可能影响其他测量时，这个测量应放在后面；④ 容易产生疲劳的测量放在后面；⑤ 测量内容比较敏感，或容易造成较大压力的测验应放在后面。

6）成本—收益分析。在测评所耗时间和费用的投入上应有所权衡。

（2）测评工具组合设计的原则。

1）以满足企业/客户方的要求为目的，充分体现对该需求的呼应；

2）以工作分析为基础，突出重点，全面考评；

3）以对企业或职位来说十分关键的素质作为评估重点，考虑经济原则；

4）以能力、个性评估、职业适应性（动机、需求、兴趣）三大模块为高心理素质的基本测评内容。对一些注重专业知识技能的岗位，还可以增加专业知识技能测试。

3.3.2 管理目的不同的人员素质与能力测评工具组合设计

1. 用于招聘的测评工具组合设计

（1）在人员甄选录用中的量表应用如下：

1）对应聘人员能力特征的诊断及发展潜能的预测；

2）对应聘者个性品质及职业兴趣进行测定，个性品质主要包括人的价值观、气质、态度、情绪、性格、动机等方面的特征；

3）情景模拟法的行为检测。这是在控制的情景模拟状态下，考察应聘者表现出来的与组织目标方面相关的行为。

（2）用于人员选拔的测评工具组合原则。对人员选拔有两种策略：一是择优策略，指尽可能全面地了解所有应聘者的情况，从能力、性格、动机、兴趣等各个角度和层次上做广泛调查，依据职位要求综合地评估个人的优势水平，及与职位要求的匹配程度，从中选择综合优势最好的人员。二是劣汰策略，指依据职位的要求，定出从业人员所必须具备的能力的基线水平，通过能力测试筛除能力达不到基本要求的人员。那些通过劣汰测试的人员，并非都

能胜任职位的要求，往往需要配合后续的面试、复试等程序。

1）采用择优策略。在测试设计上往往要求全面、详细，能力测试、个性测试和职业适应性测试都要使用，并且对应不同的职位，要考察的内容侧重点不同，从而各测试维量的权重关系不同，这些差异在测试设计和评估标准上都应反映出来。择优策略往往用于选拔职位要求高、肩负责任大的人员，比如管理人员。择优测试的代价一般比较高，作业精细，通常在人员选拔程序中比较靠后，用于那些最可能被录用的求职人员，达到真正的择优目的。

2）采用劣汰策略。在测试设计上要求准确、适度，往往以能力测试或专业知识和职业技能测试为主。在设计中，对于考察的能力和筛选标准应有明确设定，考察内容和标准的确定应当准确且适度，即以从事该岗位工作所需要的基本要求出发，测试的能力是岗位要求的关键能力，筛选的标准以实际工作要求来定。劣汰策略多用于对一般工作人员的选拔，或多用于对大量应聘者的初步筛选，处于人员甄选录用程序的前段。

2. 用于晋升的测评工具组合设计

（1）基层主管人员的晋升选拔。要想有效地选拔人才，就要了解这种人才在其所应发挥作用的岗位上需要什么样的品质，每项品质的重要程度如何，怎样考察候选人的这些品质。

一般认为，基层主管人员在明确他们应做什么之后，他们的管理操控能力、智力分析能力和沟通能力，还取决于他们的正直程度。他们还需要一定的管理能力，但这可以在主管工作的实践中获得或提高，如表 3-3 所示。

表 3-3　基层管理人员测评工具

品　质	考察内容	测试工具	考　核
管理操控能力	成就动机、权力动机、自我实现需求意图、影响性	管理人员人格测试 生活特性问卷 DISC 个性测试 需求测试	观察、面谈
智力	学历、工作成绩		看简历、过去的成绩评定
分析问题能力		小组讨论 公文筐测验 案例分析	
沟通能力	书面报告、口头表达	小组讨论 公文筐测验	面谈
正直	诚实态度、道德行为	DISC 个性测试 价值取向测试 动机测试	观察、监督、谈话
其他	团队合作、领导技艺	小组讨论	观察

（2）高层主管人员的晋升选拔。在针对中高层管理者的测量工具选拔中，至少应考虑采用管理人员人格、情景模拟测试这两种测试方法。因为管理级别越高，对主管人员的技能要求会减少，而在个性品质、管理意识、人际能力这些以人为中心的素质方面的要求越高，也更广泛。

此外，还可以考虑采用面向高绩效的管理开发系统测试。这些测试从管理实务的各个方面如沟通、临近、冲突管理、时间管理、变革、指导、考核等出发，从正确的领导知识，到管理风格，到高效的团队建设等各个层次上，全面描述应试者的管理行为、观念、风格和技巧。一方面可考评应试者具备的管理技能水平和管理绩效；另一方面可促进他们自身在管理水平上的自我完善和自我提高。

3. 用于考核的测评工具组合设计

如果目的在于对可塑和可发展潜质进行鉴别，就应主要考虑使用能力测评。具体内容如下：

（1）多项能力测评。预测能力结构，依据优劣势分析进行合理的工作安排。

（2）管理数量分析能力测评。预测管理潜力，成功管理者必须具有一定的数量关系敏感性分析能力。

（3）管理逻辑推理能力测评。预测管理潜力和创造潜力，管理者的思维能力是其成功的关键因素。

（4）公文筐测评。适用于高层管理者，预测工商管理素质，评估综合管理技能，鉴别是否有全面、系统的经验和独当一面的能力。

（5）小组讨论。适用于中高层管理者，预测工商管理素质，评价领导意识和素质，以及表达能力和协调引导能力，预测管理效能和管理风格。

（6）面向高绩效的管理潜能开发测试。适用于中高层管理者，考察管理者的知识、技能和管理风格定位，可强化管理者的自我概念，帮助管理者自我完善。

4. 用于激励的测评工具组合设计

针对激励的测评工具组合设计应立足于员工的动机、需求、兴趣、价值取向等几方面。常用的工具包括：动机测评、价值取向测评、需求模式调查、工作满意度调查、激励因素调查。

其中，动机测试和价值取向测试作为比较精确的工具，适合针对个体，具体了解某个员工的心理特征，制定相应的激励方案。后三种调查工具比较适合于反映整个组织的现状。

3.3.3　对象不同的人员素质与能力测评工具组合设计

1．用于不同职务层次的人员素质与能力测评工具组合设计

（1）用于一般员工的测评工具组合设计。针对一般员工的测评侧重点不仅在于能力，也在于员工的心态，比如工作满意度、员工的需求和动机。通过对这些方面的调查，可以为组织管理、激励员工、加强企业文化建设提供有价值的建议。

对一般员工的基本实际操作能力和工作总结的调查和考察，一方面，可通过简历筛选，了解其受教育和培训的经历、获得的技能证书、工作经验等实际情况做出判断，或者进行现场操作技能考试进行筛选；另一方面，可通过实习期观察、例行考核等监控手段加以了解。此后，无论是甄选录用、安置、考核，还是培训提高，对一般员工的考虑都立足于工作任务所要求的基本技能。

（2）用于中高层管理人员的测评工具组合设计。

1）对中高层管理人员测评所应考虑的测评要素。中高层管理人员所肩负的是多元化的，既强调职务技能和经验，又必须有才能实现管理职能。总之，中高层管理人员所需要的品质是多种多样的，有身体的（健康、精力、风度等），智力的（理解与学习能力、判断力、思维活跃、适应能力），精神的（干劲、坚定、乐于负责、首创精神、忠诚、机智、庄重等），技术的（职务所特有的知识和技能）和经验的（由工作本身产生的）。所有这些品质可分别归为能力、个性特征、动力适应性（个性倾向性）、知识经验四大块。

2）用于中高层管理人员的测试组合设计的工具。对中高层管理者可考虑选择使用这几项测试：情景模拟测试、动机调查、个性评估、领导行为评估系列测试、管理潜能开发测试。

2．针对不同岗位系列的人员素质与能力测评工具组合设计

组织中的各个部门作为管理职能及其分解而成的管理业务的承担者，对企业实现整体目标所做出的贡献是不同的。这意味着部门业务活动性质、难度、作用、技能和价值等存在着差异，从而对各个岗位上的要求有不同的侧重。

表 3-4 列出了不同岗位系列主管人员的主要考察要素和选用的测评工具。

表 3-4　不同岗位任职要素的测评工具表

岗　　位	考察要素	考评核心工具
生产系列	个性特征、组织协调能力、综合分析能力、兴趣取向、行为风格、工作履历	管理个性测试 兴趣偏好测试

续表

岗　　位	考察要素	考评核心工具
		价值观评定 面试
营销系列	人际敏感性、沟通能力、个性特征、动机需求模式、语言表达、工作履历	管理个性测试 敏感性与沟通能力测试 需求测试 生活特征问卷 无领导小组讨论 面试
财务系列	个性特征、思维分析和综合决策能力、工作履历	管理个性测试 数量分析能力测试 面试
行政人事系列	个性特征、人际技巧、事务处理能力、工作履历	管理个性测试 无领导小组讨论 领导行为评定 面试
技术系列	创造性、思维推理能力、个性特征、工作履历	管理个性测试 逻辑推理测试 抽象推理测试 面试

（资料来源：王垒．实用人事测量．北京：经济科学出版社，2002年，第278页）

3．针对不同组织层次的测评工具组合设计

（1）用于个体层次的测评工具组合设计。面向个体的测评工具组合设计是以个体为中心，为满足个人的自我认识和决策需要而提供的全面的、系统的评估。一般用在为个人提供测评服务，或者为企业或组织的少数几个人提供小范围的测评。

1）能力结构诊断。个人能力上的优势往往是个人发展最有影响力的因素，在测评选择上首先考虑对个体的能力结构加以诊断。基本能力的评估可使用各种能力倾向测试，综合能力或特殊能力的考评。依据其职业背景和兴趣，可考虑选择沟通能力测试、逻辑推理测试、情景模拟测试。上述测试分别对其人际沟通能力、逻辑思维和创造能力、行政管理、经营管理、组织领导能力等做出评定，对照常模给出水平定位。

2）个性特征描述。修改特征和风格是个人最鲜明、最稳固的方面；个人性格与职业匹配与否，可能影响个体职业上的成就和发展。通过修改测试可帮助个人全面把握个性上的突

出特点、风格，从而有意识地培养和加强职业修养，正确认识个人的影响作用，调整自己在组织团队中的定位，实现个人性格与职业、与团队的良好磨合。

3）个性倾向定位。与个性一样，个人兴趣取向、动机需求模式、价值观取向等，也影响着个人的态度、职业满意度、职业专注程度，最终影响个人潜力的发挥。由于这三方面都是有行动指向性的，它们与职业需求是否匹配，在很大程度上预测了职业适应程度。对于面临升学、就业、改行等选择的个人，最好做职业适应性的分析。这方面的测试有职业兴趣测试、生活特性问卷、需求模式调查、价值取向测试。

对于企业来说，由于甄选、晋升、考核等具体情况的需要，对特定的一些人员需要做全面测评，也可以是就某一方面能力的特殊评估，如评估管理潜能。如果是全面测评，设计的思路与个人测评相似；如果是特殊评估，则要首先分析企业需求，即希望通过测评程序解决的问题所在，依据问题内容性质决定测评的内容和具体的测评工具。

（2）用于团体层次的测评工具组合设计。团体测试实施中采用集体测试的形式，在相同的时间、场地内，所有人员同时测试。为了保证测试的顺利进行，企业的决策层和人力资源管理部门的有关人员需要统一协调人员的组织、安排工作。在实施上应注意准备足够的测试题和用具，安排适宜的场地，注意讲解测试指导和注意事项，确保每一位测试者了解测试的答题方法，并且避免相互影响。如果是多项测试，每项测试都必须统一开始和统一结束。用于团体测评的主要工具有：团体健康度测试、团体绩效评估、团体凝聚力测量。

（3）用于组织层次的测评工具组合设计。组织层次的人事测量可适用的测评对象范围更大，往往是企业的所有人员，包括从高级管理决策层到一般员工的各个层次的人员。参加测评的人数众多，水平参差不齐，需要场地空间大，这些因素决定了应用于组织层次的测试必须是较为简单、快捷、操作方便的测试。

面向组织层次的测评往往有一定的研究目的，测试适用目的应与研究目的一致。需要做多个测试的，可分为几次完成，但测试都必须简单、快捷。如果需要设计编制新的调查问卷，也应满足这一要求。

常见的测评工具主要有工作满意度调查、工作价值观调查、激励因素调查。

3.3.4　企业行业特征不同的人员素质与能力测评工具组合设计

企业所从事的行业不同，对其员工的素质与能力的要求也不尽相同。由于行业性质的不同，各自形成自己的行业特点和规范，这些特点和规范反映了对员工的能力、个性特征、适宜的动机需求结构等各个方面的要求。这些要求的侧重点不同，因而对不同行业的测评内容和考察因素都需要进行具体分析，在测试上应反映出行业特点。

表3-5列出了一些行业的突出特征和人员特殊性需求分析，及人员素质与能力测评中针对这些行业特征的要求、测评工具。

表3-5　不同行业特殊需求及相应测评工具

行　业	需求分析	测试工具
生产制造业	全面严格的质量控制力	个性测试
服务业	适合于服务取向的个性、兴趣 人际技能	个性测试 人际技能测试
文化产业	创造性思维 高超的组织策划能力 综合能力	思维测试 管理能力测试 案例分析
高新技术产业	独创性 学习能力 科技敏感性 高新技术造诣 敏锐的信息把握和驾驭能力	思维测试 情景模拟测试 案例分析

（资料来源：王垒. 实用人事测量. 北京：经济科学出版社，2002年，第280页）

本章重点概念

信度　效度　标准化　常模　效标　构想　人员素质与能力测评工具组合

自测题

一、判断题

1. 复本信度的主要优点是能够避免重测信度的一些问题。（　）
2. 信度高，则效度也一定高。（　）
3. 测评题目的难度过高会导致区分度降低。（　）
4. 成就性测试属于预测性测试。（　）
5. 不同的工作岗位，适合它们的测评工具组合也是不同的。（　）

二、单选题

1. 反映测验内部项目的同质性的信度是（　）。

A. 再测信度　B. 内部一致性信度　C. 复本信度　D. 评分者一致性信度

2. 效度是为了检验测评的（　　）。

A. 可靠性　B. 稳定性　C. 一致性　D. 正确性和有效性

3. 与一般性测验相比，标准化测验的优点不包括（　　）。

A. 较高的质量　B. 能广泛的运用

C. 成本较低　D. 促进了测试者和被测者之间的交流

4. 反映两个测验所测的是否是相同的特质的效度为（　　）。

A. 相容效度　B. 区分效度　C. 因素效度　D. 汇聚效度

5. 以下哪项不是用于组织层次的测评工具组合设计（　　）。

A. 工作满意度调查　B. 工作价值观调查

C. 激励因素调查　D. 需求模式调查

三、多选题

1. 信度指标的种类有（　　）。

A. 再测信度　B. 复本信度

C. 内部一致性信度　D. 评分者一致性信度

2. 影响效度的因素有（　　）。

A. 被测者　B. 测试的长度

C. 题目的质量　D. 实施测试时的干扰因素

3. 标准化的要素包括（　　）。

A. 内容标准化　B. 实施标准化　C. 客观记分　D. 分数解释标准化

4. 用于考核的测评工具组合设计有（　　）。

A. 多想能力测评　B. 管理逻辑推理能力测评

C. 公文筐测评　D. 小组讨论

5. 用于团体测评的主要工具有（　　）。

A. 团体健康度测试　B. 团体绩效评估

C. 团体凝聚力测量　D. 价值取向调查

四、简答题

1. 信度的概念是什么？影响信度的因素都有哪些？

2. 标准化的概念是什么？

3. 常模的概念是什么？

4. 人员素质与能力测评工具设计有哪些程序？

5. 人员素质与能力测评工具组合的概念是什么？

案例分析

S省某公司选聘总经理案例

S省某公司，一年多来，只有两个副总经理，没有总经理，并且未明确哪位副总经理主持工作。企业内部管理混乱，内耗严重，人心涣散，经营亏损，直至发不出工资。该企业上级领导曾多次研究领导班子配备问题，但终因意见不一致而未能做出最终决定。于是，决定在全省范围内公开招聘总经理，并请某管理咨询公司运用科学的人员素质与能力测评方法帮助选定总经理。

管理咨询公司在接受委托之后首先考虑了这样一个问题：在目前情况下，该公司最需要什么样的总经理？很显然，企业已经到了千疮百孔的境地，只有首先找到企业面临的核心问题，才能起用最适合的人担任总经理。经过深入的调查，管理咨询公司认为，尽管企业面临的问题比较复杂，但其中最核心的问题是内部的管理问题。有效解决内部管理问题是解决其他问题的前提条件。根据这一思路，管理咨询公司确立了如下筛选标准：

（1）有很强的内部组织管理控制能力，注重运用企业制度与规则进行管理，规范企业行为。

（2）能够敏锐而准确地发现企业现存问题，思路开阔，考虑问题深刻而务实。

（3）有较强的处理人际关系问题的技能、技巧，善于驾驭错综复杂的内部关系与人际冲突。

（4）经营意识较强，经营观念与经营策略正确，能够对市场做出冷静的分析判断，准确把握企业经营方向。有一定的市场开拓能力尤佳。

（5）有较强的大局观和社会责任感。

由于选聘的是总经理，要求又比较严格，根据筛选标准，管理咨询公司决定使用多种评估方法，全面而深入地对候选人进行考察。具体评估方法包括：

（1）纸笔测验——《企业管理人员素质与能力测评系统》的四项测验和《管理者角色认知测验》，用来考察应聘者的基本能力素质和发展潜力，作为管理者所必备的心理素质、管理行为风格和在日常管理活动中的角色偏向等。

（2）无领导小组讨论——用于考察分析处理问题的能力、口头表达能力、人际沟通意识与能力等。

（3）结构化面谈——考察经营观念和组织管理意识，并深入考察人际沟通意识与能力。

整个测试分为三个单元，用两天时间。《企业管理人员素质与能力测评系统》四项测验和《管理者角色认知测验》共用半天时间，无领导小组讨论用时半天。经过这两轮筛选，从7名候选人中确定5名进行结构化面谈，历时一天。

在选拔报告中，管理咨询公司的专家指出，以筛选标准来衡量，7位候选人均存在不同程度的差距，其优势和不足均较为明显，没有哪一位候选人能够妥善解决全部问题。不同的选择将有助于解决该企业不同方面的问题，同时也难免形成新的经营管理问题。其中大部分问题是能够通过合理领导团队组合和使用管理予以解决的。

在7位候选人中，相对有以下2人具备更强的岗位胜任力：

（1）A先生——细致、沉稳，办事注重条理，认真负责。有良好的经营管理意识和能力。分析判断问题视野较宽，关注工作任务的完成，原则性较强。对企业组织管理有一定的认识，但深度不够，基本停留在经验水平上。言语表达能力和沟通说服能力较弱，人际关系处理技能稍有欠缺，经营决策能力与职位要求尚有距离。

（2）B先生——思路开阔、自信敢为。热情进取，善于交流沟通。有较强的市场经营意识，分析判断问题视野较宽，不受条条框框的约束，关注各种机会和可能，有较强的成就动力。缺少实际企业经营和组织管理经验。思考问题不够专注和严谨，在人际方面分散精力过多，而在具体事务的处理方面持久性不够。对基础性工作重视不足。管理决策能力与岗位要求有距离。

管理咨询公司的专家还指出：任用A先生，有助于解决公司内部组织管理的混乱局面，转变风气、安定人心、恢复生产，使企业的指挥管理系统逐步正常发挥作用，解决自身生存问题。但是在重大经营决策过程中，需要多方面听取专业人员的意见。一个善于沟通协调的得力副职对处理该企业的上下级关系是非常重要的。任用B先生，有助于为公司带来发展变化的契机，改变企业精神面貌，有可能在市场方面形成一定的突破。有利于协调企业与外部环境的关系。但在重大经营管理决策方面需要更多地注意细致务实。简单地说，A先生将有助于抓好企业的内部组织管理，B先生则可能会在士气和企业经营方面有所作为。该企业上级领导召开办公会讨论管理咨询公司的报告，认为项目小组所提的建议是科学的、有说服力的，最终决定，任用A先生为企业的总经理，B先生为第一副总经理。

案例分析：本案例是招聘企业的高层领导。在针对高层管理者的测量工具选拔中，至少应考虑采用管理人员人格、情景模拟测试这两种测试。因为管理级别越高，对应聘者的个性品质、管理意识、人际交往能力这些以人为中心的素质方面的要求越高，也更广泛。

可选择的测评工具有：

（1）多项能力测试——预测能力结构；

（2）管理数量分析能力测试——预测管理潜力；

（3）管理逻辑推理能力测试——预测管理潜力和创造潜力；

（4）公文筐测试——预测工商管理素质，评估综合管理技能；

（5）小组讨论——评价领导意识和领导素质，以及表达能力和协调引导能力；

（6）面向高绩效的管理潜能开发测试——考察管理者的知识、技能和管理风格定位。

本案例采用了笔试、无领导小组讨论和结构化面试等测评方式，基本可涵盖一名企业领导者所要求的素质。

（资料来源：中国人力资源网——典型案例）

案例思考题

1. 按管理咨询公司的五条标准，你认为还可以采用哪些方法来测评案例中的候选人？

2. 如果你是主考官，你认为管理咨询公司所提的五条标准是否全面？还应测评什么方面的素质与能力？用什么方式测评？

调查研讨题

1. 采访一下你所认识的人力资源管理人员，在设计测评工具时，他们最关心的是什么？

2. 采访一下你所认识的人力资源管理人员，对工人测评和对管理人员的招聘在测评时使用的测评工具有什么不同？

第 4 章

人员素质与能力测评类型

学习目标

- 了解心理测验的形式。
- 掌握心理测验和人格测验的概念、特点和基本要素以及人格测验的类型。
- 熟悉人员素质与能力测评的类型划分。

学习导航

4.1　人员素质与能力测评类型的划分
4.1.1　选拔性素质与能力测评
4.1.2　配置性素质与能力测评
4.1.3　开发性素质与能力测评
4.1.4　诊断性素质与能力测评
4.1.5　考核性素质与能力测评

4.2　心理测验
4.2.1　心理测验的概念和特点
4.2.2　心理测验的作用和局限性
4.2.3　心理测验的种类与基本要素

4.3　人格测验
4.3.1　人格测验的概念及存在的问题
4.3.2　人格测验的种类

4.1 人员素质与能力测评类型的划分

引导案例 4-1

唐太宗的英名“用人之道”

选用人才能力固然是首要考虑的，但考察一个人的能力必须与相应的职位相结合。这里提出的适用原则，道出了正确使用能人的真谛。能人之能只能体现在某一方面，比如以文才敏捷见长者，任皇帝顾问当为不二人选，但如让他封疆任事，则不仅误事，也会误身。

唐太宗李世民也特别注意能力与职位的关系问题。他明确提出，要根据实际能力降职使用或提拔、根据能力加以任免，既不允许能力低下者长期混岗，也不容许大材小用、浪费人才的现象存在。

贞观八年（634 年），中牟县丞皇甫德参上书犯颜，直谏李世民修建洛阳宫。李世民认为他忠直可嘉，加以优赐，特地拜他为监察御使。这可以说是从实践中发现下属的才德，根据才德将其提拔的一个实例。

贞观二十年（646 年）二月，刑部侍郎缺人担任，李世民要执政大臣“妙择其人”。执政大臣们提了几个都不能使其满意，于是他想起李道裕是一个敢于坚持实事求是的人——在处死张亮的问题上，李道裕力排众议，仗义执言，说：“亮反形未具，罪不当死。”这种不惧嫌疑的作为，证明了李道裕为人的原则性，于是甚有感触，委任李道裕为刑部侍郎。

贞观二十年六月，李世民欲赴灵州招抚敕越诸部，要太子随行。少詹事张行成上疏说：“皇太子从幸灵州，不若使之监国，接对百僚，明习庶政，为京师重镇，且示四方盛德，宜割私爱，俯从公道。”李世民甚觉妥帖，感“以其忠”，提拔张行成担任了较高的职务。

此类事例，不胜枚举。这里有一个更具说服力的例子——

贞观十一年（637 年），治书侍御史刘洎认为，尚书省左右丞两位人选应该特别注意精心选择，于是上书李世民，发表意见说：

尚书省是个日理万机的机构，它是处理国家事务的关键部门，因此，寻求尚书省众官员的人选，授予官职，确实是件有难度的事情。作为文昌宫众星（文昌乃星宿名。这里把尚书省比作天上的文昌宫，把左右仆射、六部长官比作文昌宫的众星）的左右仆射、六部长官，作为“管辖”的左、右二丞，乃至各营郎（指尚书省的昕职官），都与天上的列宿相对应，此比是说尚书省的官员任用得合适与否，关系重大。这些职位如果被不称职的人占据了，那就会牵一发而动全身。

这位名叫刘洎的治书侍御史说，近来尚书省的诏敕总是拖延滞留，不能及时得到处理，公文也已经堆满在案桌上了。作为一个才资平庸的人，下臣还是请求陛下允许我叙述其根源。

刘洎指出：贞观初年，国家还没有设尚书令、左右仆射等官职时，尚书省的事务非常繁杂，比现在多出一倍以上。当时任左右丞的戴胄、魏征二人都很通晓官吏事务，他们本身胸怀坦荡，品性刚直，大凡遇到应该弹劾检举之事，无所回避，陛下又施了他们恩惠。百官懂得自我约束，朝中弥漫着一种庄重严肃的气氛，这都是因为用人得当的缘故。到杜正伦任右丞的时候，也比较能勉励下属。

说到这里，刘洎将话锋一转，切入时弊，指出：而到了近来，国家的一些重要法纪已不能正常执行了，这是因为什么呢？是因为功臣和国戚占据着要位，才不符职，而且彼此又依仗着功劳或权势相互倾轧。在职的官员，大都不遵循国家的法律准则，虽然有的也想奋发努力，但是一遇到逐毁讥谤就害怕得不行。

刘洎这里概括地揭露了贞观中期朝廷中的官场现象，同时指出：正是由于这种现象的存在，事情多由郎中（尚书省尚书、侍郎、丞之下的高级官员，分管各曹事务）定夺，只有遇到重要事件时才请求上级；而尚书又优柔寡断，不敢做出决定。有的弹劾一经上奏，故意给予拖延，案件的事理本来已经一目了然，但仍然向下级盘问。调查案件没有时限，即使迟延了也不受上级责备。公文一经出手，一般就得历经一年半载。有的办案官员把案子办完了，就不再去追究结论的是非。官员之间相互宽容，出了什么事相互庇护，如此等等。

刘洎认为，选拔众多的优秀人才并授予官职，必须非才莫举，君王代天行事，怎可妄委庸才以任。

刘洎总结说：长期堵塞贤路，实在是不应该的。为消除积弊，就应该精心选任尚书省的左右丞及左右郎中，如果这些重要职务的官员选任真正做到了才职相称，国家的法纪就会得以完善地实施。同时，还应当矫正小人争权夺利的风气。如果都这样做的话，那就不只是改变诏敕拖延停留现状那样简单的问题了！

李世民闻过则喜，奏章上奏不久，他就任命刘洎为尚书省左丞，全力地支持他，让他在那里放手工作，清理积弊。让合适的人到合适的位置上，才能有效地发挥其作用。譬如唐太宗之用李道裕、刘洎，都据其性格特点而用，终使人尽其能。历史上的明君在用人的见识上何其一致！

（资料来源：人力资源总监网）

4.1.1　选拔性素质与能力测评

选拔性素质与能力测评是一种根据职位需要以选拔优秀人员为目的的素质与能力测评。

这是人力资源管理活动中经常要操作的一种素质与能力测评。当某一职位有众多的求职者，组织在采取一定的甄选手段淘汰一部分不合格者后，仍然留有许多可供选择的合格人选时，通常需要采用此类测评。

图 4-1 就是选拔性素质与能力测评的流程图。

选拔性素质与能力测评与其他类型的测评相比，其特点有五个：

（1）整个测评特别强调测评的区分功能。选拔优秀求职者实际上是“优中选优”，或“矮个儿之中选高个儿”，是一种相对性的测评，特别需要测评能够把最优秀的求职者与一般的求职者区分开。

（2）测评标准刚性最强。选拔性测评的目的，既然是要把最优秀的求职者与一般性的求职者区分开，那么人们对它的要求自然就非常严格、非常精确。因此，测评的标准无论多么不合理，一旦实施绝不允许有丝毫变动。

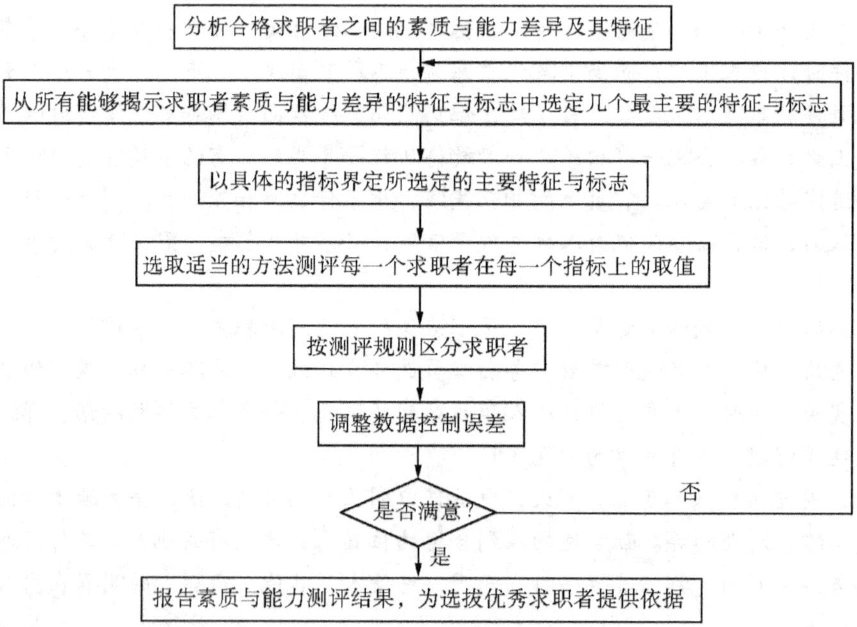

图 4-1　选拔性素质与能力测评流程

（3）测评过程特别强调客观性。选拔性测评方法的改革过程实际上就是使其测评过程不断客观化的过程。这种客观化的明显标志就是对测评方法信度的追求，表现为对数量化与计算机化的追求。

（4）测评指标具有选择性。一般说来，其他测评类型的指标都是从素质与能力测评目标的分解直接制定，是测评标准的具体体现；而选拔性测评的指标允许具有一定的选择性，以客观、便于操作与相关性为前提，甚至可以是一些表面上看去与选拔标准风马牛不相及的测评指标。

（5）选拔性测评的结果或是分数或是等级。这一点较其他测评类型特别明显。

选拔性测评操作与运用的基本原则如下：

（1）公平性原则。即要求整个素质与能力测评过程对于每一个测试者来说，有利于相对平等，不是对某些人特别有利而对其他人不利。这是保证选拔性测评结果被公众接受的前提之一。

（2）公正性原则。即要求整个素质与能力测评过程对于每一个被测试者来说，要求都是一致的。不是对某些人特别严格而对另一些人却随便。要求测试者按统一的标准要求进行客观的测评。这是保证选拔结果有效的前提。

（3）差异性原则。即要求素质与能力测评既要以差异为依据，又要能够反映求职者素质与能力的真实差异。这是保证选拔结果正确性的前提。

（4）准确性原则。即要求素质与能力测评对求职者素质与能力差异的反映要尽可能精确，限于允许误差范围之内。这是保证人们对素质与能力测评选拔结果信任的前提。

（5）可比性原则。即要求素质与能力测评对求职者素质与能力测评的结果具有纵向的可比性。一般要采取量化形式，不但可比，而且还可以与其他测评结果相加。这是保证选拔结果最后在选拔人员过程中发挥实际作用的前提。

4.1.2 配置性素质与能力测评

配置性素质与能力测评是人力资源管理中常见的另一种素质与能力测评，它以人事合理配置为目的。现代企业人力资源管理是以人为本的管理，要求人与事的相互匹配，做到人尽其才，才尽其用，使人力资源发挥最佳效益。实践证明，当任职者的能力、兴趣和价值观刚好吻合职位的要求时，可以达到最佳的人力资源使用效果；否则，个体的人力资源就处于被动状态，甚至费尽九牛二虎之力也无济于事，低能低效。

配置性测评最大的特点是必须结合职业要求，不同职位的测评标准明显不同，并且不能由于人员的原因降低标准，强调宁缺毋滥。

配置性素质与能力测评操作与运用的流程如图 4-2 所示。

配置性测评与其他类型的素质与能力测评相比，具有针对性、客观性、严格性、准备性等特点。

（1）针对性。体现在整个测评的组织实施与目的上。配置性测评的目的是以所配置的工作职位要求为依据，寻找合适的申请者。整个测评活动都是围绕这一目的进行的。适用于甲职位的配置性素质与能力测评，不一定适用于乙职位的配置。换句话说，针对甲职位的配置性测评结果不能运用到乙职位的人事配置上去。除非甲、乙两种职位的要求相同。

（2）客观性。体现在测评的标准上。其他类型的测评标准虚一点、实一点都可接受，但是，配置性测评的标准却必须是实实在在的，必须以职位的客观要求为标准，不能主观随意制定。

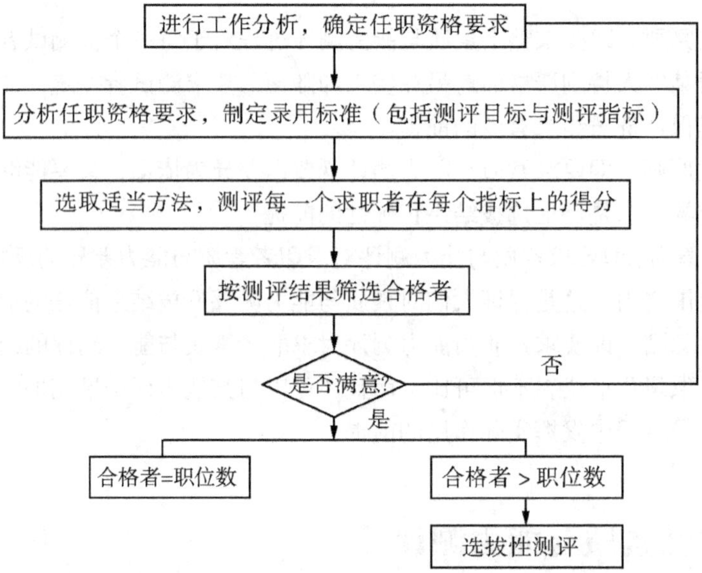

图 4-2　配置性素质与能力测评操作与运用的流程图

（3）严格性。既体现在测评的标准上，又体现在测评活动的组织与实施中。有些工作，例如飞行员的驾驶工作，绝不能因为一时找不到合格的人员而降低要求，但是这绝不意味着标准越高越好。实验表明，让一个大学毕业生从事看门工作的业绩，远远不如高中毕业生。为了保证人事配置的严格性，不但对测评标准要求严格，对测评方法、测评实施及整个测评过程，都十分严格，而且还需要考虑人员配置的环境要求与合格人群的整体情况。

（4）准备性。主要体现在人力资源管理过程的开端性上。依据配置性测评结果所做的人事配置，只是保证工作效率效果的一种必要条件，是一种可能性，是一种准备。随着工作要求与人员素质与能力的变化，配置之后还要进行适当的调配，而不是一配定终身。

4.1.3　开发性素质与能力测评

开发性素质与能力测评是一种以开发素质和潜在能力与组织人力资源为目的的测评。开发性测评是以开发人员潜能为目的，所以这种测评的报告并不强调好坏之分，而是强调通过测评来勘探个人的优势和劣势，尤其是潜在的发展可能。开发性测评也经常结合明确的开发目的进行，例如希望通过测评提升团队的沟通效率和质量。

人的素质与能力具有可塑性与潜在性。从当前现状来看，有些人也许并不具备某方面的素质，但他可能具有发展这方面素质的潜力。如何发现这些人的潜力呢，显然有必要实施开发性测评。此外，人力资源的开发应该具有针对性。对于“应用型”的人应把他们培养成为“生产能手”；“革新型”的人应让他们有机会接触更多的技术资料，并对他们的失败报以宽容的态度，鼓励他们的创新精神；“传播型”的人应鼓励他们横向发展，允许职位轮换流动。

开发性素质与能力测评也可以称为勘探性素质与能力测评，主要是为人力资源开发提供科学性和可行性依据，它的操作流程如图 4-3 所示。

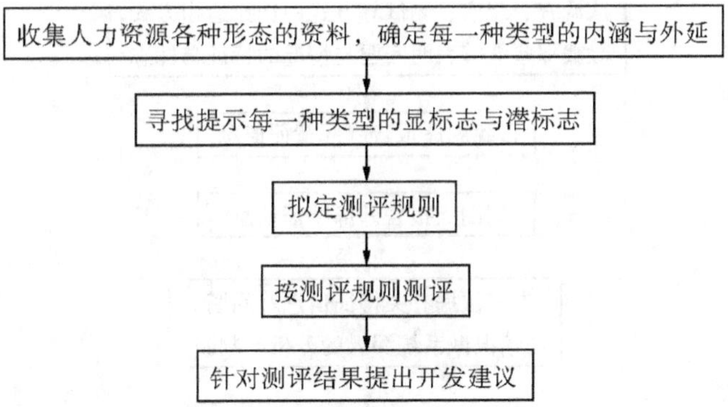

图 4-3　开发性素质与能力测评流程图

与其他测评类型相比，开发性测评具有勘探性、配合性、促进性等特点。

（1）勘探性。指开发性测评对人力资源带有调查性，主要了解总体素质结构中，哪些是优势素质与能力，哪些是短缺素质与能力，哪些是显性素质与能力，哪些是潜在素质与能力，哪些素质与能力有开发价值等。

（2）配合性。指开发性素质与能力测评，一般是与素质潜能开发或组织人力资源开发相配合而进行的，是为开发服务的。

（3）促进性。指开发性素质与能力测评的主要目的，不在于评定哪种素质与能力好，哪种素质与能力不好，哪种素质与能力有，哪种素质与能力无，而在于通过测评激励与促进各种素质与能力的和谐发展与进一步提高。

4.1.4　诊断性素质与能力测评

诊断性素质与能力测评是那种以服务于了解素质与能力现状或组织诊断问题为目的的素质与能力测评。在组织的管理中，我们常常遇到这样或那样的问题，需要从人员素质与能力测评方面查找原因。这就需要实施诊断性素质与能力测评。

诊断性素质与能力测评操作流程如图 4-4 所示。

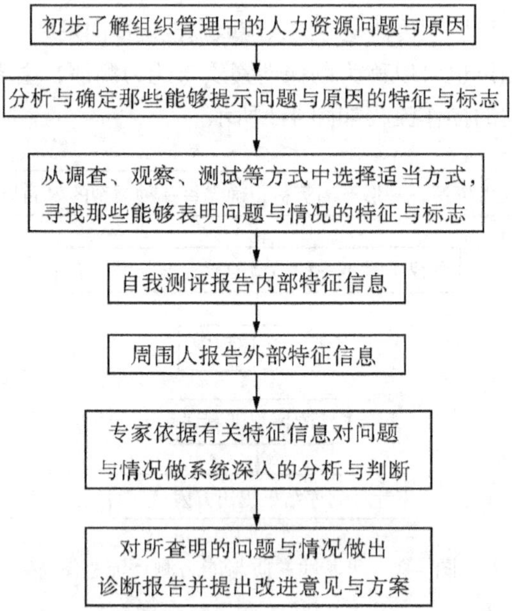

图 4-4　诊断性素质与能力测评流程图

诊断性素质与能力测评与其他素质与能力测评类型相比，主要特点有以下四点：

（1）测评内容或者十分精细，或者全面广泛。

（2）诊断性素质与能力测评的过程是寻根究底。测试者的测评一般是由现象观察出发，层层深入分析，直到找到答案。

（3）测评结果不公开。其他各种类型的素质与能力测评，结果一般都向有关人员公开，而诊断性素质与能力测评的结果，只供内部掌握与参考。

（4）测评具有较强的系统性。诊断性素质与能力测评要求从表面特征与标志观察搜寻入手，进而深入分析问题与原因，诊断“症状”，接着提出改进的对策方案，前面各种类型的素质与能力测评则无此要求。

4.1.5　考核性素质与能力测评

考核性素质与能力测评又称鉴定性素质与能力测评，是以鉴定与验证某种（些）素质与能力是否具有或者具备程度大小为目的的素质与能力测评。鉴定性测评经常穿插在选拔性测评和配置性测评之中。

鉴定性素质与能力测评的操作流程如图 4-5 所示。

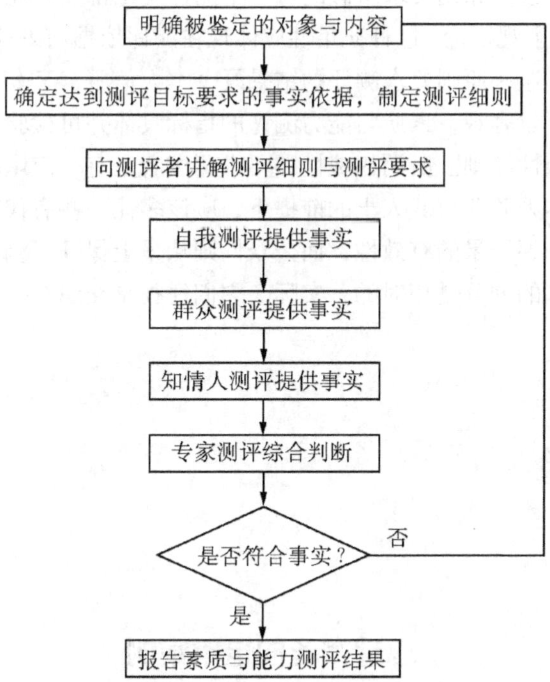

图 4-5　鉴定性素质与能力测评

鉴定性素质与能力测评与其他素质与能力测评类型相比，其特点有以下四点：

（1）它的测评结果主要是给想了解求职者素质与能力结构与水平的人提供依据或证明，是对求职者素质与能力结构的鉴定，而其他类型的测评结果并非如此。

（2）鉴定性测评侧重于求职者现有素质与能力的价值与功用，比较注重素质与能力的现有差异而不是素质与能力发展的原有基础或者发展过程的差异。

（3）具有概括性的特点。它测评的范围比较广泛，涉及素质与能力表现的各个方面，是一种总结性的测评，而其他类型的测评更明显的特点则是具体性。

（4）要求测评结果具有较高的信度与效度。也就是说，鉴定性素质与能力测评较之其他素质与能力测评类型，更要求所做的评定结论有据可查，而且充分全面，更要求所做的评定结论能够验证有关的结果。

在操作与运用鉴定性测评时，应注意以下几个原则：

（1）全面性原则。即要求鉴定性素质与能力测评的范围要尽可能遍及纵向时间的跨度与横向空间的场所，要尽可能遍及素质与能力形成的全过程，以及素质与能力结构中的所有因素。这样才能突出鉴定性测评的概括性特点。

（2）充分性原则。这一原则要求所做的每一个测评结论都要有充分的依据，是事实本身的反映，而不是事实的主观推论。这种充足性应体现在测评依据与测评信息的收集与选择上。

（3）可信性原则。这一原则要求测评的结果既令本人信服，又令他人信服，这就要求素质与能力测评的方法科学客观，素质与能力测评的指标具体并可检验。

（4）权威性或公众性原则。所谓权威性即要求测试者是有一定影响的权威人士或专家。公众性即要求测试者本人并非权威人士的前提下，应该多让一些有代表性的群众参加。因为权威性从质上保证了测评结果的有效性，而公众性则从量上保证了测评结果的有效性。

上述五种测评类型的划分是相对的，实际上它们往往是交织在一起的。运用时，既要综合发挥又要有所侧重。

4.2 心理测验

引导案例4-2

心理测验的运用案例

人的心理现象是自然界最负责、最奇妙的一种现象，是“地球上最美的花朵”。人眼可以看到色彩斑斓的世界，人耳可以聆听悠扬动人的钢琴曲，人脑可以储存异常丰富的知识，时过境迁而记忆犹新。然而，人类关于自然和社会方面的各种知识，认识和改造世界所取得的一切成就，都是和人心理的存在与发展分不开的。

心理测验是现代员工素质过程中的一种非常重要的技术，它是经过科学研究精心设计的产物。许多组织都用心理测验来挑选员工，包括打字员。

对于打字员（机械、电脑）的招聘，传统的做法是逐个操作考试，看每小时打字的速度，然而打字速度不单纯是个技术问题，它会受到打印材料内容、文字、图表、符号等的影响。缺乏外文知识的打字员打外文特别费劲，但中文可能打得特别快；缺乏数理知识的打字员，可能打一般文字材料很快，但打数字表格等内容就慢。由此可见，传统的考试招聘，不但效果不好而且效率也太低。

如果某外企大公司各部门要招聘100个打字员，报名有200人，要求一天内完成招聘录用工作，怎么办呢？按照老办法，每人试一小时或半小时，显然行不通。

这时可以采取心理测验形式。首先对打字员素质要求进行工作分析。假设影响打字效率效果的因素主要有：知识广度、知觉广度、手指灵活性以及反应快慢。其中知识广度又具体划分语文、算术与一般常识。

其次，针对每个因素（素质）编制（选择）一个分测验。

再次，测试建立效标参照量表。其具体程序如下：

（1）选择一些有代表性的老打字员（因为老打字员的打字速度是已知的），试测新编（选）测验；

（2）把试测后6个分测验的原始分数等值化，并求和，每个老打字员即有一个测验总分数；

（3）以测验总分为自变量，以打字速度为因变量建立回归方程；

（4）让每个应聘的打字员同时参加测验，并把测验分数代入回归方程就可以知道其打字速度，决定能否录用。

例如，已知测验与打字速度如表4-1所示。

表4-1　测验分数与打字速度对照表

应聘者项目	1	2	3	4	5	6	……
测验分数	19	20	21	22	23	24	……
打字速度	1 538	1 553	1 568	1 568	1 600	1 615	……

打字速度=字数/小时

由上述数据所得到的回归方程如下：

$$Y=1\,245+15.4X$$

有了这个回归方程，把其他任何一个人同类的人的测验分数代入方程，即可以知道他打字的速度。

假设某人测验分数是 20，则他打字的速度可能是：

$$Y=1\,245+15.4\times20=1\,553\text{（字/小时）}$$

如果录用标准为 1 500 字/小时，则该人可以录用。

4.2.1 心理测验的概念和特点

1．心理测验的概念

美国心理学家布朗认为，测验是测量一个行为样本的系统工程。美国心理学家阿娜斯塔西认为，心理测验是一种对行为样本做客观和标准化的测量。一般认为，心理测验就是通过观察人的少数有代表性的行为，对贯穿在人的全部行为活动中的心理特点做出推论和数量化分析的一种手段。

人的心理特性是不能被直接观察到的，但它总能以其相应的行为显现出来。测验就是让人们产生相应的行为，根据这些行为反应推论他们的心理特性。因此心理测验就是测量一个人对测验题目所做的反应。然而任何一种测验也不可能包含要测量的行为领域的所有可能的题目，只能是全部可能题目中的一个样本，因此测验题目的取样必须有代表性。

由于现代人力资源管理的目的就是追求人与事的有效配合，追求使用科学方法甄选适当的人才，以人才来提高工作效率，创造更大的经济效益和社会效益；也由于心理科学的发展，已经能够相当有效地测定人类若干心理特征与工作效率之间的相关。因而，目前在国外的人事考核与选拔方面，除了应用档案审查与面谈手段之外，已比较普遍地使用心理测验的技术方法。行为管理学的研究成果证实，由于人与人之间存在着个别差异，因此不同的人会对同一工作有着不同的适应性；不同的工作也就自然要求具有不同个性心理特征的人来承担。在工作性质与人的自然属性及智力发展水平之间存在着一种镶嵌现象。每一种工作都有一个能力界限，它只需要恰如其分的某种智力发展水平。一个智力发展水平偏低或智力平庸的人，去从事一种复杂或比较精尖的工作任务时，往往会感到自己力不从心，产生焦虑心理，严重的还会由于环境压力而出现心理障碍或人格异常。因此，通过心理测验来区别人们心理特征与智力结构水平的高低，并根据人们智力发展水平来分配不同的工作，能够真正做到人尽其才，才尽其用。

在多年的心理测验的实践中，人们编制了许多心理测验的模型，其中比较有影响的有：比奈—西蒙智力测验、斯坦福—比奈儿童智力测验、卡特尔 16 因素测验、明尼苏达多相个性测验、艾森克人格测验、罗夏墨迹测验、墨里与摩根的主题统觉测验、皮亚杰故事测验、科尔伯格两难故事测验、雷期特测验等。

2．心理测验的特点

心理测验是指依据一定的心理学理论，使用一定的操作程序，给人的能力、人格及心理健康等心理特性和行为确定出一种数量化的价值。广义的心理测验，不仅包括以心理测验为工具的测量，也包括用观察法、访谈法、问卷法、实验法、心理物理法等方法进行的测量。

心理测验具有下列三个特点：

（1）心理测验的间接性。心理测验只能通过一个人对问题情景的反应来推论他的心理特质，也就是从个体的外在行为模式来推知其内在的心理特性，因而心理测验只能是间接的。

（2）心理测验的相对性。在对人的心理特性和行为进行比较时，没有绝对参照点，亦即没有绝对零点，有的只是一个连续的行为序列。因此心理测验的度量单位是相对的。如一个人的智力高低和能力大小等，都是就其在所在团体的整个分数序列、行为序列中的地位来说的，其测量的分数单位是相对的。一般说来，心理测验是在等级量表上进行的，但往往把等级量表转换成以标准差为单位的等距量表。

（3）心理测验的客观性。客观性是对一切测验的基本要求。由于任何测验都有误差，因此心理测验的客观性实际上就是测验的标准化问题。标准化是指测验工具的编制、实施、计分和分数解释过程的一致性，减少测试者和被测者的随意性程度，尽可能地控制和减少误差，进而保证测验结果的准确性和客观性。

4.2.2　心理测验的作用和局限性

1．心理测验的作用

（1）描述。心理测验可以从个体的能力倾向、人格、心理健康等各方面对个体进行全面的描述，说明个体的心理特性和行为。

（2）诊断。心理测验可以对同一个人的不同心理特征间的差异进行比较，从而确定其相对优势和不足，发现行为变化的原因，为决策提供信息。

（3）预测。心理测验可以确定个体间的差异，并由此来预测不同的个体在将来的活动中可能出现的差别，或推测个体在某个领域未来成功的可能性。

（4）评价。心理测验可以评价个体在素质与能力上的差异，人格的特点以及相对长处和弱点。

（5）选拔。心理测验的结果可以为客观、全面、科学、定量化地选拔人才提供依据。因为它可以预测个体从事某种活动的适宜性，进而提高人才选拔的效率与准确性。如美国自从

1942年制定了飞行员的选拔量表以后，使飞行员的淘汰率由65%下降到36%。

（6）安置。心理测验可以了解个体的能力、人格和心理健康等心理特征，从而为因材施教或人尽其才提供依据。如学校可以依据学生的能力水平分班分组，部队可以依据每个人的特长分配兵种，企业可以将员工安置到与其能力、人格相匹配的部门等。

（7）咨询。心理测验可以为学校的升学、就业咨询提供参考，帮助学生了解自己的能力倾向和人格特征，确定最有可能成功的专业或职业，进而作出最佳选择。心理测验还可以为心理咨询或治疗提供参考，帮助人们查明心理问题、障碍或疾病的表现及其原因，进而有针对性地给予心理辅导、咨询或治疗。

2. 心理测验的局限性

心理测验有着不可忽视的局限性：

（1）不同的心理测验所依据的理论基础不尽相同，所测特质的定义、观点及概念系统也不同，因此同样性质的测验可能是不完全相同的心理特质；

（2）心理测验是对人的心理特质的间接测量与取样推论，不可能完全准确；

（3）作为指导测验编制的“测量理论”有一些比较脆弱的假设；

（4）测验过程中的一些无关因素的干扰很难完全排除，会影响到测验结果的稳定性和准确性。

总之，心理测验无论是在理论上还是在方法上都有不完善的地方。因此，要相信心理测验能为我们提供有价值的资料，但不能完全迷信心理测验，在利用心理测验结果做辅助决策时，还必须结合其他信息进行全面的分析。

4.2.3 心理测验的种类与基本要素

1. 心理测验的种类

（1）依据测验的性质分类，可将心理测验分为构造性测验和投射性测验。

（2）依据测验的功能分类，可将心理测验分为能力测验、绩效测验和人格测验。

（3）依据测验的目的分类，可将心理测验分为描述性测验、诊断性测验和预测性测验。

（4）依据测验的材料分类，可将心理测验分为文字测验和非文字测验。

（5）依据测验的对象分类，可将心理测验分为个别测验和团体测验。

（6）依据测验的难度和时限分类，可将心理测验分为速度测验和难度测验。

（7）依据测验编制过程是否规范分类，可将心理测验分为标准化测验和非标准化测验。

（8）依据测验的要求分类，可将心理测验分为最高行为测验和典型行为测验。

(9)依据对测验解释所采用的标准分类，可将心理测验分为标准参照测验与常模参照测验。

2．心理测验的基本要素

（1）行为样本。行为样本是指所抽选出来的问题的解决行为。人们对一类事物的某些特征进行考察时往往无法对这类事物的每一特定情况进行逐个观察，而总是抽取有代表性的一部分进行观测，进而推论该类事物的普遍特征。对个体行为或行为特征的测量无法做到对所有情况面面俱到，在进行心理测量时，往往只能对经过科学选择的少数行为样本进行测查，借以推测个体心理特征。

例如，要检查小学生是否具有多位数加法的技能，我们不需要穷尽所有可能的加法算题，而是通过有限个算题的测试，对其技能进行判断。由于实际上只考察了有限的行为样本，由此推论总体行为，结论是否可靠，取决于所制造出来的行为样本能否很好地代表总体行为。为此，必须获取一组能够提供足够有用的信息，能恰当反映个体行为特征的行为，即要保证行为样本具备一定数量和具有代表性。这要求：

1）行为样本的数量必须足够多，使从样本到总体的推测错误尽可能低；

2）要保证所选样本具有对总体样本的代表性。

（2）标准化。标准化是指编制、实施、记分和测验解释必须遵循严格的统一和科学程序，保证对所有被测者来说，施测的内容、条件、记分过程、解释系统都相同。只有这样才能保证测验的客观性和准确性。标准化测验要具备下列条件：

1）给所有被测者实施有代表性的相同的一组测题，为他们的作业取得直接比较的基础；

2）实施测验的程度（包括测验指导语、测验时间限制、测验情景等）要有详细的规定，以保证每一被测者有相同的测验条件；

3）记分方法要有详细的规定，使评分误差极低。上述三点与得分的步骤有关。

4）要建立常模，常模（标准化样的平均数）则给予测验分数提供参照点。这样，一个测验就能作为被测者的某种心理特性（智力、能力倾向、人格特征学业成绩等）的工具。

（3）难度。测验的题目的难度水平影响到测验的客观性。无论是测验的题目太容易，所有人都能成功地做完所有题目，得分都很高；还是测验题目太难，使得大部分人的得分很低，都会使所有被测者的反应趋于一致，抹消了个体差异，无法就某一素质将不同的被测者很好地区别开，致使测验的目的无法达到。通常将测验题目过于容易，致使大部分个体得分普遍较高的现象，称为天花板效应；而将测验题目过难，致使大部分个体得分普遍较低的现象，称为地板效应。

（4）信度和效度。信度和效度是衡量心理测验好坏的最重要指标。

1）心理测验的信度是指测验结果的可靠性或一致性，亦即多次测验分数的稳定、一致的程度。它既包括时间上的一致性，也包括内容和不同评分者之间的一致性。任何心理测验总会受到一些无关因素的干扰，因此心理测验总会有误差存在。一种误差为随机误差，是由于与测验目的无关的偶然因素引起而又不易控制的误差，会导致测验结果围绕某一个值产生不一致、不稳定的变化；另一种误差为系统误差，是由与测验目的无关的变因引起的一种恒定而有规律的误差，会导致测验结果偏离真值，但每次偏离的方向和大小是稳定的，不会影响测验结果的一致性。可见，只有随机误差影响信度，随机误差越大，信度越低。

2）心理测验的效度是指测验的有效性或准确性，亦即测验能够测量出其所欲测量的心理特性的程度。效度越高则表示该测验结果所能代表要测量行为的真实度越高，能够达到所要测量的目的。对于一个标准测验来说，效度比信度更为重要。效度是一个相对概念，因为在实际测验中，任何一种工具只有对一定的测量目的来说才是有效的，另外测验是根据行为的样本，对所要测量的心理特性做间接的推断，只能达到某种程度的正确性。它包括同时效度和预测效度。

4.3 人格测验

4.3.1 人格测验的概念及存在的问题

1. 人格测验的概念

人与人之间的差异主要反映在能力与个性两方面。有关能力差异可以通过能力测验去考查，而个性上的差异就要借助于个性测验，国外习惯称为人格测验。所谓人格（个性）是一个人心理特征的统一，这些特征决定人的外显行为和内隐行为，并使它们与别人的行为有稳定的差异。人格有广义和狭义之分。广义的人格是指一个人的整体精神面貌，即个体所具有的所有品质、特征和行为等个体差异的总和。它是个人所具有的能力、智力、兴趣、气质、思维和情感及其他行为差异的混合体。狭义的人格是指人的兴趣、态度、情绪、气质、性格、价值观等内容。我们这里所说的是狭义的人格。人格测试就是用标准化的测验工具，引发被测者陈述自己的看法，然后对结果进行统计处理，研究分析，从而对人的兴趣、态度、情绪、气质、性格、价值观等素质特征进行测量与评价的一种心理测试方法。首先提倡用科学方法测量人格的是英国的高尔顿。

相关链接

高尔顿·威拉德·奥尔波特（Gordon Willard Allport，1897.11.11—1967.10.09）是美国著名心理学家、现代个性心理学创始人之一，也是特质理论的始创者。他在 1929 年第九届国际心理学大会上发表了题为《什么是个性特质》的论文，提出将特质作为个性的基本单位。

人格测验具有描述和鉴别的功能，因此它便于因材施教和职业指导。在招聘工作中，对应试者的人格测验也是一项很重要的内容，尤其是对那些从事推销、公共事业、监督和管理、访谈等与人际交流工作密切的候选人的选择，这种人格特性的测验尤为重要。把人格测试引入招聘工作中，有助于在对应聘者的知识、能力和技能考察的基础上，进一步考察其工作动机、工作态度，情绪的稳定性、气质、性格等心理素质，使考察更全面、更科学和更客观，从而保证能够选拔出具有较高知识素质、能力素质和心理素质的优秀人才。

人格特点在很大程度上影响着个体的人际关系、社会适应、行事风格以及将来的成就目标等。对人格特点的评估有助于了解个体的主要人格特征，预测其兴趣爱好、行为风格、未来在某一特定情景中的可能表现，以及可能存在的性格弱点。因此，人格特点测评在人员选拔、职业选择指导、个体发展咨询、心理咨询门诊、学校教育等方面得到了广泛的应用。

2. 人格测验中存在的问题

（1）整体动态人格测验困难。所谓“动态人格”，是指每个人特有的复杂的人格结构以及其整体的作用效应，因为多数的人格测验是把不同的人格维度割裂开分项进行分析，而一些整体分析的测试，标准又处于低水平，在计分和解释上不够客观，所以，目前进行人格测验与客观性的要求还有相当距离。

（2）信度和效度系数比较低。与能力和绩效测验相比，人格测验的信度和效度系数还处于较低水平，原因是：其一，人格测验受情景及个人心态的影响方面比能力测验要多。其二，对人格测验，很难确定适当的效标，多半是根据心理学者、精神病学者和教师所作的评定。凡属评定，其信度往往是低的，人格测试与不十分可靠的效标相联系，其效度自然不会高。

（3）人格测验的题目难以界定。人格测验所测的特质往往没有明确的定义或不易明确定义，因而题目范围难以界定，各种可能的刺激项目数不胜数。而测试题目在内容上或措辞上的细微差别，加上人们在理解上的差异，常常会导致反应的巨大差异。

（4）测验分数的解释是否恰当值得怀疑。人格测验无对错之分。人格有独特性，用同样的标准去解释不同人的行为是否恰当，是值得怀疑的。因为一种行为对某人来说是良好适应，对另一种人来说也许是不良适应。另外，按统计标准（常模）评价人的行为，结果可能会奖励了从众行为，而限制了个性的发展。

（5）社会赞许反应的影响。人格测验的题目往往易于与社会评价联系，有的被测者不是根据自己的实际情况来回答问题，而是根据社会舆论、他人态度来回答问题，因而便使测验的结果不可靠，尽管已有种种努力措施，但是这些措施在解决这类问题上并没有取得完全的效果。

4.3.2 人格测验的种类

由于依据的理论不同，就导致了不同的人格测验方法，主要有自陈量表法、投射测验法、评定量表法和情景测验法等。下面主要介绍前三种。

1. 自陈量表法

自陈量表又称自陈问卷，是测量人格最常用的方法。自陈量表法是对拟测量的人格特征编制许多测验试题，让被测者回答，从其答案来测评这项特征。它不仅可以测量外显行为，也可以测量自我对环境的感受。其基本假设是：只有被测者自己最了解自己。

由于自我报告对有关变量难以控制且不容易客观评分，因此自陈量表法多采用客观测验的形式。另外被测者的答题偏向或习惯会影响结果的真实性，因此应在量表中增加效度量表以检查被测者答卷的有效程度。

编制自陈量表的具体方法主要有三种，即合理构建法（逻辑法）、因素分析法和实践标准法（经验法）。相应地，可分为三种自陈量表，即内容效度人格问卷、因素分析人格问卷和经验效标人格问卷。

（1）内容效度人格问卷。这是采用逻辑法编制的问卷，大部分早期人格测验是采用这种方法。它是由专家根据某种人格理论，确定所要测量的特质，用逻辑分析的方法编写和选择一些看起来能测验这些特质的题目。这种问卷的缺点是：其一，道德从表面上看能测量某一特质题目，实际上可能并不能测量这一特质，即测验的表面效度并不能保证测验的真正效度。其二，由于测验题目与所测特质联系过于明显，被测者一眼就能看出所测的是什么，因而容易作假。

（2）因素分析人格问卷。这是用因素分析方法编制的人格问卷。做法是，先对标准化样本施测大量的题目，题目和被测者的选择可以没有任何理论依据。然后通过对被测者在各题上的得分进行因素分析或其他相关分析，把有相关的题目归到一起，形成若干组内相关度高的，具有同质的题目组，每个组即形成一个因素。构成一个组的题目一经确定，就可以通过分析题目的具体内容给每一组题目命名，由此便可得到若干个同质量表，来测量对应于这若干个因素的若干个人格特征。

（3）经验效标人格问卷。用实践标准法编制问卷可以没有任何理论作为基础，而是从实践中根据特定的被测者表现的实际特征来选择测验的题目。研究者首先选出几组人，已知各组间在某一人格特点上不同。然后以一系列的测验题目给各组被测者施测，选出那些能区别各组被测者的题目。各组差异所根据的标准可能是他们的职业、教育程度或其他人格特征。组数多少及各组包含的内容与研究者的目的有关。这种量表的编制原理与理论无关，完全是从实践中来的，题目反应的内容只需通过“通”即可，而无须“说得通”。

2. 投射测验法

投射测验法是一种非组织的、随意的测验方法。它是向被测者提供一些意义不明确的刺激情景，让被测者在没有控制的情况下，对多种含义模糊的刺激，不受限制地、自由地作出反应，从而不知不觉地表露出人格特质。这类测验所用的刺激多为意义不明确的各种图形、墨迹功数字，让被测者在不受限制的情景下，自由地作出反应，由对反应结果的分析来推断其人格。其基本假设是：人们对于外界刺激的反应都是有其原因且可以预测的，而不是偶然发生的。投射测验法的意义是指一个人把自己的思想、态度、愿望、情绪等个人特征投射到外界事物上，通过对外界事物的反应，表达自己内心的感受。这种方法的机理是精神分析理论中的外射机制。精神分析理论认为，一个人的人格结构大部分处于潜意识中，通过明确的问题很难表达出自己的感受，而当面对意义不明确的刺激任其任意反应时，却常常使隐藏在潜意识中的欲望、需求、态度、心理冲突流露出来。

依据被测者的反应方式可将投射测验分成联想法、构造法、完成法、选排法、表露法五类。

3. 评定量表法

所谓评定，是指由评定人通过观察来给被评定人的某种行为或特质确定一个分数。表达评定结果的程序叫评定量表。评定量表是以自然观察为基础的，但评定过程绝不是现场观察的直接记录和短暂印象，而实际上是较长时间的纵向观察及多次印象的综合。因此，评定量表的使用在某种程度上也包含了评定人的主观解释和评定意义。从这个意义上说，评定量表不是像自陈量表那样规范化的标准测验。一般来说，评定量表是由与被评者比较熟悉的他人对被评者的行为或人格特点作出评价，而不是由被测者自己对测验条目做逐一反应。评定量表与自陈量表实际上是从不同的方向或角度对个体的人格进行测评。

评定量表一般包括一组用以描绘个体的特质或特征的词或句子，要求评定人在一个多重类别的连续体上对被评定人的行为和特质作出评价和判断。评定量表法是观察法与测验法的结合。由于评定方式不同，评定量表通常有数字评定量表、图表评定量表、标准评定量表、强迫评定量表、检核表等不同种类。常见的人格评定量表主要有萧孝嵘品质评定量表、梵兰社会成熟量表、卜氏儿童社会行为量表、高夫等人的形容词检核表等。

本章重点概念

心理测验　人格测验　自陈量表法　投射测验法　评定量表法

自测题

一、判断题

1. 选拔性测评标准的刚性最强。(　　)
2. 素质与能力测评的结果一般都向有关人员公开。(　　)
3. 实际运用中往往是将多种测评方式结合起来使用。(　　)
4. 心理测验是对人的心理特质的间接测量与取样推论，不可能完全准确。(　　)
5. 人格测验的信度和效度系数都很低。(　　)

二、单选题

1. 选择性测评中保证选拔结果有效的前提原则是（　　)。

A. 公平性原则　B. 公正性原则　C. 差异性原则　D. 准确性原则

2. 以人事合理配置为目的的测评是（　　)。

A. 选拔性测评　B. 配置性测评　C. 开发性测评　D. 诊断性测评

3. 以下不属于开发性测评的特点的是（　　)。

A. 勘探性　B. 配合性　C. 促进性　D. 系统性

4. 下面（　　）不是依据测验的功能来划分的。

A. 能力测验　B. 绩效测验　C. 投射性测验　D. 人格测验

5. 下面（　　）是非组织的、随意的测验方法。

A. 心理测验法　B. 自陈量表法　C. 投射测验法　D. 评定量表法

三、多选题

1. 配置性测评的特点是（　　)。

A. 针对性　B. 客观性　C. 严格性　D. 准备性

2. 考核性素质与能力测评的原则是（　　)。

A. 全面性原则　B. 充分性原则

C. 可行性原则　D. 权威性和公众性原则

3. 心理测验的特性包括（　　）。

A. 间接性　　B. 相对性　　C. 客观性　　D. 公正性

4. 心理测验的基本要素有（　　）。

A. 行为样本　　B. 标准化　　C. 难度　　D. 信度和效度

5. 自陈量表法分为（　　）。

A. 内容效度人格问卷　　B. 工作效度人格问卷

C. 经验效标人格问卷　　D. 因素分析人格问卷

四、简答题

1. 人员素质与能力测评的类型是如何划分的？
2. 考核性素质与能力测评的特点有哪些？
3. 人格测验的概念是什么？
4. 什么是自陈量表法？
5. 什么是投射测验法？

案例分析

某移动通信分公司的招聘选拔

某移动通信分公司采用面向社会公开选拔的形式招聘营业部副经理等高级管理人员。主要采取了以下招聘过程。

1. 准备过程

（1）网上报名。该公司按照客户方人力资源部习惯使用的纸质报名表格式，让报名者填写、提交报名表并对报名表进行电子化管理，该公司单独建立网络数据表，收集应聘人员的背景资料。网上填写报名表解决了广大报名者邮寄自己制作的简历、造成的背景信息不充分的问题，也避免了报名者上门填写纸质报名表给客户和报名者带来的诸多不便，为客户方实现统一规范的管理建立了完备、便捷的网上平台。

与客户方人力资源部相关负责人协商设定应聘人员的条件检索，通过条件检索工具协助客户迅速筛选候选人。例如，根据客户在报章招聘广告上的要求，应聘人员的学历应在大学专科以上、年龄在 35 岁以下、具有特定年限以上的工作经验，这些通过条件检索系统都能够轻松实现，使得客户方人力资源部相关负责人无须阅读、筛选所有的简历资料，节省了客户方以硬件条件为主的简历筛选阶段工作的大部分时间和精力。

（2）笔试命题。笔试试题包括三个部分，即能力素质、市场营销和经营管理理论知识，所占的比重分别为40%，40%和20%。在第一部分能力素质试题的命制上，服务提供商充分考虑到营业部副经理这一高级管理职位，对应聘人员重点在逻辑推理、数字推理、分析判断、书面表达等方面具有较高的要求，命题主要从数学运算、言语理解、判断推理三个方面展开，题目编排上以“难易适中、先易后难”为原则，在这一部分共编入 25 道试题，均为标准化选择题。

对于市场营销和经营管理类题目，因为考虑到招聘职位要求应聘人员具有较为宏观的市场策略视角与行业管理技能，题型上全部采用案例分析、论述题，命题具有高度的开放性，给应聘人员展示个人才能提供广阔空间和极大的自由度。

第一部分命题是采取题库随机入编，由测评专家从试题难度、内容筛选、排序来完成的，第二部分和第三部分则由对市场营销和通信运营商都具有较高认知的相关专家命题。

（3）演讲答辩评分设计。笔试阶段题目主要是对应聘人员能力、素质的考察，是比较笼统和模糊的能力、素质要求，是客户企业对应聘人员理论化、框架性的了解，演讲答辩环节则具体到职位层面的各个细节，便于客户企业了解到应聘人员操作层面的职位职责理解、工作目标设计、实施方案可行性以及个人胜任能力。出于这些考虑，演讲答辩的评分表以“细”字为准则，从职位理解、工作目标思路、个人管理和营销技能三个角度入手，主要考察应聘人员在市场、网络、团体管理等方面工作的承诺以及个人计划、组织、协调、控制、创新、业务等方面的素质和技能积累。在对每个评价内容细化描述的同时，要求客户招聘领导小组从5个等级上对应聘人员做出量化评价：V—很好，G—好，E—合格，I—需要改进，U—令人不满意。

此外，还为演讲答辩实施准备了《某移动通信公开招聘营业部副经理——施政演讲及答辩实施方案》，便于客户方招聘领导小组提前理解演讲答辩的考核重点和实施流程。

（4）答辩命题。答辩阶段应聘人员抽签回答试题的命制，主要围绕招聘职位对个人管理与营销技能展开，具体涉及计划与控制、组织协调、应变能力、创新意识等几个方面。试题具有较大的开放性，按照先易后难的顺序排列，以便最大限度地缓解应聘人员的临场压力、发挥正常水平。

2. 效果评估

（1）网上报名。从第二部分网上报名执行中获得的数据和图表表明：多数报名者都符合客户方在年龄、学历、工作经验上的要求。从报名者的分布状况来看，报名者来自某地区各区、县，分布在政府机关、事业单位、国有企业、外资企业等各领域、各行业，由此可以推断此次招聘渠道选取得很正确，准确、及时地向受众传递了招聘的信息；另一方面，网上报名、网上通知的形式也比较容易为广大报名者所接受，招聘渠道和报名渠道的同力作用使得整个报名工作取得了预期的效果。

（2）笔试。从考生成绩中可发现以下规律：

1）三方面成绩的平均分基本都处于满分的中数位置；

2）32 名考生各项成绩分布基本符合正态分布，处于低分和高分的考生都只占很少比例，多数考生都处于平均分附近；

3）笔试成绩的另外一个特点就是三方面成绩具有一定一致性的同时也有部分差异，这表明考生在这三方面的能力基本上比较平均，部分考生在某一方面有所特长或者有所欠缺。

以上结果表明：此次笔试考试试题难度适中，比较适合考察此次考生的基本情况。能力素质、市场营销、经营管理三方面的考试成绩与考生背景经验有一定的相关性，能够较好地反映出考生在能力素质、市场营销、经营管理三方面的知识和技能水平。

从广大考生试卷作答情况和考试后反馈信息来看，部分考生觉得个别试题有一定难度，但主观题目都有较大的可答性，题目给考生留有很大的发挥空间。

（3）演讲答辩。评委给分基本都高于满分的中值，体现了各位考生都处于“合格”以上的水平，这与评委的定性评价有一定偏差，评委在定量评估时有高估的倾向。但总体上看，评委的评分具有较好的区分度，可以较好地在不同水平考生间起到分类、筛选的效果。

另外，个别评委给分普遍都偏低，在分数统计阶段由于依据“去掉一个最高分，去掉一个最低分取平均分”的统计原则，导致此位评委的意见很难体现在考生最终的成绩当中。

案例分析：案例中采用了个体测评与团体测评相结合（笔试与答辩）、定性测评与定量测评相结合（简历与测验），多方面考察了应聘者的能力。案例中指明招聘的是营业部副经理等高级管理人员，似乎在测评方式上还有拓展空间，如言语测验与操作测验的结合，采用文件处理（文件筐）和小组讨论等测评形式，能更全面地了解一个人的能力和素质。

（资料来源：致信网——人力资源）

案例思考题

1. 你认为招聘营业部副经理有必要进行笔试吗？
2. 如果你是主考官，你会如何选择测评方式？

调查研讨题

1. 你所知道的企事业单位有多少人员素质和能力测评采用定量测评方式的？你认为有效吗？
2. 你接受过心理测量吗？在学完本章后认为心理测量对你来说信度如何？

第 5 章

人格测验方法

学习目标

- 了解艾森克人格问卷、加州心里调查表、迈尔斯—布里格斯类型诊断量表。
- 掌握自陈量表的几种常见题目形式、评定量表的四种形式以及情景测验的概念。
- 重点掌握卡特尔十六种人格因素测验、明尼苏达多相人格测验表。
- 熟悉投射测验的分类。

学习导航

5.1 自陈量表
5.1.1 卡特尔十六种人格因素测验（16PF）
5.1.2 明尼苏达多相人格测验表（MMPI）
5.1.3 艾森克人格问卷（EQP）
5.1.4 加州心理测验调查表（CPI）
5.1.5 迈尔斯—布里格斯类型诊断量表（MBTI）
5.1.6 人格自陈量表的评价

5.2 投影测验
5.2.1 投影测验的假设与特点
5.2.2 投影测验的分类

5.3 评定量表和情景测验
5.3.1 评定量表
5.3.2 情景测验

5.1　自陈量表

引导案例 5-1

个性兴趣与态度测验

本测验共有 50 道题目，都是有关个人的兴趣和态度等问题。每个人对这些问题都会有不同的看法，回答也不尽相同的，因而对问题如何回答，并没有对与不对之分，只是表明个人对这些问题的态度。请尽量表达个人的意见，不要有顾虑。

应当记住的是：

（1）每一道测题只能选择一个答案；

（2）不可漏掉任何测题；

（3）尽量不选择 B 答案；

（4）本测验不计时间，但应凭自己的直觉反应做答，不要迟疑不决，拖延时间。一定要在一个小时以内完成整个测验。

（5）有些题目你可能从未思考过，或者感到不太容易回答。对于这样的题目，同样要求你做出一种倾向性的选择。

试题：

（1）我很明了本测验的说明。

A. 是的　　B. 不一定　　C. 不是的

（2）我对本测验的每一道问题，都能诚实地回答。

A. 是的　　B. 不一定　　C. 不同意

（3）如果我有机会的话，我愿意（　　）。

A. 到一个繁华的城市去旅行　　B. 介于 A，C 之间　　C. 浏览清静的山区

（4）我有能力应付各种困难。

A. 是的　　B. 不一定　　C. 不是的

（5）即使是关在铁笼里的猛兽，我见了也会感到惴惴不安。

A. 是的　　B. 不一定　　C. 不是的

（6）我总是不敢大胆批评别人的言行。

A. 是的　　B. 有时如此　　C. 不是的

（7）我的思想似乎（　　）。

A. 比较先进　　B. 一般　　C. 比较保守

（8）我不擅长说笑话、讲有趣的事。

A. 是的　　B. 介于 A，C 之间　　C. 不是的

（9）当我见到邻居或亲友争吵时，我总是（　　）。

A. 任其自己解决　　B. 介于 A，C 之间　　C. 予以劝解

（10）在群众集会时，我（　　）。

A. 谈吐自如　　B. 介于 A，C 之间　　C. 保持沉默

（11）我愿意做一个（　　）。

A. 建筑工程师　　B. 不确定　　C. 社会科学研究者

（12）阅读时，我喜欢选读（　　）。

A. 自然科学书　　B. 不确定　　C. 政治理论书

（13）我认为很多人都有些心理不正常，只是他们不愿承认。

A. 是的　　B. 介于 A，C 之间　　C. 不是的

（14）我希望我的爱人擅长交际，无须具有文艺才能。

A. 是的　　B. 不一定　　C. 不是的

（15）对于性情急躁、爱发脾气的人，我仍能以礼相待。

A. 是的　　B. 介于 A，C 之间　　C. 不是的

（16）受人侍奉时我常常局促不安。

A. 是的　　B. 介于 A，C 之间　　C. 不是的

（17）在从事体力或脑力劳动之后，我总是需要有比别人更多的休息时间，才能保持工作效率。

A. 是的　　B. 介于 A，C 之间　　C. 不是的

（18）半夜醒来，我常常为种种不安而不能入睡。

A. 常常如此　　B. 有时如此　　C. 极少如此

（19）事情进行得不顺利时，我常常急得痛哭流涕。

A. 常常如此　　B. 有时如此　　C. 极少如此

（20）我以为只要双方同意离婚，可以不受传统观念的束缚。

A. 是的　　B. 介于 A，C 之间　　C. 不是的

（21）我对人或物的兴趣都很容易改变。

A. 是的　　B. 介于 A，C 之间　　C. 不是的

（22）工作中，我愿意（　　）。

A. 和别人合作　　B. 不确定　　C. 自己单独进行

（23）我常常无缘无故地自言自语。

A. 常常如此　　B. 偶尔如此　　C. 从不如此

(24) 无论是工作、饮食或外出游览，我总是（　　）。

A. 匆匆忙忙不能尽兴　　B. 介于 A，C 之间　　C. 从容不迫

(25) 有时我怀疑别人是否对我的言行真正有兴趣。

A. 是的　　B. 介于 A，C 之间　　C. 不是的

(26) 如果我在工厂里工作，我愿做（　　）。

A. 技术科的工作　　B. 介于 A，C 之间　　C. 宣传科的工作

(27) 在阅读时我愿阅读（　　）。

A. 有关太空旅行的书　　B. 不太确定　　C. 有关家庭教育的书

(28) 本题后面列出三个词，哪个与其他两个词不同类。

A. 狗　　B. 石头　　C. 牛

(29) 如果我能到一个新的环境，我要（　　）。

A. 把生活安排得和从前一样　　B. 不确定　　C. 和从前不一样

(30) 在一生中，我总觉得我能达到我所预期的目标（　　）。

A. 是的　　B. 不一定　　C. 不是的

(31) 当我说谎时总觉得羞愧，不敢正视对方。

A. 是的　　B. 不一定　　C. 不是的

(32) 假使我手里拿着一支装着子弹的手枪，我必须把子弹拿出来才能安心。

A. 是的　　B. 介于 A，C 之间　　C. 不是的

(33) 多数人认为我是一个说话风趣的人。

A. 是的　　B. 不一定　　C. 不是的

(34) 如果人们知道我内心的成见，他们会大吃一惊。

A. 是的　　B. 不一定　　C. 不是的

(35) 在公共场合，如果我突然成为大家注意的中心，就会感到局促不安。

A. 是的　　B. 介于 A，C 之间　　C. 不是的

(36) 我总喜欢参加规模庞大的晚会或集会。

A. 是的　　B. 介于 A，C 之间　　C. 不是的

(37) 在学科中，我喜欢（　　）。

A. 音乐　　B. 不一定　　C. 手工劳动

(38) 我常常怀疑那些出乎我意料的、对我过于友善的人的动机是否诚实。

A. 是的　　B. 介于 A，C 之间　　C. 不是的

(39) 我愿意把我的生活安排得像一个（　　）。

A. 艺术家　　B. 不确定　　C. 会计师

（40）我认为目前所需要的是（　　）。

A. 多出现一些改造世界的理想家　B. 不确定

C. 脚踏实地的实干家

（41）有时候我觉得我需要剧烈的体力劳动。

A. 是的　B. 介于A，C之间　C. 不是的

（42）我愿意跟有教养的人来往而不愿意同粗鲁的人交往。

A. 是的　B. 介于A，C之间　C. 不是的

（43）在处理一些必须凭借智慧的事务中，（　　）。

A. 我的亲人表现得比一般人差　B. 普通

C. 我的亲人表现的超人一等

（44）当领导召见我时，我（　　）。

A. 觉得可以趁机提出建议　B. 介于A，C之间　C. 总怀疑自己做错事

（45）如果待遇优厚，我愿意做护理精神病人的工作。

A. 是的　B. 介于A，C之间　C. 不是的

（46）读报时，我喜欢读（　　）。

A. 当今世界的基本问题　B. 介于A，C之间　C. 地方新闻

（47）在接受困难任务时，我总是（　　）。

A. 有独立完成的信心　B. 不确定

C. 希望有别人帮助和指导

（48）在游览时，我宁愿观看一个画家的写生，也不愿听大家的辩论。

A. 是的　B. 不一定　C. 不是的

（49）我的神经脆弱，稍有点刺激就会战栗。

A. 时常如此　B. 有时如此　C. 从不如此

（50）早晨起来，常常感到疲乏不堪。

A. 是的　B. 介于A，C之间　C. 不是的

（资料来源：中国人力资源开发网——测试）

自陈量表法多以自我报告的形式出现，即对拟测量的个性特征编制若干测题（陈述句），被试者逐项给出书面答案，依据其答案来衡量评价某项个性特征，是心理测试中最常用的一种自我评定问卷方法。

心理学测量人格的自陈量表多达几十种，常用的有卡特尔十六种人格因素测验（16PF）、明尼苏达多相人格测验表（MMPI）、艾森克人格问卷（EQP）、加州心理测验调查表（CPI）、迈尔斯—布里格斯类型诊断量表（MBTI）等。

5.1.1　卡特尔十六种人格因素测验（16PF）

1. 卡特尔十六种人格因素测验（16PF）的理论背景

卡特尔十六种人格因素测验（16PF）由美国伊利诺州立大学人格测量中心主任、著名心理学家卡特尔编制而成。与其他类似的人格测验相比较，16PF 能在同等的时间内（约 40 分钟到 1 小时）测量出更多的人格特性。其用以描述人格特点的 16 个根源特性是以因素分析统计法、系统观察法及科学实验法从描述人类个性特点的数千个词汇中慎重分析确定的。卡特尔认为，只要测量出 16 个根源特性在人身上的表现程度，就能够知道他的人格特点。16PF 作为有效、可靠的测量工具，已被翻译成 24 种语言，在国际上广为应用。

相关链接

卡特尔 16PF 是评估 16 岁以上个体人格特征最普遍使用的工具，广泛适用于各类人员，对测评对象的职业、级别、年龄、性别、文化等方面均无限制。现已应用于人力资源管理、职业规划、教育辅导、心理咨询等领域。卡特尔 16PF 设计科学，可靠性强，不仅可以对个体对个性特征和能力水平进行客观评估，还能检测出个体的心理健康程度、创造力及适应新环境的能力。这对于个体调整生活状态，进行职业规划等方面具有重大的指导意义。

2. 16PF 的测验功能

（1）用于人才选拔和培养。人格是稳定的、习惯化的思维方式和行为风格，它贯穿于人的整个心理，是人的独特性的整体写照。人格对于管理者来说是很重要的，它渗透到管理者的所有行为活动中，影响管理者的活动方式、风格和绩效。大量研究和实践表明：一些样式的人格类型和管理活动有着特定的关系，它们对团体的贡献不同，所适宜的管理环境也不同。利用成熟的人格测验方法对管理者或应聘人员的人格类型进行诊断，可为人事安置、调整和合理利用人力资源提供建议。16PF 能够预测应试者的工作稳定性、工作效率和压力承受能力等，可广泛应用于人员选拔与评定和职业指导的各个环节，为人事决策和人事诊断提供个人心理素质的参考依据。

（2）用于教育及辅导。16PF 是了解学生既方便又可靠的工具。它可以在较短的时间内对学生的个性有较全面和客观的了解，从而可以做到因材施教；家长能够客观地了解孩子，可以减少主观想象，恰如其分地帮助孩子；学生本人也可以借此全面认识自己，从而有针对性地塑造自己。

（3）用于心理障碍、心身疾病的预防、诊断、治疗。心理障碍的预防有赖于对病因的了解。对心理障碍及心身疾病的治疗，必须以正确的诊断为前提，正确的病因了解和正确的诊断，又必须以可靠的资料为依据。16PF是了解心理障碍的个性原因、心因性疾病诊断资料的重要工具。

3. 卡特尔十六种人格因素解释

十六种人格因素的名称和符号分别是：乐群性（A）、聪慧性（B）、稳定性（C）、恃强性（D）、兴奋性（E）、有恒性（F）、敢为性（G）、敏感性（H）、怀疑性（L）、幻想性（M）、世故性（N）、忧虑性（O）、实验性（M）、独立性（Q_1）、自律性（Q_2）、紧张性（Q_3）。这十六种人格因素是各自独立的，相互之间的相关度极小。每一种因素的测量都能对被测者某一方面的人格特征有清晰而独特的认识，更能对被测者人格的十六种不同因素的组合做出综合性的了解，从而全面评价其整体人格。

卡特尔认为，人格的基本结构元素是特质。特质是从行为推出的人格结构成分，表现出特征化的或相当一致的行为属性。特质的种类很多，有人类共同的特质，有个人所独有的特质。有的特质决定于身体结构（遗传），有的特质决定于环境，有的特质与动机有关，有的特质则与能力和气质有关。若由向度来分，可分为四个向度。

（1）表面特质和根源特质。表面特质是指一群看起来似乎聚在一起的特征或行为，即可以观察到的各种行为表现，它们之间是具有相关性的。根源特质是行为的最终根源和原因。它们堆砌成人格的砖块。每一个根源特质控制着一簇表面特质，透过许多表面特质的因素分析便可找到它们所属的根源特质。

（2）能力特质、气质特质、动力特质。能力特质与认知和思维有关，在16PF中主要由智慧性（因素B）表示，决定工作的效率。行为的情绪、情感方面则表明了气质和风格的特质。动力特质与行为的意志和动机有关。动力特质可反映动力来源，即能和外能。能是一种动力，体质的根源特质。卡特尔的研究提示了十一种能。外能是一种来源于环境的动力根源特质，即外部的压力，分为情操与态度。情操是学习来的，它使个体注意某种或某类事物，并以固定的感受对待它，以一定的方式做出反应，是一系列深刻而广泛的价值体系，如世界观、人生观、价值观等，来自家庭、学校、社会。态度则比情操更为具体和特殊，它受情操左右，是在特殊情况下以特殊方式对待特殊事物，做出反应的一种倾向。卡特尔将动机分成三种成分：一种是意识的本我，与精神分析的本我概念一样，与能相对应；一种是自我表达，与精神分析的本我概念一样；还有一种是超我（理想自我）。

（3）个别特质和共同特质。卡特尔认为，人类存在着所有社会成员共同具有的特质（共同特质）和个体独有的特质，即个别特质（表面特质）。虽然有共同特质，但共同特质在各个成员身上的强度却各不相同（根源特质）。此外，卡特尔还发现即使是共同特质，在一个人身上还是会发生变化的，即不同时间也有不同。共同特质（根源特质）中基本的特质比较稳定，而与态度或兴趣有关的特质则不那么稳定。这就为人格的变化提供了依据。

（4）体质特质和环境特质。卡特尔认为，16PF 中有些特质是由遗传决定的，称为体质根源特质，而有些特质来源于经验，因此称为环境塑造特质。卡特尔认为在人格的成长和发展中遗传与环境都有影响，他十分重视遗传的重要性，曾试图决定每 根源特质的特殊遗传成分。他使用一种多重提取方差分析法（MAVA），来决定每一种特质的发展中遗传与环境的影响各占多少。MAVA 方法是用许多人格测试对大量的家庭成员施测，然后将测试资料分为四类：家庭内环境差异、家庭间环境差异、家庭内遗传差异、家庭间遗传差异。经过许多公式的运算发现，遗传与环境特质发展的影响谁更重要，是因特质的不同而异的。如智力特质估计遗传约占 80%～90%，对 C 因素的影响遗传也占 40%～50%，A 因素则主要是由遗传决定。还会计算出整体人格大约有 2/3 决定于环境，1/3 决定于遗传。

十六种人格因素中，在每个特质因素上都可以看到有前述四个向度的意义。首先，它们都是根源特质；其次，它们都是共同特质；再次，每个特质都有遗传和环境作用的不同比例；最后，有的特质是能力特质，有的特质是气质特质，有的特质是动力特质。或进一步说，有的特质反映内能，有的特质反映外能（情操、态度）。各种根源特质都是根据被测者在其因素上是否有“高点分”（标准高于 7，低于 4）来分析的。即确定一个人在某种人格特质上是否异常是以常模群体的次数分布统计标准为根据的。

十六种人格因素含义如下。

（1）因素 A——乐群性。低分特征：缄默、孤独、冷漠。高分特征：外向、热情、乐群。

（2）因素 B——聪慧性。低分特征：思想迟钝，学识浅薄，抽象思考能力弱。高分特征：聪明，富有才识，善于抽象思考，学习能力强，思考敏捷正确。

（3）因素 C——稳定性。低分特征：情绪激动，易生烦恼，心神动摇不定，易受环境支配。高分特征：情绪稳定而成熟，能面对现实。

（4）因素 D——恃强性。低分特征：谦逊、顺从、通融、恭顺。高分特征：好强固执，独立积极。

（5）因素 E——兴奋性。低分特征：严肃、审慎、冷静、寡言。高分特征：轻松兴奋，随遇而安。

（6）因素 F——有恒性。低分特征：苟且敷衍，缺乏奉公守法的精神。高分特征：有恒负责，做事尽职。

（7）因素 G——敢为性。低分特征：畏怯退缩，缺乏信心。高分特征：冒险敢为，少有顾忌。

（8）因素 H——敏感性。低分特征：理智的，着重现实，自恃其力。高分特征：敏感，感情用事。

（9）因素 L——怀疑性。低分特征：依赖随和，易与人相处。高分特征：怀疑，刚愎，固执己见。

（10）因素 M——幻想性。低分特征：现实，合乎成规，力求妥善合理。高分特征：幻想的，放荡不羁。

（11）因素 N——世故性。低分特征：坦白、直率、天真。高分特征：精明能干，世故。

（12）因素 O——忧虑性。低分特征：安详、沉着、有信心。高分特征：忧虑抑郁，烦恼自扰。

（13）因素 M——实验性。低分特征：保守的，尊重传统观念与行为标准。高分特征：自由的，批评激进，不拘泥于现实。

（14）因素 Q_1——独立性。低分特征：依赖，随群附众。高分特征：自立自强，当机立断。

（15）因素 Q_2——自律性。低分特征：矛盾冲突，不顾大体。高分特征：知己知彼，自律谨严。

（16）因素 Q_3——紧张性。低分特征：心平气和，闲散宁静。高分特征：紧张困扰，激动挣扎。

在十六种人格因素的基础上，卡特尔进行了二阶因素分析，得到了 4 个二阶公共因素，并计算出从一阶因素求二阶因素的多重回归方程。这 4 个二阶公共因素即综合相应一阶因素信息的次元人格因素，其计算公式和解释如下。

（1）适应及焦虑型 X_1。低分特征：生活适应顺利，通常感到心满意足，能做到所期望的及自认为重要的事；也可能有对困难的工作缺乏毅力，有事知难而退，不肯奋斗努力的倾向。高分特征：对生活上所要求的和自己意欲达成的事情常感到不满意，可能会使工作受到破坏和影响身体健康。公式是：适应及焦虑型 $X_1=(38+2L+30+4Q_4-2C-2H-2Q_3)\div 10$。

（2）内向与外向型 X_2。低分特征：内倾，趋于胆小，自足，在与别人接触中采取克制态度，有利于从事精细工作。高分特征：外倾，开朗，善于交际，不受拘束，有利于从事贸易工作。公式是：内向与外向型 $X_2=(2A+3E+4F+5H-2Q_2-2C-11)\div 10$。

（3）感情用事及安详机警型 X_3。低分特征：情感丰富而感到困扰不安，它可能是缺乏信心，颓废的类型，对生活中的细节较为含蓄敏感，性格温和，讲究生活艺术，采取行动前再三思考，顾虑太多。高分特征：富有事业心，果断，刚毅，有进取精神，精力充沛，行动迅速，但常忽视生活上的细节，只对明显的事务注意，有时会考虑不周，不计后果，贸然行事。公式为：感情用事及安详机警型 $X_3=(77+2C+2E+2F+2N-4A-6I-2M)\div 10$。

（4）懦弱及果断型 X_4。低分特征：懦弱，顺从，依赖别人，纯洁，个性被动，受人驱使而不独立，为了获取别人的欢心会事事迁就。高分特征：果断，独立，露锋芒，有气魄，有攻击性的倾向，通常会主动地寻找可以施展这种行为的环境或机会，以充分表现自己的独创能力，并从中取得利益。公式为：懦弱及果断型 $X_4=(4E+3M+4Q_1+4Q_2-3A-2C)\div 10$。

卡特尔通过实验资料的统计，并搜集了 7 500 名从事 80 多门职业及 5 000 多名有各种生活问题的人的人格因素的特征和类型，提出了综合多种人格因素得分进行分析的“预测应用公式”。在这些公式中，卡特尔根据各因素在实际的社会情景中的某种行为表现中所起的作用大小，对不同因素进行了加权处理，因而在综合分析中依据标准对被测者做出了评估，不仅要考虑每个因素的得分，还要考虑各因素的作用方向和权重以及它们之间的协调情况。这种常用的综合人格因素分析如下。

（1）心理健康因素 Y_1。公式为：$Y_1=C+F+(11-O)+(11-Q_4)$。心理健康者得分通常在 0 ~ 40 分之间，平均值为 22 分。低于 12 分者仅占人数分配的 10%，情绪不稳定的程度颇为显著。

（2）专业有成就的人格因素 Y_2。公式为：$Y_2=2Q_3+2G+2C+E+N+Q_2+Q_1$。通常总和分数介于 10 ~ 100 分之间，平均分为 55 分，67 分以上者应有其成就。

（3）创造力强者的人格因素 Y_3。公式为：$Y_3=2(11-A)+2B+E+2(11-F)+H+2I+M+(11-N)+Q_1+2Q_2$。标准分高于 7 者属于创造力强者的范围，应有其成就。

（4）在新环境里有成长能力的人格因素 Y_4。公式为：$Y_4=B+G+Q_1+(11-F)$。在新环境里有成长能力的人格因素总分介于 4 ~ 40 分之间，平均值为 22 分，不足 17 分者仅占分配人数的 10%左右，从事专业或训练成功的可能性极小。25 分以上者，则有成功的希望。

卡特尔特别强调“自我”的作用，认为人格的成熟就是“自我力量”的壮大，使之能够找到一种现实的、变通的解决办法，变更先天驱力或“能”，从而称心如意偿还夙愿。当“自我”太弱，“本我”和“超我”太强，特别是后者太强时，最容易造成心理冲突。反之，“木我”太强而“超我”太弱，则易出现社会适应问题。所以，心理健康的关键在于壮大“自我”。从这些协调性，特别是协调出现反差（冲突）的情况中，可以发现个体内外适应上的问题及其原因。

4．16PF 的特点

（1）客观性。16PF 测试结构明显，每一题都备有三个可能的答案，被测者可任选其一。在两个相反的选择答案之间有一个折中的或中性的答案，使被测者有折中的选择。避免了在是否之间必选其一的强迫性，所以被测者答题的自发性和自由性较好。为了克服动机效应，尽量采用“中性”测题，避免含有一般社会所公认的“对”或“不对”，“好”或“不好”的题目，而且被选用的问题中有许多表面上似乎与某种人格因素有关，但实际上却与另外一种人格因素密切相关。如此，被测者不易猜测每题的用意，有利于据实作答。从测试题的排列上看，采取了按序轮流排列方式，这既能使被测者保持答题时的兴趣，又利于防止凭主观猜测题意去作答。

（2）标准化。该量表重测信度较高，分半信度不高。在效度方面，测试结果十六种因素之间的相关性较低，表明各因素之间是独立的。构想效度较高，量表项目的因素负荷在 0.73 ~ 0.96 之间，同一因素中各题的反应有高度一致性。

（3）多功能。通过十六种人格因素或分量表上的得分和轮廓图，不仅可以反映被测者人格的十六个方面的情况和其整体的人格特点组合情况，还可以通过某些因素的组合效应反映性格的内型、外型、心理健康状况、人际关系情况、职业倾向、在新工作环境中有无学习成长能力、从事专业能有成就者的人格因素符合情况、创造能力强者的人格因素符合情况。也可以反映被测者的人格素质状况并作为临床诊断工具用于心理临床诊断。此外，16PF 与其他类似的测试相比较，能以同等的时间测量更多方面主要的人格特征，是真正的多元人格量表。

（4）广普性。16PF 测验是评估 16 岁以上个体人格特征的最普遍使用的工具，广泛适用于各类人员，对对象的职业、级别、年龄、性别、文化等方面均无限制。它既适合个别施测，也适合团体施测。凡具有高中以上程度阅读能力的青年、壮年、老年都适用。

5. 测评实施过程

测验由 187 道题组成。每一人格因素由 10 ~ 13 道测题组成的量表来测量，共 16 个分量表。16 种因素的测题采取按序轮流排列，以便计分，并保持被测者做答时的兴趣。每一道测题有三个备选答案。测试限定时间，被测者做题时应以对问题的第一印象迅速回答，无须过分斟酌。一般用 30 ~ 45 分钟可以完成测试。测试有如下两种形式：

（1）纸笔作答。按预定人数选好地点和安排好考场；准备好测试所用的材料，如测试题本、专用答题纸、铅笔和橡皮等；安排考生进场，宣布注意事项；检查被测者完成了所有题目后，回收题本和答题纸；测试结束。

（2）计算机施测。启动 16PF 测试专用软件；按照屏幕提示，输入所需要的信息以及被测者的背景信息；让被测者答题，学会如何看题并做出反应；被测者答题；答题结束，出具计算机计算报告结果，包括各人人格维度上的初步测评结果、转换后的标准分、人格因素剖面图、次元人格因素估算和应用估算分数。

5.1.2 明尼苏达多相人格测验表（MMPI）

明尼苏达多相人格测验表（又叫个性测验表，简称 MMPI）是美国明尼苏达大学教授郝兹威与莫金利于 20 世纪 40 年代初期编制的。中国科学院心理研究所宋维真在有关单位的协作下于 20 世纪 80 年代将明尼苏达多项人格测验经典心理测验量表（简称 MMPI 量表）引进我国，称做明尼苏达多相个性测验表。在人格测试中，明尼苏达多相个性测验表是目前最流行的测验方法。

MMPI 有 566 个自我报告形式的题目，其中 16 个为重复题目（主要用于检验被测者反应的一致性，看回答是否认真），实际上只有 550 个题。题目的内容范围很广，包括身体各方面的情况，精神状态以及婚姻、家庭、宗教、政治、法律、社会等问题的态度。被测者对这些问题按“是”、“不是”或“无法回答”来作答，根据回答对被测者的人格特征做出评估。

1. MMPI 各分量表简介

MMPI 的 550 个测题项目可以分为 26 类，如表 5-1 所示。

表 5-1 MMPI 各分量表的项目内容和项目数

分类项目	项 目 数
一般健康	9
一般神经症状	19
脑神经	11
运动和协调动作	6
敏感性	5
血管运动、营养、语言、分泌腺	10
呼吸循环系统	5
消化系统	11
生殖泌尿系统	5
习惯	19
家庭婚姻	26
职业关系	18
教育关系	12
有关性的态度	16
关于宗教的态度	19
政治态度——法律和秩序	46
关于社会的态度	72
抑郁感情	32
狂躁感情	24
强迫状态	15
妄想、幻觉、错觉、关系疑虑	31
恐惧症	29
施虐狂、受虐狂	7

续表

分类项目	项目数
志气	33
男女性度	55
想把自己表现得好些的态度	15

MMPI 主要效度量表和临床量表的组成，如表 5-2 和表 5-3 所示。

表 5-2　MMPI 效度量表

名称	略号	项目数	模板
疑问分数	Q 或?		0
说谎量表	L	15	1
效度量表（诈病分数）	F	64	1
校正分数（防御）	K	30	1

表 5-3　MMPI 临床量表

序号	名称	略号	项目数	模板数	加 K 数值
1	疑病症	Hs	33	1	0.5
2	抑郁症	D	60	1	0
3	歇斯底里	Hy	60	1	0
4	精神病态偏执	Pd	50	1	0.4K
5	性度（男性化—女性化）	Mf	60	2	0
6	妄想症	Pa	40	1	0
7	精神衰弱	Pt	48	1	1K
8	精神分裂症	Sc	78	1	1K
9	轻躁狂	Ma	46	1	0.2
10	社会内向性格	Si	70	1	0

2. MMPI 施测与计分

MMPI 适用于年满 16 岁的被测者，16 岁以上具有小学毕业文化水平、没有什么影响测验结果的生理缺陷的人均可参加测试。在实施 MMPI 时，主试者必须熟悉测验的全部材料（内容、简介、指导语、计分方法等），了解被测者的状况和测验的环境，并根据被测者疲劳情况适当增加休息时间。题目可以是录音带式或问卷式。MMPI 的计分有两种方法：一种是模板计分，借助 14 张模板（每个量表一张，Mf 量表男女各一张）进行；另一种是计算机计分，需有特制的磁性铅笔，设有固定型号的记录纸。然后将各量表的原始分数或修正原始分数登记在剖面图上，并将各点相连，即成为被测者人格特征的剖面图。在画出剖面图的同时，还应将各量表的原始分数换算成 T 分数，以便与常模进行比较。最后根据 T 分数和 MMPI 剖面图解释分数。

5.1.3　艾森克人格问卷（EQP）

艾森克人格问卷（EQP）是由英国心理学教授艾森克及其夫人编制，从几个个性调查发展而来的。相对于其他以因素分析法编制的人格问卷而言，它所涉及的概念较少，施测方便，有较好的信度和效度，是国际上最具影响力的心理量表之一。

EQP 由 P，E，N 和 L 四个量表组成，主要调查内外向（E）、神经质（N）、精神质（P）三个维度。艾森克认为个性可分析出三个维度，其中 E 维度与中枢神经系统的兴奋、抑制的强度密切相关，N 维度与植物性神经的不稳定性密切相关。艾森克认为遗传因素对三个维度均有影响。正常人也具有神经质和精神质，这两者又可以通俗地说成是情绪稳定性和倔强性，而不是暗指神经症和精神病。但是高级神经的活动如果在不利因素影响下也可能向病理方面发展。L 量表是测验被测者的"掩饰"倾向，同时也有测量被测者的社会幼稚水平的作用。

各量表的具体含义如下：

（1）内外向（E）。分数高表示人格外向，可能是好交际、渴望刺激和冒险，情感易于冲动。分数低表示人格内向，可能是好静，富于内省，除了亲密的朋友之外，对一般人缄默冷淡，不喜欢刺激，喜欢有秩序的生活方式，情绪比较稳定。

（2）神经质（N）。反映的是正常行为，与病症无关。分数高可能是焦虑、担心，常常郁郁不乐、忧心忡忡，有强烈的情绪反应，以至于出现不够理智的行为。

（3）精神质（P）。并非暗指精神病，它在所有人身上都存在，只是程度不同。但如果某人表现出明显程度，则容易发展成行为异常。分数高可能是孤独、不关心他人，难以适应外部环境，不近人情，感觉迟钝，与别人不友好，喜欢寻衅搅扰，喜欢干奇特的事情，并且不顾危险。

（4）掩饰性（L）。测定被测者的掩饰、假托或自身隐蔽，或者测定其社会性朴实幼稚的水平。L 与其他量表的功能有联系，但它本身代表一种稳定的人格功能。

相关链接

艾森克人格问卷是英国伦敦大学心理系和精神病研究所有关人格度研究的测定方法，此问卷由先前数个调查表几经修改发展而来，修订问卷包括 88 个项目，让被试根据自己的情况回答是否，然后按照计分标准登记分数，用以测量人格结构的三个度即内外向、精神质和神经质。艾森克的三个人格度不但经过许多数学统计上的和行为观察方面的分析，而且也得到实验室内多种心理实验的考察，被广泛应用于医学、司法、教育等领域，适合各种人群测试。

5.1.4 加州心理测验调查表（CPI）

1. CPI 简介

加州心理测验调查表（CPI）由美国心理学家高夫编制，1951 年正式出版，当时只有 15 个分量表。1957 年由心理学家出版社再版，那时的分量表已经包括 18 个分量表。

CPI 编制的目的是要发展一套能够反映人类正常社会行为方式或常态人格特征的、并能预测个人在特定场合下的社会行为的人格量表。

它的基本构思源于 20 世纪 40 年代后期美国加利福尼亚大学心理学家高夫（Harrison G.Gough）博士的人格理论，测试涉及 18 个人格维度，每一个维度都是最基础的，是人们在人际交往过程中自然形成的。此外，在加州人格量表手册中还列出了各种不同职业群体的测量数据样本以及和其他心理测验的相关研究资料，为我们对量表性能的理解提供了丰富的参考。

加州人格量表的应用范围十分广泛，在培训和人才配置方面，可用于对被试成就、创造性潜能的预测，并可以为专业选择提供指导；在选拔管理者方面，可以用于对应聘者的领导力潜能、工作绩效、创造性潜能的预测提供参考。目前，在国外大型企业加州人格量表还经常与 360 度反馈调查以及 MBTI 共同被引入领导力发展的培训中，它能反映“如果个人的潜力被充分发掘之后，那么他的优势和最适合他的发展领域是什么”。

2. CPI 的内容和使用

该测验共包括 480 道测题，测题的主要来源是 MMPI（178 道题来自 MMPI）。答题方式也与 MMPI 相同，采用“是—否”型选答题，对团体或个别施测均可，文化程度最好在初中以上。18 个分量表，每个分量表都包含人际关系或社会适应的某一重要方面。每个量表得到原始分后可以根据相应常模转换为平均数为 50，标准差为 10 的 T 分数（男性与女性的常模是不同的），并可描绘在测验剖析图上，以便对被测者的人格及社会适应进行合理的评估和预测。根据所表现的心理特征，18 个分量表可分为 4 个功能领域，如表 5-4 所示。

表 5-4　CPI 分量表

类别	名　称	意　义	高　分	低　分
第一类：人际关系适应能力的测验	Do (Dominance) 支配性	测量领导能力、支配性及社会主动性	自信，有毅力，广泛，善于计划，语言流畅且富有说服力，自立，自主，有领导者的潜能，工作主动	拘谨，较少激情，言语不多，思维和行动较迟缓，不愿面对紧张复杂的情景，对自己的信心不足
	Cs (Capacity for status) 上进心	测量个人积极争取达到某种地位的能力	具有雄心，积极主动，洞察力强，精力旺盛，能进行有效的沟通，兴趣广泛，但有时对个人利益关心较多	和善，朴实，没有太高的追求，淡泊名利，反应不太敏锐，喜欢按习惯方式思考和行动，兴趣范围不广，遇到新的环境或情况易显得不安和窘迫
	Sy (Sociability) 社交性	测量外向性、参与社交活动的能力	喜欢交往，有事业心，聪明，有竞争意识和上进心，思维新颖、流畅	平静，顺从，传统，不造作，态度超然，与世无争，易受他人态度和意见的影响而改变自己的主张
	Sp (Social presence) 自在性	测量一个人在个人与社会交往情景下的自在性、自尊性及自信心	机敏，热情，富于想象，反应灵敏，表现自然不拘谨，健谈，充满活力，善于言辞	从容不迫，稳健，有耐心，自我克制，朴实，决策时易犹豫不决，思维较为呆板、程式化
	Sa (Self-acceptance) 自尊性	测量自我价值感、自我接纳及独立思考和行动的能力	聪慧，直率，自信，机敏，有一定的进攻性，以自我为中心，具有良好的语言表达能力和说服力	保守，依赖，传统，易变，安静，自责，易产生负罪感，行动消极，兴趣狭窄
	Wb (Sense of Well-being) 幸福感	测量一个人烦恼与抱怨的程度	精力充沛，上进，善变，有雄心，老练，积极且工作能力强，为了自己的利益能够刻苦努力地工作	胸无大志，懒散，迟钝，谨小慎微，缺乏热情，保守，自我防御，内疚，思想和行动内向
第二类：社会化、	Re (Reponsibility) 责任心	测量责任心、可靠性或事业心、道德感	善于计划，进取，高尚，独立，有能力，高效率，讲良心，对道德和伦理问题有高度的警惕	不成熟，情绪化，懒惰，笨拙，易变，不可信，受个人偏见的影响，缺少自省和控制，行动易冲动

续表

类别	名　称	意　义	高　分	低　分
成熟度、责任心及价值的测验	So（Socialization）社会化	测量社会成熟程度、完整性及正直程度	严肃，诚实，勤奋，谦虚，善良，真诚，稳重，负有责任感和良知，能够自我克制	保守，要求过多，挑剔，怨恨，固执，不安分，不可依赖，狡猾，过分夸张，掩饰自己的行为
	Sc（Self-control）自制力	测量自我调节、自我控制的程度	平静，有耐心，实际，自我否定，深思熟虑，对自己的工作严格要求，对他人宽怀大度、真诚，有责任心	冲动，兴奋，躁动不安，自我中心，难以抑制，具有攻击性且武断，过分关注个人的乐趣和得失
	To（Toleance）宽容性	测量心胸的宽广、对人宽容、接纳的程度	进取，安静，忍让，思路清晰，机智，聪慧，善于言辞，并有广泛的兴趣爱好	疑心重，心胸狭窄，冷漠，机警，退缩，态度消极，给人一种不可信任的感觉
	Gi (Good impression) 好印象	检测是否在制造良好印象，并关心别人对他的反应	合作，进取，外向，热情，乐于助人，给人以好的印象，并具有勤奋的品质和恒心	压抑，谨慎，警惕，与他人的关系冷淡，自我中心，对他人的需求毫不关心
	Cm (Communality) 从众性	测量一个人与量表常模符合的程度	信赖，真诚，有耐心，稳定，现实，诚实有良知，具备常识和较好的判断能力	易变化，不耐心，复杂的、富于想象、不安，紧张，狡猾，不专心，易忘，有内部冲突和矛盾
第三类：成就潜能与智能效率的测量	Ac (Achievement conformance) 遵循成就	测量在集体创造活动中能起积极作用的那些兴趣和动机	有能力，合作，讲效率，稳定，组织性，负责任，勤奋且有毅力，注重智力活动及其成就	固执，冷漠，笨拙，在紧张状况下易变得惊惶失措，对自己的前途常抱悲观态度
	Ai (Achievement independence) 独立成就	测量在独立自主创造活动中能起积极促进作用的那些兴趣与动机	成熟，有能量，强悍，支配性强，有预见，独立自强，有高超的智力水平和判断能力	保守，焦虑，谨慎，不满足，糊涂，戒备心重，迷信和屈从于权威，缺乏内省和自我了解

续表

类别	名　称	意　义	高　分	低　分
	Ie (Intellectual efficiency) 智能效率	测量智能水平或精干性	有效率，头脑清楚，有能力，聪明，进取，有计划，做事彻底，警觉，信息灵通，特别注重智力活动的价值	谨慎，糊涂，易变，防卫，胸无大志，思维模式固化，缺乏自律
第四类：个人生活态度与倾向方面的测量	Py (Psychological-mindedness) 心理性或共鸣性	测量一个人对别人的心理需求、动机和兴趣敏感的程度	善于察言观色，自然，敏捷，善谈，随机应变，语言流利，社会化程度高，不愿受规则、戒律等因素的约束	富有同情心，平静，严肃，细致，反应较慢，对权威绝对服从，传统
	Fx (Flexibility) 灵活性	测量思维与社会行为的灵活性及适应性	有洞察力，信息灵通，冒险，自信，幽默，反抗，理想化，武断，自我中心，玩世不恭，对个人的快乐极端关心	细致，谨慎，担忧，勤奋，有策略，世故，严格，对权威、习惯、传统绝对服从
	Fe (Femininity) 女/男性化	测量个人兴趣男性化或女性化的程度	欣赏，有耐心，乐于助人，善良，谦逊，诚实，被人接纳和受人尊重，依良心和同情心行事，女性化	外向，头脑充实，有雄心，男子汉气概浓，活跃，积极，不能安静下来，在与他人相处时，有操纵性和机会主义的倾向，对迟到不耐烦

在上述量表中，Gi（好印象）、Wb（幸福感）和 Cm（从众性）这三个量表兼具效度量表作用。如果 Gi 分数过高，则可能是被测者在企图给人留下好印象。Wb 分数过低，则要怀疑被测者是否夸大了他个人的忧愁，或者完全在作假。Cm 的分数表示被测者在做测验时是否小心尽力，当分数非常低时，他随便做答的可能性较大。

CPI 中文国内修订版在删除和调整了部分心理测量学指标不理想或不适合我国文化背景的项目后，全量表含 462 个测题，由三个部分组成。

（1）通俗概念量表。该部分由 20 个概念量表组成，即支配性、进取能力、社交性、社交风度、自我接受、独立性、通情达理、责任心、社会化、自我控制、好印象、同众性、适意感、宽容性、顺从成就、独立成就、智力效率、心理感受性、女/男性化。

（2）结构量表。该部分包括三个维度，即 V.1 是外向—内向，V.2 是规范问题—规范遵从，V.3 是自我实现或个人整合。这组量表可以认为是在概念量表基础上形成的次元因素量表。

（3）特殊目的和研究量表。这部分量表包括管理潜能（MP）、工作取向（WO）、研究和学术高水平创造性（CT）等 12 个量表。

CPI 中文国内修订版根据 T=50+10 (X–P) /SD 对 20 个概念进行原始分到线性量表分的转换，得到 T 分数常模表。其他两部分量表基本上参照 CPI 原版，对测验分数采用“划界分”判定的常模类型。

对于人格类型的解释是以 V.1 为横轴、V.2 为纵轴，在两轴十字交叉情况下划出四种人格类型，如图 5-1 所示。

Alpha 型（外向规范取向型）	高 Beta 型（内向规范取向型） O V.1
低 Gamma 型（外向规范问题型） 低	高 Delta 型（内向规范问题型） V.2

图 5-1　CPI 基本类型划分

每种基本类型又可根据 V.3 划分为 7 个自我水平。对 V.3 的划界分数基本上按照原版 CPI 常模手册中规定的有关原则来确定。

5.1.5　迈尔斯—布里格斯类型诊断量表（MBTI）

1．MBTI 的来历

迈尔斯—布里格斯类型诊断量表（MBTI）是美国人凯塞琳·布里格斯和伊莎贝尔·布里格斯母女俩基于瑞士心理学大师荣格的心理类型理论的个性分类而开发的一种人格类型指标，经过半个世纪的改良，使其真正用于非临床人群。它已经成为心理辅导界及商界最广泛使用的测评个性差异的工具之一，被广泛应用于包括冲突管理训练、人员选拔、员工发展和授权、人际沟通训练、职业选择、职业生涯规划、管理拓展、组织发展和团队建设等管理实践领域。

MBTI 指标是一种强迫选项的自我报告性格问卷。它用于测量并描述人们信息获取、决策制定、生活取向等方面的偏好。这些偏好可归为四个维度、八种人格偏好：外向型—内向型、感知型—直觉型、思考型—感觉型、判断型—认知型。偏好的八个方向的不同组合就构成了人格的 16 种大类型，每种类型对应一套行为特征和价值观。标准版 G 版有 126 个条目（问题）。两个研究表格——F 表格（166 个条目）和 J 表格（290 个条目）还包括一些个性化的表格。

2. MBTI 的应用

（1）了解自己。通过 MBTI 能帮助更好地了解自己，更好地了解他人，提高沟通技巧，提高理解和减少冲突的能力，提高时间管理，掌握自己的管理风格及其特长与缺点，知道自己在团队中的贡献，识别能带来满意感的任务和工作。

（2）团队建设。MBTI 可用来帮助建立战斗力强、有效率的动态工作团队，在提高生产力的同时改善团队沟通，提供解决冲突的指导，促进团队多样性和对差异的欣赏，识别薄弱点并帮助成员预料到它，指导成员如何评价和利用其他人的长处。

（3）组织发展。应用 MBTI 可以知道个人对组织的贡献，并帮助组织促进对人和价值观的多样性欣赏。包括推进各层次员工的沟通，提供可靠的决策制定技术，减少冲突并建立一个更有效率的组织，通过提高工作满意感、员工士气来提升创新力。

（4）个人职业发展。MBTI 帮助使用者设定目标，收集信息，并帮助使用者充满自信。帮助使用者更好地理解自己，以做出有效的职业决策；提供工作满意感；建立职业自信心；激励使用者走向成功；帮助个人指出在他们选择的职业生涯中的特殊贡献，以增强其信心。

（5）教育。匹配教学风格和学习风格。

（6）婚姻问题。研究者认为应将 MBTI 看成是对某些夫妻有用的工具，而不应将其当成解决婚姻不和谐问题的“万能药”。

相关链接

在美国每年约有 300 万人以上参加 MBTI 的测评和培训，在世界 500 强企业，如迪士尼、百事可乐、西南航空公司等，约有 80%以上的高层管理者使用过这个工具。MBTI 是当今世界上应用最广泛的性格测试工具。它已经被翻译成近 20 种世界主要语言。

3. 关于人格结构与类型的解释

瑞士心理学家荣格认为，“自我”是人格构成的基础，而自我借助于四种思想机能的运作以获得对外在世界的经验与认识。这四种机能如下：

（1）直觉。不经过思想过程和理性分析而获得的一种判断；

（2）感觉。凭感觉官能而收集的信息；

（3）情感。个体对事物所赋予的价值，与个体是否可接受，或喜欢不喜欢有关；

（4）思维。有条理、有依据的思考，并由此获得理性的结论。

荣格认为感觉与直觉是对立的，思维与情感是对立的。这样，便形成了感觉—直觉、思维—情感两个维度。

此外，荣格认为在与周围世界发生联系时，人的心灵有两种指向，即内倾与外倾，称之为“定势”。这也是一种刻画性格的维度。

荣格将这四种机能与两种定势进行组合，从而形成八种人格类型：

（1）直觉外倾型。做决定不是根据事实，而是凭预感，好改变主意，富于创造性；

（2）感觉外倾型。寻求享乐，无忧无虑，社会适应性强；

（3）情感外倾型。极易动感情，尊重权威和传统，寻求与外界的和谐；

（4）思维外倾型。按固定规则行事，客观而冷静，积极思考问题；

（5）直觉内倾型。观点新颖但稀奇古怪，很难为人理解，偏执而喜欢做白日梦，苦思冥想，以内部经验指导生活；

（6）感觉内倾型。被动、安静，易受情景影响，富有艺术性，只顾眼前的事情，不关心社会大事；

（7）情感内倾型。安静，情感不外露，敏感，有思想，对别人漠不关心；

（8）思维内倾型。智力高，忽视日常实际生活，喜欢独处，社会适应性差。

布里格斯和迈尔斯母女 956 年发展出来的 MBTI 就是根据荣格的人格类型理论而设计的一种人格量表。她们将判断—感知部分在荣格的体系中将之分离，并独立出来。

MBTI 的四大维度如下：

（1）外向型（E）—内向型（I）。这个维度与我们周围世界的互动有关。一些人喜欢交际，另一些人则注重独处。

外向型（E）的人通过人际关系获取能量，他们把注意力和精力放在身外的世界，主动与人交往，喜欢互动。与人为伴就精神抖擞，认识的人很多。

内向型（I）的人通过个人思考和感觉获取能量。他们专注于自我的内心世界，喜欢独处并陶醉其中。他们总是先想后做，这意味着心理活动居多。他们不喜欢受人注目，一般比外向型的人更矜持。

（2）感知型（S）—直觉型（N）。这个维度与我们平时留意到的信息有关。一些人注重事实，其他人则注重愿望。

感知型（S）的人倾向于收集详细的事实资料，他们注重自己看到、听到、触到、嗅到和尝到的具体感受。他们只想念可以测量，能够记录下来的东西，只注重真实可靠的事。他们也相信个人经验。

直觉型（N）的人较少关注事实资料，而侧重于思考各种可能性之间的彼此联系。他们更相信“第六感觉”（直觉），善于理解字面以外的含义，对一切事情都要寻求一个内在意义。他们总能预示事件的发生，通常不愿意维持事物的现状，总想不断来点新花样。

（3）思考型（T）—感觉型（F）。这个维度涉及我们做决定和结论的方式。

思考型（T）的人在决策时较为客观，他们喜欢符合逻辑的决策，善于客观地分析一切，并常引此为豪。

感觉型（F）的人常因自己的喜好和感觉决策。他们很能体贴人，常富有同情心，并因此自以为荣。

（4）判断型（J）—认知型（P）。一个人更喜欢有条理还是随意的生活方式。

判断型（J）的人条理性很强，只要生活安排得有条不紊，事事井井有条，他们就快乐无比。凡事他们总要断个分明，喜欢决策。

认知型（P）的人生活散漫随意，生活动机性强时最为高兴。他们乐于尝试一切可能的事情。他们往往理解生活，而不是努力控制生活。

人格的每个维度都有两个彼此对立的极端，这样总共有八种人格偏好，每种用一个字母来表示。把这些字母组合起来，便代表 16 种人格。每个接受 MBTI 测评的人都会在四个维度中的每一个维度上得到一个分数。分数偏向维度的哪一端，就以哪一端的字母为标记。这样四个字母组成一种人格类型。如表 5-5 所示。

表 5-5 MBTI 人格偏好分类

		感知型（S）		直觉型（N）	
		思考型（T）	感觉型（F）	感觉型（F）	思考型（T）
内向型（I）	判断型（J）	ISTJ	ISFJ	INFJ	INTJ
	认知型（P）	ISTP	ISFP	INFP	INTP
外向型（E）	认知型（P）	ESTP	ESFP	ENFP	ENTP
	判断型（J）	ESTJ	ESFJ	ENFJ	ENTJ

每种人格类型的人都有其优缺点，这些人格特征决定了人对职业的适应性，如表 5-6 所示。

表 5-6 MBTI 人格类型和特征与其相适应的职业

人格类型	解　释	特　　征	适应的工作特点	相应工作
ISTJ 型	内向型、感知型、思考型、判断型	一丝不苟、认真负责、明智豁达，是坚定不移的社会维护者。讲求实际，非常务实，总是对精确性和条理性孜孜以求，且有极大的专注力。不论什么，都能有条不紊地完成	适应技术性工作，能生产一种实实在在的产品或有条理地提供一种周详服务。他们需要一种独立的工作环境，有充裕的时间让自己独立工作，并能运用自己卓越的专注力来完成工作	审计员、后勤经理、信息总监、预算分析员、工程师、技术工作者、电脑编程员、证券经纪人、地质学者、医学研究者、会计、文字处理专业人员

续表

人格类型	解　释	特　征	适应的工作特点	相应工作
ISFJ 型	内向型、感知型、感觉型、判断型	忠心耿耿、一心一意，富有同情心，喜欢助人为乐。由于这种人有很强的职业道德，一旦觉得自己的行动确有帮助，他们便会担起重任	需要仔细观察和精度性要求很高的工作。需要通过不声不响的背后工作以表达自己的感情投入，但个人贡献要能得到承认	人事管理员、簿记员、电脑操作员、顾客服务代表、信贷顾问、零售业主、房地产代理或经纪人、艺术人员、室内装潢师、商品规划师、语言病理学者
INFJ 型	内向型、直觉型、感觉型、判断型	极富创意，感情强烈，原则性强且具有良好的个人品德；善于独立进行创造性思考。即使面对怀疑，对自己的观点仍坚信不疑。看问题常常能入木三分	能从事创新型的工作，主要是能帮助别人成长。喜欢生产或提供一种自己能感到自豪的产品或服务。工作必须符合个人的价值观	人力资源经理、事业发展顾问、营销人员、企业组织发展顾问、职位分析人员、企业培训人员、媒体特约规划师、编辑/艺术指导、口译人员、社会科学工作者
INTJ 型	内向型、直觉型、思考型、判断型	完美主义者。强烈要求自主，看重个人能力，对自己的创新思想坚定不移，并受其驱使去实现自己的目标。逻辑性强，有判断力，才华横溢，对人对己要求严格。喜欢我行我素，面对反对意见，通常多疑、霸道、毫不退让。对权威本身毫不在乎，但只要规章制度有利于他们的长远目标，他们就能遵守	创造和开发新颖的解决方案来解决问题或改进现有系统。愿意与责任心强，在专业知识、智慧和能力方面能赢得自己敬佩的人合作。喜欢独立工作，但需要定期与少量智慧人物切磋交流	管理顾问、经济学者、国际银行业务职员、金融规划师、运作研究分析人员、信息系统开发商、综合网络专业人员
ISTP 型	内向型、感知型、思考型、认知型	奉行实用主义，喜欢行动，不爱空谈。长于分析，敏于观察，好奇心强，只相信可靠确凿的事实。能很好地利用一切可利用的资源，而且很会瞄准时机	做尽可能有效利用资源的工作。愿意精通机械技能或使用工具来工作。工作必须有乐趣、有活力、独立性强，且常有机会走出工作室去户外	证券分析员、银行职员、管理顾问、电子专业人员、技术培训人员、信息服务开发人员、软件开发商、海洋生物学者、后勤与供应经理、经济学者

续表

人格类型	解　释	特　征	适应的工作特点	相应工作
ISFP 型	内向型、感知型、感觉型、认知型	温柔、体贴、敏感，从不轻言非常个人化的理想及价值观。他们常通过行动而非语言来表达炽烈的情感。有耐心，能屈能伸，且十分随和，无意控制他人。从不妄加判断或寻求动机和意义	适合做非常符合自己内心价值观的工作。在做有益于他人的工作时，希望注重细节，希望有独立工作的自由，但又不远离其他与自己合得来的人。不喜欢受繁文缛节的约束	优先顾客销售代表、行政人员、商品规划师、测量师、海洋生物学者、厨师、室内/风景设计师、旅游销售经理、职业病理专业人员
INFP 型	内向型、直觉型、感觉型、认知型	珍视内在和谐胜过一切。敏感、理想化、忠心耿耿，在个人价值观方面有强烈的荣誉感。如果能献身自己认为值得的事业，便情绪高涨。在日常事物中，通常很灵活，有包容心，但对内心忠诚的事业义无反顾。很少表露强烈的情感，常显得镇静自若、寡言少语。不过一旦相熟，会变得十分热情	做合乎个人价值观，能通过自己工作陈述自己远见的工作。工作环境需要有灵活的架构，在自己激情高昂时可以从事各种项目。能发挥个人的独创性	人力资源开发专业人员、社会科学工作者、团队建设顾问、编辑、艺术指导、记者、口笔译人员、娱乐业人士、建筑师、研究工作者、心理学家
INTP 型	内向型、直觉型、思考型、认知型	善于解决抽象问题。他们经纶满腹，时能闪现出创造的睿智火花。外表恬静，内心专注，总是忙于分析，总是目光挑剔，独立性极高	能酝酿新观点。专心负责某一创造性流程，而不是最终产品。在解决复杂问题时，能让他们跳出常规的框框，冒一定风险去寻求最佳解决方案	电脑软件设计师、系统分析人员、研究开发专心人员、战略规划师、金融规划师、信息服务开发商、变革管理顾问、企业金融师
ESTP 型	外向型、感知型、思考型、认知型	无忧无虑，属乐天派。活泼、随和、率直，喜欢安于现状，不愿从长计议。由于他们接受现实，一般心胸豁达，包容心强。喜欢玩实实在在的东西，善于拆拆装装	能随意与许多人交流。工作充满冒险和乐趣，能冒险和随时抓住新的机遇。工作中当自己觉得必要时希望自我组织，而不是听从别人的安排	企业家、业务运作顾问、个人理财专家、证券经纪人、银行职员、预算分析者、技术培训人员、综合网络专业人士、旅游代理、促销商、手艺人、新闻记者、土木/工业/机械工程师

续表

人格类型	解　释	特　　征	适应的工作特点	相应工作
ESFP型	外向型、感知型、感觉型、认知型	生性爱玩，充满活力，用自己的欢乐来为别人增添乐趣。他们适应性强，平易随和，可以热情饱满地参加多项活动。不喜欢将自己的意志强加于人	能在实践中学习，利用常识搜集各种事实来寻找问题的解决方案。他们喜欢直接与顾客和客户打交道。能同时在多个项目或活动中周旋。尤其爱从事能发挥自己审美观点的项目或活动	公关专业人士、劳工关系调解人、零售经理、商品规划师、团队培训人员、旅游销售经理、融资者、保险代理/经纪人
ENEP型	外向型、直觉型、感觉型、认知型	热情奔放，满脑子新观念。乐观、率真，充满自信和创造性，能深刻认识到哪些事可为。对灵感推崇备至，是天生的发明家。不墨守成规，善于闯新路子	在创造性灵感的推动下，与不同的人群合作从事各种项目。不喜欢从事需要自己亲自处理日常琐碎杂务的工作，喜欢按自己的工作节奏行事	人力资源经理、变革管理顾问、营销经理、企业团队培训人员、广告客户经理、战略规划人员、宣传人员、事业发展顾问、环保律师、研究助理、广告撰稿人、播音员、开发总裁
ENTP型	外向型、直觉型、思考型、认知型	好激动，健谈、聪明，是多面手。总是孜孜以求地提高自己的能力。天生有创业心，爱钻研，机敏善变，适应能力强	从事创造性解决问题的工作。工作有一定的逻辑顺序和公正的标准。希望通过工作提高个人权力并常与权力人物交流	人事系统开发人员、投资经纪人、工业设计经理、后勤顾问、金融规划师、投资银行职员、营销策划人员、广告创意指导、国际营销商
ESTJ型	外向型、感知型、思考型、判断型	办事能力强，喜欢出风头，办事风风火火。责任心强，诚心诚意，忠于职守。喜欢框架，能组织各种细节工作，能如期实现目标并力求高效	做理顺事实和政策以及人员组织工作，能够有效利用时间和资源以找出合乎逻辑的解决方案，在目标明确的工作中运用娴熟的技能。希望工作测评标准公正	银行官员、项目经理、数据库经理、信息总监、后勤与供应经理、业务运作顾问、证券经纪人、电脑分析人员、保险代理、普通承包商、工厂主管

续表

人格类型	解　释	特　征	适应的工作特点	相应工作
ESFJ 型	外向型、感知型、感觉型、判断型	喜欢通过直接合作以帮助别人，尤其注重人际关系，通常很受人欢迎，也喜欢迎合别人。态度认真、遇事果断，通常表达意见坚决	整天与人交往，密切参与整个决策流程。工作目标明确，有明确的业绩标准。希望能组织安排自己及周围人的工作，以确保一切进展得尽可能顺利	公关客户经理、个人银行业务员、销售代表、人力资源顾问、零售业主、餐饮业者、房地产经纪人、营销经理、电话营销员、办公室经理、接待员、信贷顾问、簿记员、口笔译人员
ENFJ 型	外向型、直觉型、感觉型、判断型	有爱心，对生活充满热情。往往对自己很挑剔。不过，由于他们自认为要为别人的感受负责，所以很少在公众场合发表批评意见。他们对行为的是非曲直明察秋毫，是社交高手	建立温馨的人际关系，能置身于自己信赖且富有创意的人群中的工作。他们希望工作多姿多彩，但又能有条不紊地干	人力资源开发培训人员、销售经理、小企业经理、程序设计员、生态旅游专家、广告客户经理、公关专业人员、协调人、交流总裁、作家或记者、非营利机构总裁
ENTJ 型	外向型、直觉型、思考型、判断型	是极为有力的领导人和决策者，能明察一切事物中的可能性，喜欢发号施令。是天才的思想家，做事深谋远虑，策划周全。这种人事事力求做好，生就一双锐眼，能一针见血地发现问题并迅速找到改进方法	做领导，发号施令，完善企业的运作系统，使系统高效运行并如期达到目标。喜欢从事长远战略规划，寻求创造性地解决问题的方式	（人事、营销）经理、技术培训人员、（后勤、电脑信息服务和组织重建）顾问、国际销售经理、特许经营业主、程序设计员、环保工程师

5.1.6　人格自陈量表的评价

1. 人格自陈量表的优缺点

（1）优点。

1）可操作性强。

2）采用标准化测试的形式。

3）简单易行，解释比较容易，可进行自我诊断。

4）客观、全面，应用非常广泛。

（2）缺点。

1）稳定性差。由于个人的行为随时间而有所改变，所以个性测试所测量的行为比能力测试的稳定性差。

2）被测试者容易弄虚作假。测试中的问题明显，稍有头脑的求职者往往可以不费吹灰之力就能使自己看起来非常适合于干某项工作。比如说，为了谋得推销员的职位，求职者可以把自己说得颇像外向型性格的人。

3）大多数问卷调查表容易被钻空子，所以预测效度不太理想。在录用考核（或入学许可）中进行该类测试时，被测试者往往偏向好的一面，即选择社会所期望的答案，或把自己表现得更好的倾向。

2. 人格自陈量表存在的主要问题和编制时可采取的对策

人格测验主要的问题之一是反应偏差的存在。心理测验专家把反应偏差分为两类：一类是反应定势，一类是反应形态。

所谓反应定势，就是指被测者有意识或无意识地“扭曲”其对测验项目的反应，从而塑造出一种其内心中所希望显现的形象，而这一形象并不真正代表他自己。例如，在职业招聘中，被测者在自陈量表的做答中就很可能尽力表现自己有更适合于工作岗位要求的“优良品质”。反应定势无论有意，还是无意，都会损害人格自陈式测验结果的可信性，影响测验信度、效度。最常见的一种反应定势是按社会期望进行反应的“社会赞许倾向”，即被测者在对测验内容的反应上有按社会所期望的行为做答的倾向，使自己能够得到“好”的社会评价。

在测验编制上或施测方法上对反应定势可以有以下对策：

（1）在编制选题目时应尽量选择不诱发假装倾向的题目，减少测题的社会评价意义，避免引起心理防卫和反感。

（2）选择表面效度与内容效度适当分离的题目。

（3）为人格量表加上掩饰的名称，尽量不使量表名称诱发被测者的防卫心理。

（4）在安排测题的选答方式时，可以把社会期望程度相同的两个项目配成一对，让被测者必选一个。

（5）创设使被测者老实回答的情景，如指导语或权威暗示等。

（6）在量表中设置“防伪题”组成各种“防伪量表”。如在 MMPI 中有测谎量表、诈病量表、校正量表等效度量表。

所谓反应形态，是指当测验的刺激或意义不明显或当被测者不知该如何反应时，却常常倾向于使用的一种特殊反应方式，体现了个人的做答风格。反应形态主要表现为默认倾向，指不论题目如何，被测者都有一种偏见，即都反应为同意或不同意，这种偏见也称为趋同应答。如果一个测验中的大部分测题都以“同意”或“喜欢”等反应来计分，那么出现默认的可能性就更大。因为从心理上讲，否定一个答案比肯定它要更困难，人们一般不太愿意承认“不知道”。

对反应形态问题的对策可以如下：

（1）在选题时，将“是”和“否”反应计分的题目各选一半。

（2）一方面要设法控制回答的误差；另一方面在使用测验资料时也须考虑到误差的存在。为此，就要测定回答的误差，开发出即使有回答误差也能找到有效结论的方法，如统计处理方法和像 MMPI 中的加 K 修正的方法。

5.2　投影测验

引导案例 5-2

罗夏墨迹测验

在人力资源的素质测评过程中，往往情景是特别设定的。很多情况下，被测者可能已经熟知了结构化的提问内容、结构化的测评程序，因而这种回答往往带有欺骗性，被测者对问题的回答和个性表现并不一定真实可信，被测者的个性素质是否真的符合企业的要求往往难以鉴别，从而最终招聘结果往往会产生偏颇。那么，如何真实地了解被测者的个性素质，从而招聘到真正与企业相应岗位要求匹配的人力资源呢？让被测者参加罗夏墨迹测验是一个比较好的办法。

罗夏墨迹测验是由瑞士精神病学家罗夏于 1921 年创编完成的。此套测验由 10 张对称的墨迹图片构成，有 5 张是黑白的（1，4，5，6，7），各张墨色深浅不一；2 张主要是黑白墨色加以红色斑点（2，3）；3 张由彩色构成（8，9，10）。施测时，先设法使被测者放松，然后逐次将图片展示给被测者，每展示一张都要让被测者说出他看到了什么或联想到什么。测验可分为四个阶段，即自由（联想）反应阶段、提问阶段、类比阶段和极限测试阶段。前两个阶段是每个被测者都必须接受的，后两个阶段则是在经过前两个阶段仍不能确认被测者反应类型时才考虑采用的。

在开始罗夏墨迹测验之前，需要由人力资源专家根据企业拟招聘岗位的要求和人力资源需求企业的文化特质精心设计一套罗夏墨迹媒介，一般地，由 10 张经过精心制作的墨迹图构成，其中 7 张为水墨墨迹图，3 张为彩色墨迹图，故名罗夏墨迹测验。与此同时，这些图片在被测者面前出现的次序是有规定的。测试者的问题很简单，都是开放式的问题，例如“这看上去像什么”，“这可能是什么”，“这使你想到什么”。一般地，在回答问题的过程中，主试者要着重记录以下几个方面的内容或信息：

（1）反应的语句；

（2）每张图片从出现到开始第一个反应所需的时间；

（3）各反应之间较长的停顿时间；

（4）对每张图片反应总共所需的时间；

（5）被测者的附带动作和其他重要行为等。

罗夏墨迹测验的目的是诱导出被测者的思维特点、判断方式、生活经验、情感、个性倾向等深层次的素质和个性。通过被测者不知不觉、自由式的表达，便会暴露自己的真实心理，而不是像结构化面试那样可以投测评人所好，而掩饰自己的真正想法和特点。因为他（她）在讲述图片上的故事时，已经把自己的心态投射入情景之中了。

罗夏墨迹测验是最著名的投射法人格测验。所谓投射法就是让被测者通过一定的媒介，建立起自己的想象世界，在无拘束的情景中，显露出其个性特征的一种个性测试方法。罗夏墨迹测验发展到今天，用于测试的媒介或者说介质可以根据需要自由设定，可以是一些没有规则的线条，也可以是一些有意义的图片；可以是一些有头没尾的句子；也可是一个故事的开头，让被测者来编故事的结尾。例如某企业在招聘人力资源管理部副部长时，要求被测者用 4 个单字或词：天、太阳、市场经济、人力资源编写一段与自己工作相关的一个故事，用来检测被测者的思维特点、判断方式、生活经验、情感、个性倾向等方面的个性素质。

（资料来源：心理研究——学术空间）

5.2.1　投影测验的假设与特点

1．投影测验的假设

心理投射理论是心理健康测量理论中应用较多的一种，由其衍生而来的心理投射技术在人格测量中得到广泛的使用。

“投射”在心理学上是指个人将自己的思想、态度、愿望、情绪、性格等个性特征，不自觉地反应于外界事物或者他人的一种心理作用，也就是个人的人格结构对感知、组织以及解释环境的方式发生影响的过程。“投射”一词由弗兰克于 1939 年首先明确提出，但是在此之前已经产生了利用投射技术原理编制的投射测验，如 1921 年的罗夏墨迹测验。

投射测验的具体做法是：向被测者呈现一定的刺激材料（一般是没有明确意义的材料），让被测者加以解释或者要求他们将这些刺激材料组织起来。其基本假设如下：

（1）人们对于外界刺激的反应都有其原因而且是可以预测的，不是偶然发生的；

（2）这些反应固然决定于当时的刺激或者情景，但是个人本身当时的心理结构、过去的经验、对将来的期望，也就是他整个的人格结构，对当时的知觉与反应的性质和方向，都会产生很大的影响；

（3）人格结构的大部分处于潜意识中，个人无法凭借其意识说明自己，而个人面对一种不明确的刺激情景时，却常常可以使隐藏在潜意识中的欲望、需求、动机冲突等“泄漏”出来，即把一个反映他的人格特点的结构加到刺激上去。如果知道了一个人如何对那些意义不明确的刺激情景进行解释和组织，就能够推论出有关个体人格结构的一些问题。

2．投影测验的特点

（1）使用非结构任务，这种任务允许被测者有各种各样不受限制的反应。为了使被测者想象，投射测验一般只有简短的指导语，刺激材料也很含糊，模棱两可。在这种情况下，被测者对材料的知觉和解释就可以反映他的思维特点、内在需要、焦虑、冲突等人格方面。可以这样说，刺激材料不具有结构化，反应就越能代表被测者人格的真正面貌。

（2）测量目标具有掩蔽性。被测者一般不可能知道他的反应将做何种心理学解释，从而减少了伪装的可能性。

（3）解释的整体性。它关注人格的总体评估而不是单个特质的测量。

5.2.2　投影测验的分类

心理投射测验依据测验目的的不同、测验材料的不同，测验的编制、实施和对结果的解释方法的不同，以及被测者的反应方式的不同，有着不同的分类。林达塞将投射测验分为五类：

（1）联想型。让被测者说出某种刺激（如单字、墨迹）所引起的联想。

（2）构造型。要被测者根据他所看到的图画编造一套含有过去、现在、将来等发展过程的故事。

（3）选排型。要被测者根据某一准则来选择项目，或做各种排列。可用图画、照片、数字等作为刺激项目。

（4）完成型。提供一些不完整的句子、故事或辩论等材料，让被测者自由补充，使之完成。

（5）表露型。使被测者利用某种媒介（如绘画、游戏、心理剧等）自由表露他的心理状态。如画人、画树测验。

我国有的学者将投身测验分为四类，即联想型、构造型、完成型和表达型。

但是，最为常见的两种基本形式是罗夏墨迹测验和主题统觉测验。

1．罗夏墨迹测验

罗夏墨迹测验（Rorschach Inkblot Method，简称 RIM）是由瑞士精神科医生罗夏于 1921 年编制的一种测验人格的方法。测验的材料由 10 张墨迹图组成，10 张图片中有 5 张是黑白色的，3 张是彩色的，另外 2 张除黑色外，还有鲜明的红色。这 10 张图片都编有一定的顺序，施测的时候每次出示一张，同时问被测者："你看这像什么？"或者"这让你想起了什么？"让被测者按照自己所想象的内容做出自由的描述。主试者要如实记下被测者的每一句话，并记下每一次反应所需要的时间以及行为表现。记录完毕后，要询问被测者是根据墨迹的哪一部分做出反应的，以及引起反应的因素是什么，对回答内容也要做详细记录。罗夏墨迹测验主要应用在精神医学的临床诊断方面，是临床心理学工作者所不可缺少的工具。但是它也存在记分困难、结果的解释带有主观性、经验成分太多等缺点。

2．主题统觉测验

主题统觉测验（Thematic Apperception Test，TAT）是由默瑞和摩尔根于 1938 年在美国哈佛大学编制的另一个人格投射测验。主题统觉测验包括 30 张内容模棱两可的图片和一张空白卡片。图片内容多为人物以及部分景物。主题统觉测验认为，个体面对图画情景所陈述的内容与其生活经验有着密切的关系。内容当中，有一部分内容固然受当时知觉的影响，但其想象部分却包含着个人意识以及潜意识中的反应。也就是说，个体在陈述内容时，常常不自觉地将隐藏在内心的冲突和欲望融入故事情节中，借助于故事中人物的行为宣泄出来，即把个人的内心世界投射于故事中。主试者通过对被测者陈述内容的分析，从而了解其需求。

3．其他类型的投射测验

（1）语句完成测验。这类测验属于完成型，有两种方式：一是限制选择式，在一句未完成的语句后面列有数个短句，要被测者从中选择一个认为最合适的短句完成句子。二是自由完成式，要求被测者将未完成的句子补充完善成完整的句子，而对被测者不加任何其他限制。

如“我喜欢……”，“我认为婚姻生活……”等。较常见的有罗特的未完成的语句填充测验和塞克斯主句完成试验。

（2）绘画测验。绘画测验属于表露型测验。在艺术创作领域中，一般认为作品特别是绘画作品，常透露出创作者的内心世界。基于同样的道理，心理学家也借绘画来了解一个人的心理。绘画法在人格测量中较有名的应用有麦柯弗的画人测验，布克的“屋—树—人技术”（简记为 H-T-F），考夫曼的家庭活动绘画技术（简记为 K-F-D），卡尔柯乞的画树测验等。由于这类测验在使用上相当简便，而且具有时间上经济的特色，尽管其信度和效度长期以来并没得到有利的研究证明，但在临床使用中仍为许多心理学专业人士所青睐。

5.3　评定量表和情景测验

引导案例 5-3

情景模拟面试的主要方式

1. 机关通用文件处理的模拟

这一项目可作为对招考对象的通用情景模拟手段。它以机关的日常文件处理为依据，编制若干个（15～20 个）待处理文件，让被测者以特定的身份对文件进行处理，这些待定文件应是机关干部经常要处理的会议通知、请示或批复、群众来信、电话记录和备忘录等，要求被测者在两至三小时内处理完毕。

测试的待处理文件的编制大体可分三类：第一类是工作中已有正确结论的，这可以在文书档案调查的基础上对某些文件略做加工提炼。这便于对被测者处理结果的有效性进行评价。第二类是某些条件和信息尚不完备的文件，这主要是测试其是否善于提出问题，假设或要求进一步获取有关信息的能力，此类文件的处理应有一定难度，以评价被测者观察力的细致性和深刻性，思维的敏感性、逻辑性和周密性。第三类是文件处理的条件已具备，要求被测者在综合分析问题的基础上做出决策。这类文件应难易相间，以拉开档次。

通用文件处理应以团体方式进行。在测试前，由主持测试者做统一的指导，说明测试的目的及要求，消除被测者的紧张情绪，以利相互配合。

2. 工作活动的模拟

这个测试项目可以采用以下两种形式进行：

（1）上下级对话形式。模拟接待基层工作人员的情景，由被测者饰上级，测评员为下级，或向上级领导汇报或请示工作。这种模拟测试可采用主考者与其对话，其余测评员观察打分的方式进行。测试前应让被测者阅读有关材料，使其了解角色的背景和要求。测试主题可一个专业一题，需有一定难度和明晰的评分标准，时间以每人半小时左右为宜。

（2）布置工作的测试。要求被测者在阅读一份上级文件或会议纪要后，以特定的身份结合部门实际，对工作进行分工布置和安排，这一项目可以按个别测试的方式进行，测评员一般为招考部门领导。在一定条件下，测评员可向被测者发问，以对其进行较深入的整体测评。最后，依据评分标准分别评分。

3. 角色扮演法

事先向考生提供一定的背景情况和角色说明，模拟时要求考生以角色身份完成一定的活动或任务。例如，接待来访，主持会议，汇报工作等。

4. 现场作业法

提供给考生一定的数据和资料，在规定的时间内，要求考生编制计划、设计图表、起草公文和计算结果等。被普遍应用的计算机操作、账目整理、文件筐作业都属于此类形式。

5. 模拟会议法

将若干（10 人左右）考生分为一组，就某一需要研讨的问题或需要布置的活动或需要决策的议题，由考生自由发表议论，相互切磋探讨。具体形式有会议的模拟组织、主持、记录及无领导小组讨论等。其中，文件筐测验、无领导小组讨论是近几年在借鉴国外先进测评技术的基础上开发的面试方法。

（资料来源：中国人力资源——典型案例）

5.3.1 评定量表

1. 评定量表形式

评定量表是通过观察，给被测者的某种行为或人格特性确定一个分数（通常为等级）的标准化程序。它是以自然观察为基础的，评定过程是较长时间的纵向观察及多次印象的综合，而非现场观察的直接记录和短暂印象。根据评量方式不同，评定量表可分为四种形式：数字评定量表、图表评定量表、标准评定量表、强迫选择评定量表。

（1）数字评定量表。在数字评定量表中，评定者根据被评定的某种属性（例如管理能力、人际交往能力等）在被测者身上的表现做出判断并分派给数字值。所有这些评定都要求在一个连续体上的不同位置分派给不同的价值，分别代表不同的属性程度。如评定一个人的管理能力，可在下面的数字评定量表上确定一个等级，如图 5-2 所示。

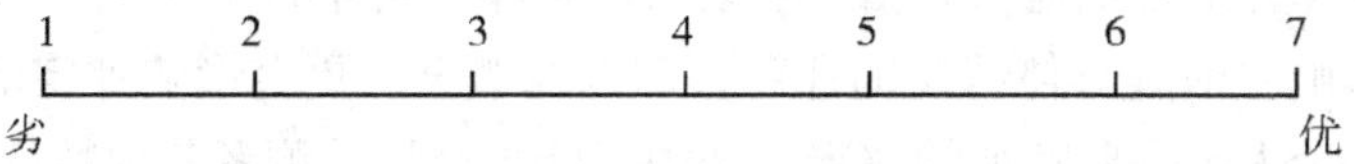

图 5-2　数字评定量表示意图

（2）图表评定量表。要求评定人在一个描述某种行为或特质的维量上选择一个合适的位置来反映被测者具有这种行为或特质的程度。典型的图表评定量表是，在维量的最左端是对行为或功特质最低程度的描述，右端则是最高程度的描述。维量的中间点则是对特质的中间程度的描述。

（3）标准评定量表。评定者将被测者与标准进行比较，从而获得某种特质的估计。

（4）强迫选择评定量表。在该类量表中，每道题目有两个在社会赞许性上等值的句子。要求评定者标出与被测者最为相似和最不相似的句子。虽然有时这种量表有选择上的困难且容易令人生厌，但它要比标准评定量表更公平些。

2．评定量表的编制和应用应注意的问题

（1）人格特征的定义必须清楚。

（2）人格特征的等级必须规定明白。尤其需要注意，等级划分不宜过细。研究表明，只有受过严格训练的人才能区别 11 个等级，大多数人都区分在 7 级以下，通常采用 5 个等级。

（3）量表可用计分法或等级排列法。计分法可使被测者按其自身成绩而获得一分数或占一等级。每一等级有一分数，如用 5 分法时，左右各得–2，–1，+1，+2，以零为均数；或由左而右，由+1 到+5，其均数为+3。等级排列法是团体中各被测者相互比较的一种方法，即由评定者按被测者在某项特征上所拥有的程度排列名次。一种简单的方法是评定者先选出最高、最低和中等者三人作为参照，然后按各被测者拥有特质的程度接近上述三种水平中哪一种，再对他们依次排列。

（4）信度的确定。往往是以同一个评分者对若干被测者两次评分（中间间隔一段时间）结果的相关系数作为信度系数。

（5）效度不易确定。评定量表很难找出有用的效度准则。在实际应用上，评定量表的效度取决于评定者对各项特征意义的了解以及评定的正确与否。

（6）外显特征的评定较内显特征的评定可靠。一些外显的行为活动较之对个体内在生活及自身感情的评定更为可靠。

（7）评定者需要接受指导。评定者需要了解影响信度和效度的各个方面。如评定过严、过宽或趋中评定（避免做出极端的评定）的倾向都会缩小分数分布的范围而使评定的区分度

降低；逻辑错误（评定者把他认为相互联系的特质都做同样的评定）和“光环”效应（对一个人总的看法影响了对其具体特质的评定，即以偏概全）更会影响评定的“正确性”。所以评定者对于同一个人某一项特征的评定，必须不能与对该被测者其他特征的评量相混淆，即避免“光环”效应；评量不可在对被测者没有适当认识的情况下进行；评定者必须对各个社会阶层的人都有所认识；同时必须有最诚恳的动机而使评定达到规定的要求。

5.3.2 情景测验

情景测验是指预先布置一种情景，由主试者观察被测者在此情景中的行为表现，从而判定其人格。用于测验人格的情景，不外是“实际生活情景”与“设计的情景”，前者多用于教育上，如品格教育测验；后者多用于特殊人员的选拔，如管理人员情景压力测验。

1．品格教育测验

哈特松和梅尔所设计的一套品格教育测验（CEI）就是最典型的情景测验之一。

CEI 采用的是学龄前儿童日常生活或学习中所熟悉的、自然的情景，用来测量诸如诚实、自我控制以及利他主义等品格或行为特点。一种方式是用于平常考试的情景，试题多而做答方式简单。“考试”完毕后将试卷收回，复印一份。然后在下次上课时，将未批示的试卷连同标准答案一起发给学生，让学生自己批改并打分。最后再将试卷收回，与复印的试卷对照，就可以看出学生是否有修改答案以提高分数的不诚实行为。

另一类诚实测验由多种特制的材料组成，包括曲线迷、周迷、方迷三种测验。例如周迷测验，给学生一张画有 10 个大小不等和位置不规则的圆圈的纸，要求学生闭紧双眼，用铅笔在每个小圆圈中画上记号。根据哈、梅二人的研究，每次最多只能画中四五个小圆圈，所以连续三次总成绩不应超过 13 个，如果超过此分，则表示被测者不诚实。上述三个测验均要事先通过控制测验确定诚实分数常模，亦即在不偷看的情况下，各团体的被测者所能获得的最高分数。

2．管理人员情景压力测验

该测验比较逼真、自然，而且在许多情况下，被测者并不知道自己被观察，故可以收集到一些在平常情景下不大可能出现且又难以测量的内容。但其不易做到标准化，使用起来费时费钱、效率低，不宜用于大量的人员测评。一般常用于中高层管理人员和一些特殊岗位人员招聘。

本章重点概念

罗夏墨迹测验　　主题统觉测验　　语句完成测验　　绘画测验　　情景测验

自测题

一、判断题

1. 我国是在 20 世纪 70 年代引进明尼苏达多项人格测验经典心理测验量表的。(　　)

2. 艾森克人格问卷由 P，E，N 和 L 四个量表组成，主要调查内外向（E）、神经质（N）、精神质（P）三个维度。(　　)

3. 人格测验主要的问题之一是反应偏差的存在。(　　)

4. 与其他人格测验相比，投射测验的测量目标具有掩蔽性。(　　)

5. 情景测验中的品格教育测验多用于特殊人员的选拔。(　　)

二、单选题

1. 卡特尔 16PF 的测验功能不包括（　　）。

A. 用于人才选拔和培养

B. 用于教育及辅导

C. 用于预测个人未来发展

D. 用于心理障碍、心身疾病的预防、诊断、治疗

2. 加州心理测验调查表（CPI）中文国内修订版不包括（　　）。

A. 通俗概念量表　　B. 结构量表

C. 特殊目的和研究量表　　D. 形式量表

3. 心理测验专家把反应偏差分为反应定势和（　　）。

A. 反应强度　　B. 反应形态　　C. 反应效度　　D. 反应形式

4. 不属于投射测验的是（　　）。

A. 创造性测验　　B. 语句完成测验

C. 绘画测验　　D. 罗夏墨迹测验

5. 属于情景测验的是（　　）。

A. MBTI 测验　　B. 品格教育测验

C. 艾森克人格测验　　D. 主题统觉测验

三、多选题

1. 卡特尔 16PF 的特点有（　　）

A. 客观性　　B. 标准化　　C. 多功能　　D. 广普性

2. 根据所表现的心理特征，加州心理测验调查表（CPI）的 18 个分量表可分为（　　）。

A. 人际关系适应能力的测验　　B. 社会化、成熟度、责任心及价值的测验

C. 成就潜能与智能效率的测量　　D. 个人生活态度与倾向方面的测量

3. 人格自陈量表编制时对反应形态问题的对策可以有（　　）。

A. 在选题时，将“是”和“否”反应计分的题目各选一半

B. 创设使被测者老实回答的情景，如指导语或权威暗示等

C. 设法控制回答的误差

D. 为人格量表加上掩饰的名称，尽量不使量表名称诱发被测者的防卫心理

4. 心理投射测验中最为常见的两种基本形式是（　　）。

A. 罗夏墨迹测验　　B. 智能效率测验　　C. 荣格心理测验　　D. 主题统觉测验

5. 评定量表一般的形式有（　　）。

A. 数字评定量表　　B. 图表评定量表

C. 标准评定量表　　D. 强迫选择评定量表

四、简答题

1. 常见的自陈量表的题目形式有哪些？
2. 什么是罗夏墨迹测验？
3. 什么是主题统觉测验？
4. 什么是语句完成测验？
5. 什么是绘画测验？
6. 情景测验的概念是什么？

案例分析

独生子女的人格测试

某机构对城市 10～12 岁的独生子女进行了人格测试。在人格调查问卷中，他们设计了两道自由填答的题目，“生活中你最高兴的事情是什么”和“生活中你最烦恼的事情是什么”，然后请被抽中的独生子女自由填答。孩子们对回答这两道题很踊跃，95%的独生子女（3 075 人）填答了第一个问题，93%的独生子女（3 058 人）填答了第二个问题，总共收集了 6 133

条独生子女对最高兴和最烦恼的事情的表述。测试者认真阅读了全部的表述（约20万字），根据表述内容做了大致的分类，写出每类的主题词，然后利用计算机对这些主题词进行了检索。下面就是主题词检索的结果。

（1）生活中你最高兴的事情是什么？

检索发现：独生子女最高兴的事情可分为四类：

1）关于玩。高达21%的独生子女（633人）在描述最高兴的事情时使用了“玩”这一词汇；7%的独生子女（202人）使用了“球”，包括足球、篮球、乒乓球等；6%的独生子女（180人）说看课外书是最高兴的事情；4%的独生子女（124人）则觉得看电视是最高兴的事情。其他被叙述成最高兴的事情的还有：旅游、唱歌、玩电脑、游泳、听音乐、体育运动、聊天、郊游、看卡通、过生日和探险等。独生子女对“玩”的典型表述是“生活中我最高兴的事情是能出去玩”，“爸爸妈妈和我一起出去玩”，“能玩得痛快”，“玩的时候不受干扰”，以及“和父母及许多朋友友善地在一起聊天、看电视”等。在与被调查的独生子女交谈时，我们发现，他们最高兴的事情是玩，并非他们真正得到了“玩”的满足，而恰恰因为不能经常痛快地“玩”，结果使“玩”成了一种生活中的渴望或期待。

2）关于提高学习成绩。17%的独生子女（528人）说生活中最高兴的事情是学习成绩提高了，7%的独生子女（202人）说最高兴的事是得到了老师或家长的表扬，4%的独生子女（135人）说当他们获得了成功的时候他们最高兴。其他有关的主题词还有：好成绩、第一名、名列前茅、奖（一等奖、夸奖、得奖等）、100分、优异成绩、三好学生等。独生子女对学习成绩的典型表述是“考试成绩第一名”，“考试顺利，成绩好”，“我的学习成绩超过平时比我强许多的人”等。同“玩”一样，许多独生子女将学习成绩提高列为最高兴的事情，是因为他们缺少好的学习成绩，总是达不到老师和家长的期望。第一名在全班只有一个，那么没有获得如此优异成绩的孩子就幻想也能得到第一名，结果这也成了儿童生活中的一种期待。

3）关于朋友。19%的独生子女（586人）说他们最高兴的事情是获得了朋友，6%的独生子女（181人）说最高兴的事情是同学理解或信任他。因为“朋友”与“同学”同时被选中的几率极低，我们可以将两个百分比合并，得到25%，也就是说，至少有25%的独生子女认为他们最高兴的事情是与朋友有关的。至于是他们渴望获得朋友还是已经获得了朋友，我们还难以准确判断。从答题来看，这两种情况可能都有。独生子女对朋友的典型表述是“生活中最高兴的事情是与朋友交谈”，“认识许多新朋友”，“朋友能理解自己”，“与朋友一起玩”等。

4）关于家庭。我们检索了五个主题词：爸爸、妈妈、家长、父母和家庭。其百分比分别是：爸爸6%（186人），妈妈7%（227人），家长4%（117人），父母7%（213人），家庭2%（66人）。除了“爸爸”、“妈妈”同时被选中的几率较大，其他词汇很难同时被选中，所以可将“爸爸”、“妈妈”、“家长”、“父母”、“家庭”五词的百分比合并，得出20%，说明至少有20%的独生子女关注家庭，希望家庭生活快乐，或者已经从家庭生活中获得了快乐。他们对家庭的最典型的表述是“温馨家庭”、“温暖家庭”、“快乐家庭”、“父母疼我，爱我”、“父母理解我”、“父母和我一起玩”等。

（2）生活中你最烦恼的事情是什么？

独生子女最烦恼的事情也分成四类。与“最高兴的事情”不同的是，所有独生子女所叙述的烦恼都是现实生活已经发生的，而不是他们的一种期待。

1）学习压力。20%的独生子女（610 人）最烦恼的事情是学习，20%的独生子女（610人）为考试发愁，15%的独生子女（463人）担心自己的学习成绩，9%的独生子女（268人）则感到作业的压力。其他相关的主题词还有失败、功课、分数、名次和学习压力。独生子女对学习压力的典型表述是“考试不及格”，“考砸了”，“分数不好”，“上课回答不出问题”，“功课不好”，“繁多的”、“堆积如山的”、“大量的”、“一大堆”以及“做不完的”作业。

2）批评压力。在现实生活中，独生子女受到极大的批评压力，当然这与他们的学习成绩有关。如果学习成绩不好，受到的压力就更大。主题词检索的结果是：批评9%（263人）；打4%（129人）；骂3%（100人）；责备2%（76人）等。其他相关的主题词还有“不相信”、“指责”、“唠叨”、“嘲笑”、“挖苦”等。独生子女对批评压力的典型表述是“生活中最烦恼的事情是挨打”，“当着全班同学的面被老师教训”，“考试失败，爸妈打骂我”，“我常被家长骂得狗血淋头”，“考试没考好，回家被父母批评，说我没上进心”等。

3）父母与子女的关系。主题词检索的结果是：在最烦恼的事情中，父母、家长19%（560人）；妈妈7%（228人）；爸爸6%（179人）；不理解7%（217人）。独生子女的典型表述是“父母不让我……”，“不能做自己喜欢的事情”，“父母限制我”，“心中的苦，无法向家长解释”，“父母不理解我”，“父母对我失望，总拿比我强的人和我比”，“父母偷看我的日记”等。

4）交友。在独生子女最烦恼的事情中，与朋友的关系也占较大比例。主题词检索结果是：朋友11%（327人）；同学4%（130人）；吵架3%（100人）。其他有关的主题词是了解、看不起、孤独、闹矛盾、好友、排斥、抛弃等。对此的典型表述是“朋友不和我好了”，“和朋友吵架了”，“失去了好友”，“朋友不理解我”，“朋友排斥我”，“知心朋友抛弃了我”，“同学看不起我”，“不能得到朋友的信任”，“同学之间闹矛盾”等。

看来，学习压力、批评压力、父母与子女的关系、交友是现代社会中独生子女的四大烦恼。从独生子女答题来看，前三个烦恼有连带关系。因为学习不好（不好的意义只是没有得前几名），就太有可能受到家长的批评，因为批评，形成子女对父母的戒备心理和抵触心理，结果影响了父母与子女的关系。交友烦恼则相对独立于前三个烦恼。独生子女没有兄弟姐妹，他们更渴求同龄伙伴，希望发展亲密关系，但因为缺少经验和父母、教师的必要指导，导致独生子女在交友方面的痛苦和焦虑。

案例分析：人格测量的方法主要有三种：自陈量表、投射技术和情景测验法。本案例采用的是自陈量表。所谓自陈量表，是先通过与儿童谈话、测试，筛选独生子女生活中的各种有关因素，然后设计一个问卷。这个问卷也就是自陈量表，即由被选中的儿童根据问卷项目来提供关于自己人格特征的报告。

自陈量表的题目形式有多种，有“是非式”，也有“二选一式”、“多项选择式”，还有自由填答式。此案例采用的是“自由填答式”，即由测试者列出题目，请被测者自由回答。

采用何种方法及何种形式，应由被测者的特点和实施情况而定。应该说，用自陈量表的自由填答的方法了解儿童的想法是很难深入的，但它最大的好处是：由于是一个抽样样本，通过这些儿童的回答可以看出独生子女状况的整个趋向。所以，在特定目标范围还是有一定效果的。

（资料来源：中华心理网——心理测试）

案例思考题

1. 你认为对独生子女的人格测验方法一定要采用自陈量表吗？如果不一定，你会采用其他什么方法？

2. 你认为案例中的测验一定要采用自由填答形式吗？可否采用其他自陈量表形式？如果可以，你试设计一种形式。

调查研讨题

1. 你所了解的招聘录用中的人格测验，哪种方法使用的较多？为什么会这样？

2. 调查一下自陈量表、投射测验、评定量表、情景测验都主要针对哪些人进行人格测验？

第6章

能力测验

学习目标

- 了解一般能力测验的局限性。
- 掌握智商的概念和计算公式。
- 重点掌握能力倾向测验的种类、管理能力测试的内容。
- 熟悉一般能力测验的概念。

学习导航

6.1 一般能力测验
6.1.1 一般能力测验的概念
6.1.2 一般能力测验的种类
6.1.3 对一般能力测验结果的解释
6.1.4 一般能力测验的各种量表
6.1.5 人员招聘常用的一般能力测验
6.1.6 一般能力测验的局限性

6.2 能力倾向测验
6.2.1 能力倾向测验概述
6.2.2 招聘选拔中常见的一些能力倾向测验

6.3 管理能力测验
6.3.1 管理能力测验概述
6.3.2 数量分析能力测验
6.3.3 逻辑推理测验
6.3.4 敏感性与沟通能力测验
6.3.5 创造力测验

6.1　一般能力测验

引导案例 6-1

一般学习能力测验

一般学习能力是人们在学习、工作及日常生活中必须具备并广泛使用的能力。职业或专业的水平越高，对人的一般学习能力的要求亦越高。下列各种学习能力请根据你的实际情况回答。

（1）你能快而容易地学习新内容。

非常符合（　　）比较符合（　　）难以回答（　　）不太符合（　　）很不符合（　　）

（2）你能快而正确地解决数学题目。

非常符合（　　）比较符合（　　）难以回答（　　）不太符合（　　）很不符合（　　）

（3）你的学习成绩总是名列前茅。

非常符合（　　）比较符合（　　）难以回答（　　）不太符合（　　）很不符合（　　）

（4）对文章的理解、分析和综合能力较强。

非常符合（　　）比较符合（　　）难以回答（　　）不太符合（　　）很不符合（　　）

（5）对所学知识的记忆能力较好，不容易忘记。

非常符合（　　）比较符合（　　）难以回答（　　）不太符合（　　）很不符合（　　）

（资料来源：中华策划网——企业服务）

6.1.1　一般能力测验的概念

一般能力是针对个性方面智力系统特点而言的，是人从事任何活动所必需的基本能力，如感知能力、观察力、注意力、记忆力、想象力、思维能力和言语的表达能力等，也就是我们通常所讲的智力。一般能力测验，也就是智力测验。这种智力测验不同于知识测验，而是智力测量，是心理测量的一种。

智力测验是用以测量人的智力水平的一种方法。测量智力的工具称为智力量表。由于一个人智力水平的高低通常用智商来表示，所以智力测验又叫智商测验。智力的理论研究为各种类型的智力测验提供了理论基础，如智力因素理论为各种智力测验的构想效度提供了依据，智力的稳定性理论则为智力测验的预测效度提供了依据。

相关链接

世界上第一个正式的智力测验是由法国心理学家比奈和医生西蒙在 1905 年编制的。它产生的目的是为了分辨出不适合在一般学校学习的智力落后儿童，从而给以特殊教育。比奈认为，智力是由多种能力组成的，智力测验必须包含大量不同类型的测验项目。同时，年龄也是影响测验结果的一个关键因素，最聪明的 3 岁的孩子也不能与一个智力一般的 9 岁孩子相提并论。为此，他们提出了“心理年龄”的概念，表示智力水平的办法是计算智商。

6.1.2　一般能力测验的种类

1．个别测验和团体测验

任何测验都可以由主试者向一个人单独施测，也可以同时施测于一组人。根据施测对象的数目，测验可以划分为个别测验和团体测验。个别测验是指那种在同一时间内主试者只能对一个被测者进行施测的测验。如比奈—西蒙量表、韦克斯勒儿童智力量表等大多数儿童智力测验都属于个别测验。个别测验对于某些特殊对象，如幼儿、智力障碍儿童等尤为必要。它耗费的时间和精力较多，测验程序比较复杂，并且主试者必须接受严格的训练后方能胜任。因此显得不够经济，短时间内不可能获得大量资料。

团体测验与个别测验相反，能够在同一时间内由一位主试者对多名被测者进行施测，如一般的教育测验、各种人格量表，以及团体智力测验等都是集体进行的。团体施测较之个别施测显然可以节省大量人力与时间，并且可以在短时间内收集大量信息，同时主试者也无须接受严格的专业训练。与个别测验相比，它的缺点是主试者无法充分观察和控制每一位被测者的反应，测量误差不易控制。

2．文字测验和非文字测验

测验题目可以由各种不同的方式呈现，比如文字、数字、图形或各种实物都可用以组成题目进行测验，测验呈现的方式不同，被测者的做答方式也不一样。根据这一特点，心理测验又可以划分为文字测验和非文字测验。

文字测验的题目以文字材料组成，要求被测者用文字或语言的方式做答。文字测验的实施比较简便，而且较易于测量人类高层次的心理功能。但是，这类测验容易受社会文化背景的影响，在跨文化比较研究中应用比较困难。同时，不同的文化程度会影响测验结果，对于那些在语言文字方面有困难的人和幼儿则完全不适用。

题目不以文字表述，被测者不以语言或文字方式做答的测验称为非文字测验。非文字测验的说明由主试者口头叙述，测验题目多属于图画、工具、模型等，对仪器、实物等辨认的操作性测验，也属于非文字测验。这类测验一般只适用于个别施测，费时费力，且对测验结果的评分易受主观因素的影响，很难达到严格的标准化水平。但是由于其材料的特殊性，这类测验不易受文化因素的影响，可用于文化水平较低者，如学龄前儿童、文盲等，并且适合于跨文化研究。

由于一个人在认知领域的知识往往并不能代替其在操作领域的技能，因此一般的智力测验同时包含两类题目，并且将两部分测验先分别计分，然后再结合起来进行解释，效果较好，如韦克斯勒儿童智力量表。

3．速度测验和难度测验

速度测验关注的是回答题目的速度，要求被测者尽快做答，完成题目越多越好。其目的在于考察被测者在测验任务上的反应速度。速度测验一般由比较容易的题目组成，不需要深入思考，只是题量大且时间限制非常严格，在一般情况下几乎没有被测者能够在允许的时间内完成全部题目。这类测验以被测者在规定时间里答对的题目数量来区分优劣，常用于测查需要牢固掌握的基础知识部分。

难度测验关注的是被测者答题的正确性，要求被测者认真思考，准确地回答问题。测验的构成比较复杂，题目从易到难排列，最难的题目几乎没有一个被测者能够解决。这类测验可以没有时间限制或限制得非常宽松，通常以 95%的被测者都有可能做完全部题目为前提来规定时间。它旨在测量被测者的解题技巧和解决问题的最高能力，以完成的数量和准确性为计分标准。典型例子是各类学科竞赛所用的难度测验。

6.1.3　对一般能力测验结果的解释

1．智力年龄

比奈—西蒙量表 1908 年首先使用智力年龄（IA）的概念，该量表把测验项目依难度大小归入相应的年龄组，编成年龄量表，以智力年龄表示智力水平的高低。所谓智力年龄，是指在智力年龄量表上实际所达到的年龄，又称为心理年龄（MA）。例如，一个实际年龄为 7 岁的儿童，他若能通过 7 岁量表，则其智力年龄也为 7 岁，表示他达到了 7 岁的智力水平；如果他能通过 8 岁量表，则其智力年龄就为 8 岁，表示他达到了 8 岁的智力水平。但在实际测试中，被测者往往在某个低年龄水平的题目上失败，却通过了更高年龄水平的题目。因此求智力年龄，首先必须确定基础年龄。一般把正确回答了全部问题的最高年龄作为基础年龄，基础年龄加上完成高年龄组题目所代表的年龄，这个值的和就是被测者的智力年龄。

例如，在吴天敏修订的比奈—西蒙量表中，每个年龄组都有 6 道测验题，答对每道题的智力年龄为 2 个月。某被测者 6 岁组题目全部通过，7 岁组通过 3 道题，8 岁组通过 2 道题，9 岁组通过 1 道题，则其智力年龄为：

$$\text{智力年龄}=6+3\times2+2\times2+1\times2=6+12=7\text{（岁）}$$

需要指出的是，这样所得的智力年龄，只表示个人当时的智力发展水平，并不能作为直接表示个人智力发展优劣的标准。

2. 心智商数

德国心理学家斯特恩首先提出用一个比率或商数的方法来表示智力水平。他认为比奈—西蒙量表所使用的智力年龄，只能表示绝对的智力水平而不能表示比较的或相对的智力水平。例如，一个 5 岁儿童智力年龄为 7 岁，一个 8 岁儿童智力年龄为 10 岁，两者的智力年龄都是早两岁，仿佛智力水平相等，但由于实龄大小不同，其意义也不一样。这个差异用智力年龄无法表示。于是斯特恩提出用心智商数来衡量智力水平的高低，其公式为：

$$\text{心智商数}=\text{智力年龄}/\text{实际年龄}$$

根据这个公式，上述 5 岁儿童的心智商数为 7 除以 5 等于 1.4，而 8 岁儿童的心智商数为 10 除以 8 等于 1.25。这样就可以表示这两个儿童的智力差异了。

3. 智力商数

1916 年推孟在他修订的斯坦福—比奈量表中首先使用智力商数来表示智力水平的高低。他认为心智商数常常是一个小数，既烦琐又不易理解，于是他主张将心智商数乘以 100，并称做智力商数，简称智商（IQ）。其公式为：

$$\text{智商（IQ）}=\text{智力年龄}/\text{实际年龄}\times100$$

根据这个公式，上述两个儿童的智商分别为 140 和 125。

斯坦福—比奈量表在计算智商时对实际年龄有一些特殊规定。1916 年斯坦福—比奈量表规定，凡实际年龄在 16 岁以下者，用实际年龄作除数；凡实际年龄在 16 岁以上者，一律以 16 作除数。1937 年修订的斯坦福—比奈量表规定，13 岁以下者用实际年龄作除数，16 岁以上者一律以 15 作除数，年龄在 13 ~ 16 岁之间，以 13 加上超过 13 岁的月数的 2/3 为除数。例如，15 岁儿童以 13 岁 16 个月为除数（$13+24\times2/3$）。推孟的这一规定是依据随着年龄增长智力发展减慢的理论而提出的。

智商虽然可以描述一个人智力水平的高低，也可以根据 IQ 值区别两个人的智力水平。但传统的智商在理论和应用上有两个主要障碍：

（1）智力发展速度先快后慢，与年龄的增长不成直线关系，且智力发展何时达到顶点尚有争议，因而，计算成人智商应以多大实足年龄作除数尚无统一标准，这样采用不同的除数所得的智商就不相同。

（2）在不同年龄组中智商分布具有不同的标准差，因而相同的智商对于不同年龄便具有不同的意义。也就是说 IQ 值不能说明一个人在团体中的智力水平是高还是低。例如，一个人的 IQ 值为 100，该团体的智商分布是 70 ~ 100，那么此人在团体中智力水平算最高；若该团体的智商分布是 100 ~ 140，那么此人在团体中智力水平就算最低的。而且随着年龄增长，智力分布的标准差会变大，即使二人的 IQ 值相同，但只要实际年龄不一样，则二人在所属团体中的位置或相对智力水平也就不一样。于是有人提出用智力标准分数和离差智商（IQ_D）来表示智力的相对水平。

4. 离差智商

所谓离差智商，是指将一个人的智力测验分数与同年龄组的平均分数比较所得到的标准分数，它是以标准差为单位的个人分数偏离团体平均数的相对数量。这种智商是根据离差计算出来的，故称离差智商。其计算公式为：

$$\text{离差智商}（IQ_D）=K\times(X-M/S)+100$$

式中，X 为某人实得的智力测验分数，M 为某人所在年龄组的平均分数，S 为该年龄组分数的标准差，100 为指定的常态化标准分数的均数值，K 为其标准差（韦克斯勒量表的 K=15，斯坦福—比奈量表的 K=16）。

韦克斯勒测验中使用的就是离差智商，该测验依据智商分布列出的智力等级如表 6-1 所示。

表 6-1　韦克斯勒的智力分类表

IQ	类　别	百分比（%）
130 以上	非常优秀	2.2
120 ~ 129	优秀	6.7
110 ~ 119	中上（聪颖）	16.1
90 ~ 109	中等（一般）	50.0
80 ~ 89	中下（迟钝）	16.1
70 ~ 79	低能边缘	6.7
69 以下	智力缺陷	2.2

（选自《韦克斯勒成人智力测验量表》，1955 年英文版。）

6.1.4 一般能力测验的各种量表

世界上第一个智力量表是法国心理学家比奈和他的同事西蒙于 1905 年编制的，称为比奈—西蒙量表（简称比—西量表），该量表是应法国教育部区分正常儿童与低能儿童的需要而编制的。此后陆续编制的各种智力量表和类似智力量表的测量工具有 200 种以上，其中以斯坦福—比奈量表和韦克斯勒智力量表最具影响力和权威性。我国也先后对比—西量表和韦氏量表进行了修订，从而将其使用面推广到全国。下面介绍几种较常用的智力量表。

1. 斯坦福—比奈量表

斯坦福—比奈量表的最大优点之一在于用智商（IQ）代替智力年龄表示智力水平。这个量表可适用于 2 岁以上直至成人的 20 个年龄组的个别测验。测验包括定义、语文类推、适应问题、算术问题、记忆、一般知识、发现谬误、空间问题和理解等项目。这个测验的优点之一是用离差智商代替智商来衡量智商的高低。常模是根据来自不同地理环境、不同经济水平、不同民族的 20 万儿童测验结果制定的，因而具有很强的科学性。

斯坦福—比奈量表的材料包括一盒标准玩具（用以测量幼儿）、两册图画卡片、一册测验指导手册、一个记录反应本子。测验对象为 2 岁至成人，斯坦福—比奈量表实施时，每个被测者只接受适合年龄组程度的项目，而不是所有的项目都去尝试。幼童测验时间不超过 40 分钟，年龄大的不超过一个半小时。

我国于 1982 年完成《中国比奈测验》。该测验共有 51 个项目，从易到难排列，每项代表 4 个月智龄，每岁 3 个项目，可测验 2～18 岁被测者。用离差智商评定智商的高低。

中国比奈测验必须个别施测，并且要求主试者必须受过专门训练，对量表相当熟悉且有一定经验，能够严格按照测验手册中的指导语进行施测。为了节约测验时间，吴天敏在《中国比奈测验》的基础上又编制了《中国比奈测验简编》，由 8 个项目组成，一般只需 20 分钟即可测定。

相关链接

比奈（Alfred Binet，1857—1911），法国心理学家，智力测验的发明者。1905 年与西蒙（Theodore Simon）合作制定比奈—西蒙智力量表。他的主要目标是鉴别学习学校课程需要特别帮助的学生。比奈于 1908 年到 1911 年修订他的智力量表，在他意外死亡之前得到最后结果。1916 年，斯坦福大学的特曼（Lewis M. Terman，1877—1956）修订了这个量表，采纳了德国心理学家 William Stern 的建议，将测量出的个人智力水平称为智商（IQ），测验命名为斯坦福—比奈智力量表，是今天智力测验的基础。

2．韦克斯勒智力量表

韦克斯勒是根据人类智力由几种不同的能力组合而成的观点来编制其量表的。因此，韦克斯勒智力量表（简称韦氏量表）不仅能了解个体智力发展的水平，而且能够了解构成个体智力各因素发展的特点。韦氏量表包括言语和操作两个分量表，言语分量表包括常识、理解、算术、类同、词汇和背数（又称数字广度）6 个测验项目；操作分量表包括填图、图片排列、积木图案、拼图、译码和迷津 6 个分测验，如表 6-2 所示。韦氏量表可以同时提供总智商分数、言语智商分数和操作智商分数以及 10 个分测验分数，能较好地反映整体智力和智力的各个侧面。

表 6-2　韦氏量表测验项目

分测验名称		所欲测的内容
言语量表	常识	知识广度、一般学习能力及对日常事务的认识能力
	背数	注意力和短时记忆力
	词汇	言语理解能力
	算术	数学推理能力、计算和解决问题的能力
	理解	判断能力和理解能力
	类同	逻辑思维和抽象概括能力
操作量表	填图	视觉记忆、辨认能力、有视觉理解能力
	图片排列	知觉组织能力和对社会情景的理解能力
	积木图案	分析综合能力、直觉组织及视动协调能力
	拼图	概括思维能力和直觉组织能力
	数字符号	知觉辨别速度与灵活性

韦氏量表必须个别施测，测验的实施要按量表手册规定将各分测验的项目逐一进行。有些分测验可按年龄不同确定适当起点，不必都从最初项目开始。连续若干项目都失败时（各分测验有不同的规定）便终止该分测验。在言语测验中，有的项目通过时记 1 分，未通过时记 0 分；另一些项目按回答质量记 0，1 或 2 分。在操作测验中，每种操作结果都按质记分。有时间限制的项目，超过规定时间即使通过也记 0 分；提前完成的按提前时间的长短记奖励分。一个分测验中的各项目的得分相加，称该分测验的粗分（或称原分）。粗分按手册上相应用表换算成量表分。言语和操作测验的各分测验量表分相加，成为言语和操作量表分。所有分测验量表分总和，称全量表分。将量表得分按离差智商计算公式，就可计算出智商数。

表 6-3 是一个 8 岁零 8 个月儿童的测验得分情况。

表 6-3　韦氏儿童量表得分

语言测验		常识	类同	算术	词汇	理解	背数	合计
	原始分	12	8	15	35	16		
	量表分	10	9	12	11	9		51
操作测验		填图	排列	积木	拼图	译码	迷津	合计
	原始分	20	23	50	20	60		
	量表分	14	11	17	15	15		72
	语言测验			操作测验			量表总分	
量表分	51			72			123	
智商（IQ）	101			131			116	

韦氏量表的 IQ 值都是以 100 为平均数，以 15 为标准差的离差智商。测验时限为 1～2 小时。测验内容的丰富和考察结果的精细使得测验实施显得尤为复杂，因此主试者一定要经过专业培训。

韦氏量表有许多优点，主要的有便于测量各种智力因素；测验的年龄覆盖范围大；测量的智力范围广；应用范围大。同时学者们也指出了韦氏量表的一些缺点或不足之处。例如，三套量度表难度的衔接不好。如追踪测量，先作儿童量表后作成人量表时，后者的智商往往高于前者很多（排除了学习效应因素）。分测验中有些起点偏高，可能由于取样时排除了智力低下的人，所以不便于测量低智力的被测者。

3. 瑞文测验

瑞文测验是英国心理学家瑞文于 1938 年编制的一种非文字智力测验。该测验原名叫“渐进性矩阵图”，整个测验一共由 60 张图案组成，按逐步增加难度的顺序分成 A，B，C，D 和 E 五组，要求被测者对量表中的图形关系进行推理，可测量图形比较、组合以及系列关系、互换等抽象推理能力。瑞文测验适用于 5 岁半以上智力发展正常的人。此后，心理学家又编制出瑞文彩色推理能力测验，适用于 5～11 岁儿童和心理有障碍的成人；还有瑞文高级推理能力测验，适用于智力高于平均水平的人。这样，原来的瑞文测验现已被称为瑞文标准推理能力测验，以示区别。

瑞文测验的优点在于测验对象不受文化、种族与语言等条件的限制，适用范围广，测验既可个别进行，也可团体实施，使用方便，省时省力。它适合于跨文化研究，以及正常人、聋哑者和智力迟钝者之间的比较研究，还可以作为大规模测查或智力初步划分的理想工具。

相关链接

瑞文测验的编制者曾在 1947 年和 1956 年对标准推理测验做过小规模的修订，1947 年又编制了适用于更小年龄儿童和智力落后者的彩色推理测验（Raven's color Progressive Matrices，CPM）和适用于高智力水平者的高级推理测验（Raven's Progressive Matrices，APM）。我国心理学家自 1985 年以来进行了大量的研究工作，并对瑞文测验进行了修订。例如，张厚粲对瑞文标准推理测验进行了修订，李丹修订出版了“瑞文测验—联合型（CRT）”等。

6.1.5　人员招聘常用的一般能力测验

1．奥斯特的心理能力自我测验

这是挑选员工时最常用的一种测验。测验集体进行，所花时间短，适用于选聘不需要很高智力的、级别较低工作的求职者，如普通职员、流水线操作工、计算机制表操作员、低级工头和监工等。对选聘级别较高工作的求职者不太适用。

2．万德利克人员测试

这种测验是奥蒂斯测验的简编形式，在工业企业挑选雇员时使用特别普遍。因为这种测验只需要 12 分钟，是一种非常简单、经济的筛选手段。该测验对测验被测者能否胜任某些低级工作，特别是文书类工作是很有用的。

3．韦斯曼人员分类测验

这也是一种集体测验，测验大约 30 分钟。测验有语言部分分数、数字部分分数和总分，并且提供推销员、生产监工和行政培训生的常模。测验的语言部分是一种类推形式。

例如：（　　）对夜晚的关系就像光亮对（　　）的关系一样。

每题中若干选择答案供被测者选择后填入括号。数字部分由计算项目和理解分析文字项目组成。韦斯曼测验更适用于比上述各种测验较高级人员的挑选。

下面是一个典型的测验例子：

（1）数列中括号内应是什么数字？

8-8-14-21-29-（　）

（2）“挖”相对于“掘土机”，“凿”相对于什么？

A. 刀子　　B. 削　　C. 转机　　D. 切　　E. 拖拉机

4. 韦克斯勒成人智力测验

韦克斯勒成人智力测验量表包括语文和作业两个量表，语文量表包括常识测验、理解测验、算术测验、记忆广度测验、类比测验、词汇解释测验六个分测验，作业量表包括符号替代（主要测验短时间回忆和视觉形象）、图形补充（主要测验视觉的形象、视动的协调、视觉知觉的分析）、图形设计（主要测验形式知觉、视觉知觉的分析及视动协调）、连环图系（主要是测验视觉的领悟和非文字材料的组合）、物形配置（主要测验视觉的综合与视动的协调）五个分测验。共有测验题 311 个，适用于 16 岁以上的成人。在招聘时主要用于高级人员的挑选。

5. 瑟斯顿个别智力测验

瑟斯顿个别智力测验认为智力由七种因素构成，并根据七种因素编制了智力测验。其内容如下：

（1）字的流畅。主要测试阅读能力。

（2）语文意义。主要测试对语文的表达。

（3）数字。主要测试对计算的快与准确。

（4）空间关系。主要测试对各种图形的相似或相关。

（5）记忆。主要测试对名词数字的记忆。

（6）知觉速度。主要测试运用知觉快速与准确的辨别。

（7）推理。主要测试对数字、符号等的推理。

6. 瑞文推理测验

高级瑞文推理测验是广泛使用的非文字性能力测验。通过非言语抽象图形的推理任务，测查智能发展水平优秀者的个体心智能力。可以用于个体和团体测验。

6.1.6　一般能力测验的局限性

（1）心理测验研究始终没有解决什么是一般智力问题。由于国内外心理学家对智力所下的定义各异，智力组成因素也不确定，目前的智力测量的准确性不像物理测量的准确性那样高。如果智力概念能反映智力的本质，那么依据这个概念所编制的智力量表的准确性就会高一些。即便如此，智力测量仍不可能像用尺量布、用斗量米那样精确。

（2）通常的智力测验都是把智力定义为词汇能力、运算能力等维量，但实际的智力究竟是不是这样也没有定论。而且在测量中，智力与知识、技能常常混在一起，两者难以区分。虽然两个被测者的智力相近，但由于他们的教育和经验水平的差异很大，导致两者测量出来的智力年龄也有很大的差异。

（3）智力测验方法不完全适合我们的民族文化和习惯。由于目前我国使用的测量方式都是由西方引进的，不一定完全适合我国的民族文化和习惯，所以在招聘时使用率不高，同时由于智力测试的技术性强，有不少测验需要在心理学专业人士指导下才能进行，在使用时往往受到一定的限制。

（4）智力并非是唯一与工作绩效相关的变量。

6.2　能力倾向测验

引导案例 6-2

测试一下你的能力倾向以及相应的职业类型

下列三组测试题，可以帮助你确定自己具有的能力倾向以及相应的职业类型，请你仔细阅读题目，对完全符合自己情况的，在题目前的[　]记 3 分；对比较符合自己情况的，在题目前的[　]记 1 分；对不符合自己情况的，在题目前的[　]记 0 分；最后计算出自己在每组中的总分。如果你在某一组的得分明显高于其他两组，则可定为某类职业能力。如果某两组的能力得分相近（两者差异小于 3 分），且又明显高于另外一组，那么你可以直接思考一下自己的能力倾向，判断它与哪一组相同或相近，然后确定自己的职业类型。

一般来说，总分最高的能力类型及相应职业类型就是你的工作范围。但分数只能大致说明有关你的能力方面的情况，你在应聘就职时还必须根据你的气质、性格、经历、兴趣各方面的情况综合考虑。

A 组

[　]（1）喜欢装配修理家用电器

[　]（2）喜欢上工艺制作课

[　]（3）喜欢驾驶汽车和摩托车

[　]（4）喜欢组装儿童玩具

[　]（5）擅长看机械、建筑设计图纸

[ ]（6）喜欢制作简单家具
[ ]（7）喜欢给自行车上油
[ ]（8）喜欢使用万能电表
[ ]（9）喜欢使用锯子、钳子、车床等工具
[ ]（10）喜欢修理煤气开关
[ ]（11）维修和重新布置电线
[ ]（12）家中小修小补基本自理

总分：________

如果你在这组测试中获得最高分，那么你是操作能力型的，相应的职业类型有电工、木工、机械师、测绘技术员、机床工、钳工、话务员、建筑施工、牙科医师、家具制作、美容、理发、园林、室内装修、驾驶员、水手、裁缝、邮递员、纺纱工、电影放映员、公园服务员、电梯操作工、厨师、电器修理和眼镜制作等。

B组

[ ]（1）喜欢阅读科技书刊
[ ]（2）喜欢做化学实验
[ ]（3）喜欢解数学难题或棋艺难题
[ ]（4）喜欢上数理化课
[ ]（5）喜欢使用电脑
[ ]（6）喜欢参加科技竞赛或科研成果展示会
[ ]（7）喜欢观看抗美援朝题材的电视片
[ ]（8）知道一种放射性元素的“半衰期”
[ ]（9）了解真空管的工作原理
[ ]（10）知道白血球的功能
[ ]（11）理解人造卫星不会落地的道理
[ ]（12）知道三种以上蛋白质含量高的食物

总分：________

如果你在这组测试中获得最高分，那么你是研究能力型的，相应的职业类型有科普工作者、药剂师、社会调查、经济分析、新产品开发、科学研究、实验室、计算机程序、各类医师、侦探、工程师、法官、城市规划研究、气象员、行政官员和化验员。

C组

[ ]（1）喜欢素描、写生或绘画
[ ]（2）喜欢表演小品、相声或戏剧
[ ]（3）喜欢设计家具或服装

[ ]（4）喜欢阅读流行小说

[ ]（5）喜欢听音乐会

[ ]（6）喜欢从事摄影创作

[ ]（7）喜欢阅读电影、电视剧本

[ ]（8）喜欢读诗或写诗

[ ]（9）喜欢上美术课、书法课

[ ]（10）擅长演奏一种乐器

[ ]（11）擅长设计海报或广告

[ ]（12）通过美术、音乐、文学作品等形式表达自己的情感

总分：________

如果你在这组测试中获得最高分，那么你是艺术能力型的，职业类型有音乐教师、舞台指挥、导演、音乐指挥、演奏家、画家、剧作家、摄影师、雕刻家、建筑设计、绣花工、花匠、产品设计师、演员、文学工作者、节目主持人、音乐指挥、歌手、记者、诗人和文艺评论家等。

（资料来源：中华策划网——企业服务）

6.2.1　能力倾向测验概述

1．能力倾向测验概念和分类

能力倾向是指先天的或遗传的、并不直接依赖于专门的教学或训练的潜在的能力趋势，它反映的是个体从未来训练中获益的能力。能力倾向测验主要用于测量被测者的潜在成就或预测将来的绩效水平，也就是预测个体在将来的学习或工作中可能达到的成功程度。例如，某学生的测验结果表明他在逻辑推理能力上有明显的优势，我们就可以预测此人将来在理科课程的学习上可能获得较好的成绩，从而可以帮助他在未来的专业或职业选择中做出正确决策。能力倾向测验可用于学术和职业咨询、职业安置等，该测验的分数可以帮助决策者和被测者自己选择合适的训练程序或职业。

能力倾向测验包括一般能力倾向测验、特殊能力倾向测验、创造力测验和心理运动机能测验。

（1）一般能力倾向测验主要测量思维能力、想象力、记忆力、推理能力、分析能力、数学能力、空间关系力、语言能力等，典型方法有一般能力倾向测验（GATB）、区分性能力倾向测验（DAT）。

（2）特殊职业能力测验主要测量独特于某一职业的能力，典型方法有明尼苏达办事员能

力测验、斯奈伦视力测验、西肖音乐能力测验、梅尔美术判断测验、飞行能力测验。

（3）创造力测验主要测量各种创新思维能力，典型方法有南加利福尼亚大学测验、托兰斯创造思维测验、芝加哥大学创造力测验等。

（4）心理运动机能测验主要测量心理运动能力、身体能力，典型的方法有本纳特机械理解测验、克劳福小零件灵巧测验、明尼苏达操作速度测验、明尼苏达空间关系测验、明尼苏达秘书测验、明尼苏达集合测验、施旦贵斯机械性能测验、麦夸里机械能力测验、普渡插捧板测验、奥卡挪手指灵活性测验等。

2. 能力倾向测验的性质

能力倾向测验的本质可概括为两个方面：

（1）具有预见性或潜在的可能性。即现在的身心状态及各种特性，能作为预见将来的先兆，否则测验就无价值。

（2）具有稳定性。作为能力倾向的身心状态及诸特性必须在较长时期内相对稳定，否则就无法作为预测未来的依据。

3. 能力倾向测验的设计原则

在能力倾向测验的设计中，一般遵循如下原则：

（1）在测验能力倾向对象的活动中，把握必要的、有本质意义的基础特性（如在配置职务时，应进行职务分析）。

（2）编制问题项目，用以发现这些基础特性在行为中的作用。

（3）设定与项目相对应的选拔等级或回答范围。

（4）保证信度和效度。为了提高信度和效度，所设计的能力倾向测验必须充分地进行预试。在预试的基础上，不断严密地验证刺激与反应间的函数关系及规律性，即实现标准化过程。应该注意的是，预测的效度不可忽视。既然能力倾向测验是着眼于预测性，那么它的效标必须在将来应得到的现实成果（如任职后的工作绩效）中获取。

4. 能力倾向测验的功能

能力倾向测验是为了判定一个人能力倾向有无的程度，因此，标准化的能力倾向测验，具有两种功能：一是判断一个人具有什么样的能力优势，即所谓的诊断功能；二是测定在所从事的工作中，成功和适应的可能性，包括发展的潜能，即所谓的预测功能。

具体针对人才选拔考试和人力资源管理工作，能力倾向测验的作用主要体现在 3 个方面：

（1）某个人适合什么样的职业（职业选择和指导）。

（2）对于某个岗位工作，什么样的人最合适（人员的录用和选择配置）。

（3）为了使个人适应某个岗位，应在工作本身的哪些方面进行改善（合适岗位的开发和职务的再设计）。

根据能力倾向测验的作用不难看出，尽管这种测验方法在目前尚没有被更多地应用到人才录用考试中，但是它有广泛的应用价值，可以为人才的录用测试实现如下职能：

（1）在进行人事安排时，录用符合条件，具有某种能力的人选，使之人尽其才。

（2）配置与被录用者个性、能力结构相符合的岗位，使之才尽其用。

（3）根据对在职人员进行的测验，能够诊断一个组织内人才队伍的能力结构状况，从而可以有目的地进行人力资源开发。

（4）由于测验掌握了被测者的能力特征，可以作为个人职业指导，发展方向指导或人才提拔、晋升的参考依据。

6.2.2 招聘选拔中常见的一些能力倾向测验

1. 一般能力倾向成套测验（GATB）

一般能力倾向成套测验是由美国劳工部就业保险局于 20 世纪 50 年代出版、70 年代修订的，是职业咨询和安置中最有效的一套测验。由于这套测验在许多国家被广泛使用，因而备受推崇。后来，日本劳动省将 GATB 进行了日本版的标准化，制定成《一般职业适应性检查》（1969 年修订版）。

它由 15 种测验项目构成，其中 11 种是纸笔测验，其余 4 种是操作测验，两种测验可以测定 9 种能力倾向。这 9 种能力倾向对完成各种职业的工作都是必要的，如下：

（1）智能（G）。指一般的学习能力。对测验说明、指导语和诸原理的理解能力、推理判断的能力、迅速适应新环境的能力。

（2）言语能力（V）。指理解言语的意义及与它关联的概念，并有效地掌握它的能力。对言语相互关系及文章和句子意义的理解能力。也包括表达信息和自己想法的能力。

（3）数理能力（N）。指在正确快速进行计算的同时，能进行推理，解决应用问题的能力。

（4）书写知觉（Q）。指对词语、印刷物、各种票类之细微部分正确知觉的能力。能直观地比较辨别词和数字，发现有错误或校正的能力。

（5）空间判断能力（S）。指对立体图形以及平面图形与立体图形之间关系的理解、判断能力。

（6）形状知觉（P）。指对实物或图解之细微部分正确知觉的能力。根据视觉能够对图形的形状和阴影部分的细微差异进行比较辨别的能力。

（7）运动协调（K）。指正确而迅速地使眼和手相协调，并迅速完成操作的能力。要求手能跟随着眼能看到的东西正确而迅速地做出反应动作，并进行准确控制的能力。

（8）手指灵巧度（F）。指快速而正确地活动手指，用手指很准确地操作细小东西的能力。

（9）手腕灵巧度（M）。指随心所欲地、灵巧地活动手及手腕的能力。如拿着、放置、调换、翻转物体时手的精巧运动和腕的自由运动能力。

以上 9 种能力中的每一种能力，都要通过一种测验获得。

这种能力倾向测验，是从个人在完成各种职业所必要的能力中，提炼出各种职业对个人所要求的最有特征的 2～3 种，其中纸笔测验可集体进行。记分采用标准分数，各能力因素的原始分数转换为标准分数后便可绘制个人能力倾向剖析图，并与职业能力倾向类型相对照，被测者就可以从测验结果中知道能够充分发挥个人能力特性的职业活动领域。GATB 适用于初三以上年级的中学生以及成年人，一般团体测验，测验时限为 120～130 分钟，主要用于职业指导和就业咨询。

2. BEC 职业能力倾向测验

我国心理学工作者通过实验研究和调查研究，在能力倾向和各种不同的职业之间建立了联系，这样就可以根据被测者在职业能力测验的各个分测验上的得分，来评价他在各种不同职业上的潜力。目前在我国出现了种类颇多的职业能力倾向测验，其中一类是一般职业能力倾向测验。它用于职业定向，通常包括一组涉及各种职业活动的分测验。《BEC 职业能力测验》是 1988 年由北京人才评价与考试中心（简称 BEC）参照美国“教育与工业测验服务中心”编制的《职业能力安置量表》（CAPS）而开发的，是我国最早的一个成套职业能力倾向测验。该测验包括机械推理、空间关系、言语推理、数学能力、言语运用、字词知识、知觉速度和准确性、手指速度和灵活性等八个分测验。

6.3 管理能力测验

引导案例 6-3

经营管理能力测验

本测验主要测试你在经营管理方面的能力，考察你是否具备一个经营者必备的基本素质。下面的测试题，请你根据自己的实际情况回答。

（1）你当学生时是优等生吗？

是（ ） 否（ ）

（2）你读书时热衷于集体活动吗？

是（ ） 否（ ）

（3）孩子时代，你常常喜欢独处吗？

是（ ） 否（ ）

（4）你小时当过报童去挨家挨户送报纸，或者干过其他这类活儿吗？

是（ ） 否（ ）

（5）你曾是个执著的孩子吗？

是（ ） 否（ ）

（6）你曾是个小心谨慎的孩子吗？

是（ ） 否（ ）

（7）你常为别人怎样看待你而感到忧心忡忡吗？

是（ ） 否（ ）

（8）对一成不变的常规惯例，你感到厌烦吗？

是（ ） 否（ ）

（9）你乐意拿出你的大部分资金，在有可能损失所有投资的情况下，单独从事经营吗？

是（ ） 否（ ）

（10）如果你新开张的公司亏了本，你会马上重整旗鼓再兴办一个吗？

是（ ） 否（ ）

（11）你是个乐观者吗？

是（ ） 否（ ）

管理能力是每一个职业经理人必备的重要能力，要在工作中不断地培养、积累自己的组织管理能力。下面的测试题，请你根据自己的实际情况回答。

（1）习惯于行动之前制定计划。

是（ ） 否（ ）

（2）经常出于效率上的考虑而更改计划。

是（ ） 否（ ）

（3）能经常收集他人的各种反映。

是（ ） 否（ ）

（4）实现目标是解决问题的继续。

是（ ） 否（ ）

（5）临睡前思考筹划明天要做的事情。

是（ ） 否（ ）

（6）事务上的联系、指示常常是一丝不苟。

是（ ） 否（ ）

（7）有经常记录自己行动的习惯。

是（ ） 否（ ）

（8）能严格制约自己的行动。

是（ ） 否（ ）

（9）无论何时何地，都能有目的地行动。

是（ ） 否（ ）

（10）能经常思考对策，扫除实现目标中的障碍。

是（ ） 否（ ）

（11）能每天检查自己当天的行动效率。

是（ ） 否（ ）

（12）经常严格查对预定目标和实际成绩。

是（ ） 否（ ）

（13）对工作的成果非常敏感。

是（ ） 否（ ）

（14）今天预先安排的工作决不拖延到明天。

是（ ） 否（ ）

（15）习惯于在掌握有关信息的基础上制定目标和计划。

是（ ） 否（ ）

（资料来源：中华策划网——企业服务）

6.3.1 管理能力测验概述

管理能力测验主要是对企事业管理人员的管理能力及潜能等进行鉴定，并提供发展性建议。常见的管理能力测验如表 6-4 所示。

表 6-4 管理能力测验分类

测验分类	测验内容
人际敏感能力测验	管理者一般的沟通常识
管理人员逻辑推理测验	管理者的逻辑思维能力和推理能力
管理变革测验	对企业组织中引入的变革以及有关引入变革的方法有正确的了解

续表

测验分类	测验内容
团队指导技能测验	对管理者所在团队的成员进行指导的正确知识和方法
自我实现测验	哪些需要尚未得到满足，它们在多大程度上可能成为行动的原因和驱动力量
沟通技能测验	管理者在多大程度上掌握正确的沟通常识和方法
管理方式测验	检测管理者对不同管理方式的态度
基本管理风格测验	管理者现有的管理风格及其他可能的管理风格
管理情景技巧测验	鉴别哪种方式是日常的管理运作中必要的和有效的
创造力测验	管理者的创造思维能力
综合管理能力测验	计划、组织、决策、指挥、激励、沟通、控制和应变八个方面的基本管理技能
经营能力测验	战略管理、人事管理、公关管理、投资管理、财务管理、生产管理、营销管理和技术管理八个方面的基本经营技能

6.3.2　数量分析能力测验

1. 测验目的与内容

国外的大量材料证实，对于管理人员而言，具备一定的数量分析能力是高素质的企业管理人员所必需的，也是现代企业对未来管理者的基本要求之一。数量分析能力测验测查应试者对数量图表等信息的敏锐感和分析能力，对其数量分析能力进行测查评定。

测查内容包括：

（1）对数值、图表的敏感性。

（2）快速的综合分析能力。

（3）快速数字估算能力。

2. 测验特点

（1）难度测验，有考试时间的限制。

（2）题型为单选题，每题有且只有一个正确答案。

（3）测验有若干图表分析构成，其中每组图表分析题内包含 1～3 个图表和与图表有关的 2～6 道单选题。要求被测者通过对图表显示内容的分析，对每道题做出正确选择。

（4）适用于经历过一定学历教育的人员。

6.3.3 逻辑推理测验

1．测验目的与功能

对中层管理人员来说，分析问题、解决问题的能力是十分重要的。该测验可以帮助企业选拔具有较强语言分析能力，能根据事实做出准确判断的优秀中层管理人才。

测查被测者思维的准确性、敏锐程度、逻辑推理的严密性和连贯性。

2．测验特点

（1）难度测试，有考试时间限制。

（2）题型为单选题，每题有且只有一个正确答案。

（3）测验由若干逻辑推理题构成，其中每道逻辑推理题内或者包含一段对前提假设的描述，要求被测者根据假设推出合理的结论；或者提供一段对某一事件的结论，要求被测者在各选项中找出使结论成立的前提假设。

（4）为使被测者熟悉测验题型，要在正式测验前安排练习时间。

（5）适用于有一定学历教育的人员。

6.3.4 敏感性与沟通能力测验

1．测验目的与功能

敏感性与沟通能力测验是为鉴别、选拔和培训有潜力的市场营销人员而编制的。该测验通过考察被测者对特定问题或现象的分析、处理的程度和把握问题实质的敏锐程度，以及在面对营销情景下对应对方策略的考察，了解被测者在沟通中把握人际信息的敏锐性及其对事物的洞察力、预见力和分析能力。同时可以了解其沟通策略模式，预测其在市场营销中说服、影响、感染他人并且达成协商成果的能力。基于对被测者在开放式沟通倾向、操纵式沟通倾向、营销意识和营销常识四方面的量化分析，可以全面评估其沟通技巧和有效程度，为其有针对性的修正和提高人际沟通技巧提供依据。

2．测验内容与特点

该测验分成两部分：敏感性测验与沟通能力测验。敏感性测验测试被测者对人际事物的洞察力、分析力和预见能力，特别是在认识和把握问题的实质并进行分析处理时敏锐地捕捉人际信息，利用人际关系有效地解决问题的能力；沟通能力测验侧重于对被测者在营销情景中运用人际沟通技巧和策略方面的考察。

测验从出现在生活或工作中的难题、任务等事件出发，结合测验目的，设计成一些情景性案例，并提供四种见解或处理方式作为备选答案供被测者选择，需要被测者作为问题的解决者对所述情况加以分析、评述，从被选答案中选择其认为最适宜的做法。这种出题形式灵活有趣，能够吸引被测者的兴趣，可充分调动其思维活动，体现被测者的真实水平，同时也有相应的难度可区分出个体间的水平差异。

3．测验的结构与维度定义

测验由 90 道题组成，分为敏感性测验和沟通能力测验两部分，每一部分各有 45 道题，每道题有四个答案供选择。题目一般为情景问题，被测者需要按题中指定的身份进行角色扮演，选择出自己认为最恰当的选项。第一部分有一个分测验，反映敏感性维度；第二部分有两个分测验，测评沟通行为倾向与营销常识两个维度。

（1）敏感性维度。敏感性是指对人际事物的洞察力、预见力和分析能力。敏感性高的人善于从纷繁复杂的事务中看到内在的逻辑关系，敏感地把握问题所在的关键人际信息，合理地通过角色扮演有效地解决问题，特别是人际关系问题。高敏感性是具备良好人际沟通能力的前提。

（2）沟通行为倾向维度。沟通倾向的适当与否代表一种能力，指从事营销活动的人员在与营销对象进行沟通中采取有效方式和策略的能力，这种能力多表现为营销情景中人际沟通的策略性、技巧性。不同个体因多种因素影响形成不同的行为模式和策略倾向，我们称之为沟通行为倾向，分为开放式沟通倾向、操纵式沟通倾向和非沟通倾向，定义如下。

1）开放式沟通倾向。在沟通中非常讲究策略，善于接纳别人的观点，能很好地理解别人的立场，有技巧地向他人提出建设性意见，温和而有说服力地说服他人；不生硬或过分地表露自己的想法，能在个人和他人的价值之间进行很好的平衡，善于在不同意见之间周旋，往往能获得双方欣然接受的结果。

2）操纵式沟通倾向。在沟通中策略性不强，以自我为中心，往往表现出对别人立场、观点的不理解，而只从自己的立场出发刻意推销自己。可能十分健谈，但比较生硬，不善于营造良好的沟通气氛，不能为自己在不同意见之间的周旋留下足够的空间。由于明显地表露自己的推销意图，使他人有被操纵感，往往不能达到有效的沟通目的。

3）非沟通倾向。在沟通中缺乏营造良好沟通气氛的意识，对各种有关营销的机遇敏感性不高，不会主动积极地寻找和把握交流沟通机会，对问题的处理缺乏人际沟通取向的考虑，而往往采取非沟通途径的做法。

开放式沟通倾向是有效的沟通模式，是正确的，在测验中该分数作为评估的指标；操纵式沟通倾向和非沟通倾向则对达到的沟通目的有负面影响，这两项分数作为参考分从负面给予描述。

（3）营销常识维度。营销常识是关于营销的各类活动的一般原则、方法及某些普遍观念。营销常识是指导营销人员应付各种营销情景、实现高绩效的必要知识，与个体的教育背景和业务经验有关。

6.3.5 创造力测验

创造力是智能的综合体现，它以创造思维和创造想象为先导，受智力水平的制约。创造力测验是对个体创造力的高低等进行鉴定，它无论是对个体创造力的培养还是潜能开发与预测，都有积极意义。由于创造力的定义，尤其是其操作定义，一直是心理学研究领域中众说纷纭、争论不休的话题，因此不少心理学家根据自己对创造力的界定和理论构想，设计出了相应的创造力测验。从总体上看，大家都基本上承认思维的新颖性、独特性、流畅性、变通性等是发散性思维的品质特征和创造性活动的基础。因此，绝大多数的创造力测验都把重点放在测量发散性思维能力上，如目前较常用的南加利福尼亚大学测验、托兰斯创造思维测验和芝加哥大学创造力测验等。虽然题目的数量和具体内容各不相同，但都是围绕测量思维的流畅性、变通性和独特性而设计的。

托兰斯创造思维测验是由美国明尼苏达大学教育心理学家托兰斯编制的，是目前影响最大、应用最广泛的创造力测验，从幼儿到研究生都适用。托兰斯创造思维测验由图形创造思维测验、语文创造思维测验以及声音和词的创造思维测验三套构成，每套都有两个复本，以满足在研究中对创造力进行初测和复测的需要。整套测验由 12 个分测验构成。图形创造思维测验（甲式）包括建构图形、完成图形与线条三个分测验，测验按流畅性、变通性、独特性和精致性评分。语文创造思维测验（乙式）包括提问、猜测原因、猜测结果、产品改良、不寻常的用途、不寻常的问题和设想等七个分测验，测验按流畅性、变通性和独特性三方面评分。声音和词的创造思维测验包括音响想象、拟声词想象两个分测验，测验只记独特性得分。托兰斯创造思维测验是以学校为背景的，为了消除被测者的紧张情绪，他把测验称做“活动”，并用游戏的形式组织起来，使测试过程轻松愉快、富有乐趣。

本章重点概念

一般能力测验　特殊能力测验　能力倾向测验　管理能力测验　创造力测验

自测题

一、判断题

1. 瑞文测验是一种广泛使用的文字智力测验。(　　)

2. 能力倾向测验只能预测一个人将来在某方面的“可能”成就，并不能保证他在某方面的“必然”成就。(　)

3. 斯坦福—比奈量表规定在计算智商时，凡实际年龄在 16 岁以下者，一律以 16 作除数。(　　)

4. BEC 职业能力倾向测验是我国最早的一个成套职业能力倾向测验。(　)

5. 逻辑推理测验测查的是被测者思维的准确性、敏锐程度、逻辑推理的严密性和连贯性。(　　)

二、单选题

1. 依据测验呈现的方式不同，心理测验可以划分为（　　）。

A. 个别测验和团体测验　　B. 文字测验和非文字测验

C. 速度测验和难度测验　　D. 书面测验和口头测验

2. 不属于人员招聘常用的智力测验的是（　　）。

A. 万德利克人员测试　　B. 韦斯曼人员分类测验

C. BEC 职业能力倾向测验　　D. 瑟斯顿个别智力测验

3. 测验中适用于智力高于平均水平的人的测验是（　　）。

A. 奥斯特的心理能力自我测验　　B. 韦克斯勒成人智力测验

C. 瑞文高级推理能力测验　　D. BEC 职业能力倾向测验

4. 数量能力分析测验测查的是（　　）。

A. 被测者在所从事的工作中，成功和适应的可能性

B. 对特定问题或现象的分析、处理的程度和把握问题实质的敏锐程度

C. 被测者对数量、图表等信息的敏锐感和分析能力

D. 被测者思维的准确性、敏锐程度、逻辑推理的严密性和连贯性

5. 不属于管理能力测验的是（　　）。

A. 瑞文测验　　B. 人际敏感能力测验

C. 自我实现测验　　D. 创造力测验

三、多选题

1. 下列量表中属于一般能力测验的量表有（　　）。

A. 斯坦福—比奈量表　　B. 奥斯特能力量表

C. 韦克斯勒智力量表　　D. 瑞文测验

2. 招聘选拔中常见的一些能力倾向测验包括（　　）。

A. 瑞文推理测验　　B. 一般能力倾向成套测验（GATB）

C. BEC职业能力倾向测验　　D. 韦克斯勒成人智力测验

3. 智力测验的局限性包括（　　）。

A. 心理测验研究始终没有解决什么是一般智力问题

B. 把智力定义为词汇能力、运算能力等维量

C. 不完全适合我们的民族文化和习惯

D. 智力并非是唯一与工作绩效相关的变量

4. 在能力倾向测验的设计中，一般遵循的原则有（　　）。

A. 在测验能力倾向对象的活动中，把握必要的、有本质意义的基础特性

B. 编制问题项目，用以发现这些基础特性在行为中的作用

C. 设定与项目相对应的选拔等级或回答范围

D. 保证信度和效度

5. 敏感性与沟通能力测验反映（　　）。

A. 敏感性维度　　B. 沟通行为倾向维度　　C. 灵活性维度　　D. 营销常识维度

四、简答题

1. 什么是一般能力测验?
2. 智商的概念是什么？它有几种计算方法?
3. 韦氏量表是怎样测量人的智商的?
4. 能力倾向测验的概念是什么?
5. 管理能力测验的具体内容有哪些?

案例分析

能力测验在招聘实务中的运用

1. 项目背景

国内某知名大型通信公司（以下简称A公司），成立于20世纪80年代。A公司为了确

保自己在技术研发上的领先性、使公司站在通信技术的前沿、不断推出具有领先水平的通信产品，A 公司每年都会从清华大学、北京邮电大学等名校中招聘大量对口专业的应届毕业生，网罗优秀人才。

由于近年来毕业生人数快速增加，为了提升招聘的成功率及效率，A 公司从 2007 年起从某测评公司引入基本能力测验，借以筛选应聘者。在 2007 年的招聘过程中取得了一定效果，但多数应聘者得分偏高，且比较集中，区分起来有些困难。

在 2008 年校园招聘过程中，A 公司对新一届毕业生施测了能力测验，但 HR 人员在整理结果时发现，90%以上应聘者的成绩都在 93 分以上，根本无法区分开应聘者之间的能力差距。事后调查发现，在 2007 年测试完成之后，就有多名应聘者凭借记忆将该知名企业在招聘时应用的能力测试题及答案都发布到了清华大学的校园 BBS 上，试题已经完全泄露，测试结果根本无法用于鉴别应聘者的基本能力水平，HR 人员只能凭借面试重新对应聘者进行筛选，招聘工作的效率大大降低。

2009 年的校园招聘旺季即将到来，为了网罗到更多优秀人才，A 公司决定提前到各高校展开招聘工作，因该公司在业内属于国内乃至国际上知名的企业，有着非常好的声誉与福利待遇，专业内的发展空间也非常大，所以势必将有大量毕业生前来应聘。鉴于在 2007 年应用能力测验的良好效果，A 公司 HR 工作人员决定再次尝试使用能力测验，该公司的 HR 人员找了测评公司帮助解决。

测评公司通过对 A 公司招聘现状的分析，发现主要存在以下三方面的问题：

（1）试题难度不适合于招聘对象，难以达到最大的区分度。由于应聘者多出自名校，学历较高，所以对于一般难度的能力测试，他们的表现都比较好，出现了“地板效应”，应聘者得分集中在一小段区间内，难以区分不同水平的受测者。由于市面上的能力题目基本上是成套的试题，试卷的总体难度已经确定，我们知道，难度是根据常模人群来确定的，如果招聘对象与常模人群有较大差别时，试卷的区分效度将非常不理想，经常出现心理测量学中的“天花板效应”或“地板效应”。

（2）试题泄露，试题安全性无法保证。现在高校中透露企业招聘考试题、面试题的现状非常严重，已经成为名企招聘工作人员比较头疼的一个问题。到目前为止，国内测评市场上还没有专门针对企业招聘开发的能力题库系统，多数为单套的能力测试题，个别企业有多套能力题集。当有限的试题被大规模地应用到各企业中进行招聘时，题目的曝光率非常高，甚至有两家企业用同一套能力测试题到同一所高校中进行招聘的尴尬场面。

除了以上问题，经过与 A 公司 HR 人员的深入沟通，测评公司的测评专家们发现 A 公司对测试的内容方面也有一定的需求，由于是对口专业的通信技术研发人员，通过对工作内容的深入分析与沟通，基本确定下考察“逻辑推理、学习能力、创新思维”三个方面的内容。而这在以往的能力测验中也是无法满足的，因为目前的能力测验，不论是单套的试题，还是多套的试题，它们在题目数量、考察维度上都是固定的，企业无法根据自身需求设定所要考察的维度。如果企业要使用能力测验来开展招聘工作，则必须让应聘者完成全部测试题目，而一般的测试题基本都需要2小时以上，测试时间过长，这不仅增加了企业组织招聘测试的成本，而且无法聚焦到企业最关注的考察点上。

通过以上分析，测评公司的测评专家为A公司推荐了弈择能力测评系统，这是一套测验生成系统（Test Generator），可以在近3 000题的题库中根据一定规则抽取出符合企业自身需求的试卷。

根据A公司的实际招聘需要，测评专家从弈择系统9个维度（言语理解、言语推理、数学运算、数字推理、图形推理、空间能力、抽象推理、资料分析、思维策略）中选取了5个维度：言语推理、数字推理、图形推理、抽象推理、思维策略。其中，言语推理、数字推理和图形推理主要考察应聘者的逻辑推理能力，抽象推理主要考察受测者学习新知识并利用新知识解决问题的能力，而思维策略主要考察受测者打破传统思维定式、灵活解决问题的能力。

由于受测者主要来自著名高校，能力水平普遍较高，为了达到最佳区分效果，测评专家为其选择了“较难”难度（共5种难度：非常容易、比较容易、中等、较难、非常难）的测试题。

另外考虑到作答时间，若采用完整版试题，5个维度的作答时间为100分钟，相对比较长，对于企业操作成本较大，且学生容易产生应答疲劳。因此，测评专家为其定制了精简版的试题，将作答时间减至75分钟。

根据这些参数，测评专家为A公司生成了一套专属于该公司的招聘试题，由于在抽取试题的过程中控制了试题的曝光率，试卷之间的雷同程度极低，所以，试题的安全性被大大提高。

2. 效果评估

目前，A公司已经完成了两所大学的招聘工作，测试结果很好地将应聘者区分开来，测试者的得分分布在63~97分之间，分布范围广泛。根据测试结果的分布，HR将录取参考线定在85分，在前来应聘的84人中，有22人测试结果在85分以上，能力测试结果对HR筛查应聘者起到了很好的辅助作用。

考虑到此套招聘试题已经使用过，为了保证在下一所学校使用时不致出现2008年的情形，A公司决定采用相同的参数在弈择能力测评系统中重新生成一套能力测试题。

弈择能力测评系统从“随需应变”的理念出发，以庞大的题库系统、全面的测试内容、专业的抽题原则、科学的岗位标准、灵活的测试方式为企事业单位选人、用人工作提供科学的而实用的帮助，得到了A公司HR工作人员的一致好评。

案例思考题

1. 结合案例，你认为作为一名管理者，该如何进行能力测验？
2. 通过分析案例，你认为能力测验过程中常遇到什么问题？

调查研讨题

1. 了解一下你熟悉的人，有谁给孩子或自己测过智商，你认为他们得到的测试结果与你的感觉相符吗？
2. 采访一下与你相识的管理者，他们认为作为管理者哪些方面的能力最重要？

第 7 章

职业适应性测验

学习目标

- 了解斯特朗—坎贝尔兴趣调查和库德职业兴趣调查。
- 掌握需求测验的概念、实施过程以及麦克利兰机动理论。
- 熟悉霍兰德职业兴趣理论。

学习导航

7.1　需求测验和动机测验
7.1.1　需求测验
7.1.2　动机测验

↓

7.2　职业兴趣测验
7.2.1　职业兴趣测验概述
7.2.2　斯特朗—坎贝尔兴趣调查
7.2.3　库德职业兴趣调查
7.2.4　霍兰德职业兴趣理论

7.1　需求测验和动机测验

引导案例 7-1

测验一下你的工作需求

1．填写说明

下面列有跟你职务有关的若干项，请你就每一项特性，打出三种分数。

A．你的工作实际具有多少这种特性？

B．你认为你的工作应该有多少这种特性？

C．这种特性对你本人有多重要？

本测验采用的是七级评分制，形式如下：

请将代表你评定的特性实际有多少的那个数用“√”勾出来。数字越小，代表那种特性越少；反之，数字越大，那种特性就越多。如果你觉得你的职务根本就不具有或极少具有这种特性，就勾 1；如果觉得稍微有一点，就勾 2。每一种特性只能勾一个数，每项特性都要打分，不要疏漏。

2．测试试卷

（1）你担任此工作有个人成长与提高的机会。

A．现在实际有多少？

（最少）1（　）2（　）3（　）4（　）5（　）6（　）7（　）（最多）

B．应该有多少？

1（　）2（　）3（　）4（　）5（　）6（　）7（　）

C．这对你有多重要？

1（　）2（　）3（　）4（　）5（　）6（　）7（　）

（2）对于担任此项工作，你有一种自卑感。

A．现在实际有多少？

（最少）1（　）2（　）3（　）4（　）5（　）6（　）7（　）（最多）

B．应该有多少？

1（　）2（　）3（　）4（　）5（　）6（　）7（　）

C．这对你有多重要？

1（ ）2（ ）3（ ）4（ ）5（ ）6（ ）7（ ）

（3）此工作在本单位的威望。

A. 现在实际有多少？

（最少）1（ ）2（ ）3（ ）4（ ）5（ ）6（ ）7（ ）（最多）

B. 应该有多少？

1（ ）2（ ）3（ ）4（ ）5（ ）6（ ）7（ ）

C. 这对你有多重要？

1（ ）2（ ）3（ ）4（ ）5（ ）6（ ）7（ ）

（4）对现在工作的稳定性。

A. 现在实际有多少？

（最少）1（ ）2（ ）3（ ）4（ ）5（ ）6（ ）7（ ）（最多）

B. 应该有多少？

1（ ）2（ ）3（ ）4（ ）5（ ）6（ ）7（ ）

C. 这对你有多重要？

1（ ）2（ ）3（ ）4（ ）5（ ）6（ ）7（ ）

（5）在此岗位上独立思考与自主行动的机会。

A. 现在实际有多少？

（最少）1（ ）2（ ）3（ ）4（ ）5（ ）6（ ）7（ ）（最多）

B. 应该有多少？

1（ ）2（ ）3（ ）4（ ）5（ ）6（ ）7（ ）

C. 这对你有多重要？

1（ ）2（ ）3（ ）4（ ）5（ ）6（ ）7（ ）

（6）你做这项工作，能发挥自己才智的感觉。

A. 现在实际有多少？

（最少）1（ ）2（ ）3（ ）4（ ）5（ ）6（ ）7（ ）（最多）

B. 应该有多少？

1（ ）2（ ）3（ ）4（ ）5（ ）6（ ）7（ ）

C. 这对你有多重要？

1（ ）2（ ）3（ ）4（ ）5（ ）6（ ）7（ ）

（7）在本岗位上觉得取得了有意义的成就。

A. 现在实际有多少？

（最少）1（ ）2（ ）3（ ）4（ ）5（ ）6（ ）7（ ）（最多）

B. 应该有多少？

1（ ）2（ ）3（ ）4（ ）5（ ）6（ ）7（ ）

C. 这对你有多重要？

1（ ）2（ ）3（ ）4（ ）5（ ）6（ ）7（ ）

（8）你这项工作在本单位之外受到尊重。

A. 现在实际有多少？

（最少）1（ ）2（ ）3（ ）4（ ）5（ ）6（ ）7（ ）（最多）

B. 应该有多少？

1（ ）2（ ）3（ ）4（ ）5（ ）6（ ）7（ ）

C. 这对你有多重要？

1（ ）2（ ）3（ ）4（ ）5（ ）6（ ）7（ ）

（9）这工作有帮助别人的机会。

A. 现在实际有多少？

（最少）1（ ）2（ ）3（ ）4（ ）5（ ）6（ ）7（ ）（最多）

B. 应该有多少？

1（ ）2（ ）3（ ）4（ ）5（ ）6（ ）7（ ）

C. 这对你有多重要？

1（ ）2（ ）3（ ）4（ ）5（ ）6（ ）7（ ）

（10）这工作有参加设置自己工作目标的机会（即在确定分配自己任务时有发言权）。

A. 现在实际有多少？

（最少）1（ ）2（ ）3（ ）4（ ）5（ ）6（ ）7（ ）（最多）

B. 应该有多少？

1（ ）2（ ）3（ ）4（ ）5（ ）6（ ）7（ ）

C. 这对你有多重要？

1（ ）2（ ）3（ ）4（ ）5（ ）6（ ）7（ ）

（11）这工作有参与确定自己的工作方法和步骤。

A. 现在实际有多少？

（最少）1（ ）2（ ）3（ ）4（ ）5（ ）6（ ）7（ ）（最多）

B. 应该有多少？

1（ ）2（ ）3（ ）4（ ）5（ ）6（ ）7（ ）

C. 这对你有多重要？

1（ ）2（ ）3（ ）4（ ）5（ ）6（ ）7（ ）

（12）这项工作有权力。

A. 现在实际有多少？

（最少）1（　）2（　）3（　）4（　）5（　）6（　）7（　）（最多）

B. 应该有多少？

1（　）2（　）3（　）4（　）5（　）6（　）7（　）

C. 这对你有多重要？

1（　）2（　）3（　）4（　）5（　）6（　）7（　）

（13）这项工作有交上亲密好友的机会。

A. 现在实际有多少？

（最少）1（　）2（　）3（　）4（　）5（　）6（　）7（　）（最多）

B. 应该有多少？

1（　）2（　）3（　）4（　）5（　）6（　）7（　）

C. 这对你有多重要？

1（　）2（　）3（　）4（　）5（　）6（　）7（　）

3．分数计算

做完试卷，你就可以在“需要满足表”（见表7-1）中计算你的满足分数了。这分数表明你的工作能满足你的需要到何种程度。

表7-1　需要满足表

	安　全	社　交	荣　誉	自　治	自我实现
	5B–5A=	9B–9A= 13B–13A=	1B–1A= 3B–3A=	4B–4A= 10B–10A=	2B–2A= 6B–6A=
			7B–7A=	11B–11A= 12B–12A=	8B–8A=
小　计					
除　以	1	2	3	4	3
满足分					
参考分	0.43	0.33	0.61	0.78	1.05

先把试卷中每一项特性的A问句与B问句中所勾出的分数找出来，然后以B减去A，将所得的分数填进表7-1。将各栏分数小计出来，再除以相应的数字。

表7-1中最下面一行是美国管理人员的平均分数，这是美国管理学家波特在抽样中对1 916名各层管理人员所做测验得来的，可供参考对照。

你对某项需要的分数高于参考平均分数，说明你这项需要不如抽样的那组人员那样满足；反之，比参考分数低，则你的该需要的满足程度高于平均情况。

（资料来源：王益明. 人员素质测评. 济南：山东人民出版社，2004）

7.1.1　需求测验

1．马斯洛需求层次理论的内容

大多数需求测验都是基于马斯洛需求层次理论的。马斯洛在 1944 年所著的《人的动机理论》中首先提出了需求层次理论。

马斯洛把人的需求归纳为五大类，由低到高分成五个阶层，像金字塔一样。

（1）生理需求。即人类本能的最基本需求，位于多层次需求构成的“金字塔”图式的底部。这种需求包括衣、食、住、行及延续种族的需求等。

（2）安全需求。实质上是生理需求的保障。包括生命安全、财产安全、职业安全、劳动安全、环境安全和心理安全等。

（3）社交需求。也可称为归属和爱的需求。包括社会交往，从属于某一个组织或某一种团体，并在其中发挥作用，得到承认；希望同伴之间保持友谊和融洽的关系，希望得到亲友的爱等。

（4）尊重需求。即自尊、自重，或要求被他人所尊重。包括自尊心、自信心，希望有地位、有威望，受到别人的尊重、信赖以及高度评价等。

（5）自我实现的需求。即人生追求的最高目标，位于金字塔的顶端。包括能充分发挥自己的潜力，表现自己的才能，成为有成就的人物。马斯洛说：“音乐家必须演奏音乐，画家必须绘画，诗人必须写诗，这样才会使他们感到最大的快乐。是什么样的角色就应该干什么样的事。我们把这种需求叫做自我实现。”

相关链接

亚伯拉罕·马斯洛（Abraham Harold Maslow，1908—1970）出生于纽约市布鲁克林区。美国社会心理学家、人格理论家和比较心理学家，人本主义心理学的主要发起者和理论家，心理学第三势力的领导人。1969 年离任，成为加利福尼亚劳格林慈善基金会第一任常驻评议员。第二次世界大战后转到布兰戴斯大学任心理学教授兼系主任，开始对健康人格或自我实现者的心理特征进行研究。曾任美国人格与社会心理学会主席和美国心理学会主席（1967），是《人本主义心理学》和《超个人心理学》两个杂志的首任编辑。

2. 需求测验的概念

需求测验是通过构建生理需求、安全需求、社交需求、尊重需求和自我实现的需求这五种需求维度，来测试被测者对五种需求的程度。通过测试，全面了解个体需求状况和需求主次，并可定性、定量分析被测者总体需求分布模式以及各种需求的强弱程度。通过需求测验可以把握被测者的主要需求方向，帮助他们全面了解自我状态，做出良好的职业设计和规划，同时可有针对性地安排不同的激励政策，引导提高各级员工的素质和工作能力，提高工作满意度，增强忠诚度和稳定性，为人力资源管理工作、动机激励、组织文化建设等提供依据。这种测验一般适用于企业的激励设计、员工意见调查，如表 7-2 所示。

表 7-2　需求与管理策略

需要的层次	追求的目标	管理策略
生理需求	工资、健康的工作环境、各种福利	薪金管理、保健医疗设施、工作时间、福利设施
安全需求	职业职位保障、意外事故的防止	生产条件、用工制度、退休制度、各类保险
社交需求	良好的人际关系、团体的接纳、与组织的认同感	人际关系、奖金分配制度、团体活动计划、教育培训制度
尊重需求	地位、名誉、权力、责任、与他人工资之间相对高低	人事考核制度、晋升制度、表彰制度、选拔进修制度
自我实现的需求	能发展个体特长的组织环境、具有挑战性的工作	决策参与制度、提案制度、攻关小组、研究发展计划

3. 需求测验的实施过程

（1）根据预定的被测者人数选择好适宜的测试地点，布置好考场。考场环境应安静整洁，无干扰，采光照明良好。

（2）准备好测验需要的材料，如测试纸、铅笔、橡皮，保证每位被测者有完整的测验材料及用品。

（3）安排考生入场，并宣布测验注意事项和指导语。

（4）检查被测者完成了所有题目后，回收问卷，测验结束。

4. 注意事项

为使被测者愿意并能够直率地表达自己内心的真正想法，测验前，测试者应该向被测者讲明，测验是用于了解被测者的需求层次，以便企业为制定适合的需要激励措施，使被测者理解测验的用意，从而坦率作答。

5．工具

需求测量表。此项测验是按马斯洛式的需求层次来了解被测者的需求激励情况的。如果被测者现在有工作或者曾经有过工作，就应该根据自己对现有工作或曾经工作的感觉来做答卷。如果被测者没有过正式工作，那就按自己一旦有了工作时所希望的工作状况来做测试答卷。（详见引导案例 7-1）

7.1.2　动机测验

动机测验是指运用主题统览测验等方法测验被测者的成就需求、权力需求和亲和需求等需求动机的强弱程度。当代研究动机的权威心理学家、美国哈佛大学教授戴维·麦克利兰从 20 世纪 40～50 年代起就开始对人的需求和动机进行研究，他提出了著名的三种需求理论，并得出了一系列重要的研究结论。

1．成就需求：争取成功希望做得最好的需求

麦克利兰认为，具有强烈的成就需求的人渴望将事情做得更为完美，提高工作效率，获得更大的成功，他们追求的是在争取成功的过程中克服困难、解决难题、努力奋斗的乐趣，以及成功之后的个人成就感，他们并不看重成功所带来的物质奖励。个体的成就需求与他们所处的经济、文化、社会、政府的发展程度有关；社会风气也制约着人们的成就需求。

麦克利兰发现高成就需求者有三个主要特点：

1）他们希望得到有关工作绩效的及时明确的反馈信息，从而了解自己是否有所进步；

2）他们喜欢设立具有适度挑战性的目标，不喜欢凭运气获得成功，不喜欢接受那些在他们看来特别容易或特别困难的工作任务。

3）高成就需求者在选择目标时会回避过分的难度。他们喜欢中等难度的目标，既不是唾手可得没有一点成就感，也不是难得只能凭运气。对他们而言，当成败可能性均等时，才是一种能从自身的奋斗中体验成功的喜悦与满足的最佳机会。

高成就需求者对于自己感到成败机会各半的工作，表现得最为出色。他们不喜欢成功的

可能性非常低的工作，这种工作碰运气的成分非常大，那种带有偶然性的成功机会无法满足他们的成功需求；同样，他们也不喜欢成功的可能性很大的工作，因为这种轻而易举就取得的成功对于他们的自身能力不具有挑战性。他们喜欢设定通过自身努力才能达到的奋斗目标。对他们而言，当成败可能性均等时，才是一种能从自身的奋斗中体验成功的喜悦与满足的最佳机会。

2．权力需求：影响或控制他人且不受他人控制的需求

权力需求是指影响和控制别人的一种愿望或驱动力。不同人对权力的渴望程度也有所不同。权力需求较高的人喜欢支配、影响他人，喜欢对别人发号施令，注重争取地位和影响力。他们喜欢具有竞争性和能体现较高地位的场合和情景，他们也会追求出色的成绩，但他们这样做并不像高成就需求的人那样是为了个人的成就感，而是为了获得地位和权力或与自己已具有的权力和地位相称。权力需求是管理成功的基本要素之一。

3．亲和需求：建立友好亲密的人际关系的需求

亲和需求就是寻求被他人喜爱和接纳的一种愿望。高亲和需求者渴望友谊，喜欢合作而不是竞争的工作环境，希望彼此之间的沟通与理解，他们对环境中的人际关系更为敏感。有时，亲和需求也表现为对失去某些亲密关系的恐惧和对人际冲突的回避。亲和需求是保持社会交往和人际关系和谐的重要条件。

麦克利兰的动机理论在企业管理中很有应用价值。首先，在人员的选拔和安置上，通过测量和评价一个人动机体系的特征对于如何分派工作和安排职位有重要的意义。其次，由于具有不同需求的人需要不同的激励方式，了解员工的需求与动机有利于合理建立激励机制。最后，麦克利兰认为动机是可以训练和激发的，因此可以训练和提高员工的成就动机，以提高生产率。

相关链接

戴维·麦克利兰（David C. McClelland，1917—1998），美国社会心理学家，1938 年获韦斯利恩大学心理学学士，1939 年获密苏里大学心理学硕士，1941 年获耶鲁大学心理学哲学博士学位。之后曾先后任康涅狄格女子大学讲师、韦斯利恩大学教授及布林莫尔学院教授，1956 年开始在哈佛大学任心理学教授，1987 年后转任波士顿大学教授直到退休。1987 年获得美国心理学会杰出科学贡献奖。

7.2　职业兴趣测验

引导案例 7-2

一组职业适合度测试题

这部分题目列举了一些你在日常生活或学习中可能参加的活动，每一道题的描述都假设您喜欢一种活动，但事实上也许并不喜欢该活动。因此，请根据自己的实际情况，确定该描述是否与你相符。每道题有 6 个选项：非常不符合、比较不符合、有点不符合、有点符合、比较符合与非常符合。请你根据自己的情况选择最合适的答案。

注意：答题时，只考虑是否喜欢、爱好该活动；不用考虑是否已经参与过，或者是否有能力、有机会参与该活动。

请回答每一道题，不要漏答，每题只能选择一个答案。请根据你的真实情况和第一反应作答，答案无所谓“正确”与“错误”或“好”与“坏”。

（1）我喜欢摄影或绘画。

非常不符合（　）　比较不符合（　）　有点不符合（　）
有点符合（　）　比较符合（　）　非常符合（　）

（2）我喜欢有创意地为自己或朋友搭配服饰。

非常不符合（　）　比较不符合（　）　有点不符合（　）
有点符合（　）　比较符合（　）　非常符合（　）

（3）我喜欢设法医治和照顾受伤的动物。

非常不符合（　）　比较不符合（　）　有点不符合（　）
有点符合（　）　比较符合（　）　非常符合（　）

（4）我喜欢观察蚂蚁或其他动物的生活习性。

非常不符合（　）　比较不符合（　）　有点不符合（　）
有点符合（　）　比较符合（　）　非常符合（　）

（5）我喜欢收集和制作生物标本。

非常不符合（　）　比较不符合（　）　有点不符合（　）
有点符合（　）　比较符合（　）　非常符合（　）

（6）我喜欢购物后保存收据。

非常不符合（　）　比较不符合（　）　有点不符合（　）

有点符合（ ） 比较符合（ ） 非常符合（ ）

（7）我喜欢清点整理自己的信件、书籍或其他资料。

非常不符合（ ） 比较不符合（ ） 有点不符合（ ）
有点符合（ ） 比较符合（ ） 非常符合（ ）

（8）我喜欢给自己的图书或电脑软件分类。

非常不符合（ ） 比较不符合（ ） 有点不符合（ ）
有点符合（ ） 比较符合（ ） 非常符合（ ）

（9）我喜欢将不同的物品放在不同的特定位置。

非常不符合（ ） 比较不符合（ ） 有点不符合（ ）
有点符合（ ） 比较符合（ ） 非常符合（ ）

（10）我喜欢定期整理通信录。

非常不符合（ ） 比较不符合（ ） 有点不符合（ ）
有点符合（ ） 比较符合（ ） 非常符合（ ）

（11）我喜欢按时起床和睡觉。

非常不符合（ ） 比较不符合（ ） 有点不符合（ ）
有点符合（ ） 比较符合（ ） 非常符合（ ）

（12）我喜欢表演节目。

非常不符合（ ） 比较不符合（ ） 有点不符合（ ）
有点符合（ ） 比较符合（ ） 非常符合（ ）

（13）我喜欢当众演奏乐器。

非常不符合（ ） 比较不符合（ ） 有点不符合（ ）
有点符合（ ） 比较符合（ ） 非常符合（ ）

（14）我喜欢表演现代舞（如街舞）或传统舞。

非常不符合（ ） 比较不符合（ ） 有点不符合（ ）
有点符合（ ） 比较符合（ ） 非常符合（ ）

（15）我喜欢参加独唱或合唱演出。

非常不符合（ ） 比较不符合（ ） 有点不符合（ ）
有点符合（ ） 比较符合（ ） 非常符合（ ）

（16）对专家观点置疑时，我喜欢主动寻找其他资料或信息来求证。

非常不符合（ ） 比较不符合（ ） 有点不符合（ ）
有点符合（ ） 比较符合（ ） 非常符合（ ）

（17）我喜欢对问题提出多种假设。

非常不符合（ ） 比较不符合（ ） 有点不符合（ ）

有点符合（　　）　　比较符合（　　）　　非常符合（　　）

（18）我喜欢用实践验证某种科学理论。

非常不符合（　　）　　比较不符合（　　）　　有点不符合（　　）

有点符合（　　）　　比较符合（　　）　　非常符合（　　）

（19）我喜欢寻求数理问题的多种解法。

非常不符合（　　）　　比较不符合（　　）　　有点不符合（　　）

有点符合（　　）　　比较符合（　　）　　非常符合（　　）

（20）我喜欢听科学家作报告。

非常不符合（　　）　　比较不符合（　　）　　有点不符合（　　）

有点符合（　　）　　比较符合（　　）　　非常符合（　　）

（21）我喜欢蹦极。

非常不符合（　　）　　比较不符合（　　）　　有点不符合（　　）

有点符合（　　）　　比较符合（　　）　　非常符合（　　）

（22）我喜欢在自然景区游玩时选择人迹罕至的路线。

非常不符合（　　）　　比较不符合（　　）　　有点不符合（　　）

有点符合（　　）　　比较符合（　　）　　非常符合（　　）

（23）我喜欢按照操作指南使用家电或其他设备。

非常不符合（　　）　　比较不符合（　　）　　有点不符合（　　）

有点符合（　　）　　比较符合（　　）　　非常符合（　　）

（24）我喜欢装配调试计算机。

非常不符合（　　）　　比较不符合（　　）　　有点不符合（　　）

有点符合（　　）　　比较符合（　　）　　非常符合（　　）

（25）我喜欢修理自行车或修补服饰。

非常不符合（　　）　　比较不符合（　　）　　有点不符合（　　）

有点符合（　　）　　比较符合（　　）　　非常符合（　　）

（26）我喜欢帮助疏通同学或朋友之间的隔阂。

非常不符合（　　）　　比较不符合（　　）　　有点不符合（　　）

有点符合（　　）　　比较符合（　　）　　非常符合（　　）

（27）我喜欢与同学分享学习或生活工作经验。

非常不符合（　　）　　比较不符合（　　）　　有点不符合（　　）

有点符合（　　）　　比较符合（　　）　　非常符合（　　）

（28）我喜欢帮邻居照顾孩子、辅导学习。

非常不符合（　　）　　比较不符合（　　）　　有点不符合（　　）

有点符合（　　）　　比较符合（　　）　　非常符合（　　）

（29）我喜欢帮助新同学熟悉环境。

非常不符合（　　）　　比较不符合（　　）　　有点不符合（　　）

有点符合（　　）　　比较符合（　　）　　非常符合（　　）

（30）我喜欢邀请朋友到家里做客。

非常不符合（　　）　　比较不符合（　　）　　有点不符合（　　）

有点符合（　　）　　比较符合（　　）　　非常符合（　　）

（资料来源：中华策划网——企业服务）

7.2.1　职业兴趣测验概述

1．概念

兴趣是重要的心理特征之一，是个体力求认识某种事物或从事某种活动的心理倾向，表现为个体对某种事物、某项活动的选择性态度或积极的情绪反应。

兴趣是多种多样的。不同的人兴趣不同；同一个人也有多种不同的兴趣。其中，职业兴趣是职业的多样性、复杂性与就业人员自身个性的多样性相对应下反映出的一种特殊的心理特点。一般是指人们对希望从事的职业或工作的愿望或偏好。

在 20 世纪 20 年代，西方就开始了职业兴趣测量的大量研究。现在比较流行的有斯特朗—坎贝尔兴趣调查（SCLL）、库德职业兴趣调查和霍兰德职业兴趣测验。

2．测验目的与功能

（1）目的。职业兴趣反映了职业（工作活动）特点和个体特点之间的匹配关系，是人们职业选择的重要依据和指南。职业兴趣测验正是用于了解这两方面特点之间的匹配关系，从而为实现“恰当的人从事恰当的工作”提供可靠的科学依据。

（2）功能。

1）从个人择业方面来说，职业兴趣测验是帮助人们明确自己的主观倾向，从而能得到最适宜的活动情境并给予最大的能力投入。

它通过直接或间接地了解人们对不同的职业或不同的操作对象（如人或事物或观念）的偏好，甄别人们究竟更倾向于和更适合于何种职业，使人各适其位，各尽其职，发挥特长，取得对工作最佳、对个人最满意的效果。

2）职业兴趣测验不但对就业人员的择业有指导意义，而且对管理人员的选拔和安置也起着举足轻重的作用。检测不同类型的管理活动与不同人的兴趣倾向之间是否存在恰当而合理的匹配关系，能为成功的管理工作提供基础保证。企业管理人员兴趣测验不但有利于发挥管理人员自身的才干，而且能为整个团队创造健康有益的氛围，从而保证整个工作的效益和提高全体成员的工作满意感。

3）职业兴趣测验还可以在能力鉴定的基础上甄别可能取得最大效益和成功的活动（职业）。也就是说，只有考虑到了兴趣，才能说明能力与成功的关系。能力是取得成功的必要条件，但它还不是充分条件。并不是每一个有能力的人都能够成为成功者。绝大部分成功者都是那些既具备一定的能力，又对所从事的工作真正感兴趣的人。满足感本身就是激励人们去努力工作的一种动力。因此，“兴趣加能力”是确保取得成功的重要条件。

7.2.2　斯特朗—坎贝尔兴趣调查

斯特朗—坎波尔兴趣量表（Strong Campbell Interest Inventory，SCII）是国外流行的职业兴趣测验，它被广泛地应用于人才测评中，对个人职业选择和企业选员提供了非常有益的信息。

SCII 的最新版本中包括 325 个项目，构成 264 个量表，其中包括 6 个一般职业主题量表，23 个基本职业兴趣量表，207 个具体职业兴趣量表，2 个特殊量表，26 个管理指标量表。

一般职业主题量表是根据霍兰德职业理论建立起来的。有 6 个量表即霍兰德的 6 个职业兴趣，即现实的、调查的、进取的、审美的、社会的和事务的领域。每个量表包括 20 题，共 120 个题目。统计表明，这 6 个量表的得分存在不同程度的相关。

基本职业兴趣量表是由在内容上具有相似性且在统计上具有高相关的题目组成，因此，这种量表属于同质性量表。

具体职业兴趣量表共包括 106 种职业，除其中 5 种为男女共用同一常模外，其余各有自己的常模。

特殊量表包括学术满意度量表和内—外向量表两个量表。

管理指标量表是对每一份答案进行常规性统计，以确保在施测及数据录入过程中没有意外情况发生。它包括三个统计量：整体反应指标、异常反应指标和反应类型指标。无论被测者在哪种测验管理指标上出现异常情况，都应引起测试者的注意，查找出产生这种情况的原因。

SCII 量表适合于初高中年龄以上的被测者。他们所表现的职业兴趣基本上是大学生所选择的职业。SCII 量表还消除了题目内容和职别名称以及性别差别。

7.2.3 库德职业兴趣调查

库德于1966年在先前《库德爱好记录表》的基础上编制了《库德职业兴趣调查表》，并于1985年进行了修订。《库德职业兴趣调查表》由100组3个项目构成的强迫选择项目组构成，并直接把个人成绩与标准职业组或大学专业组的测验成绩进行比较，如果被测者与哪个标准职业组或大学专业组的分数接近，就说明其对该测验或专业感兴趣，确定感兴趣职业或专业的标准是最高相似系数之下相差0.06以内的职业或专业。除了职业和大学专业量表外，《库德职业兴趣调查表》还有职业兴趣评估和个人匹配部分。

库德的职业兴趣测验采用的“强迫选择”技术量表是由一系列题目构成，题目按“三合一”式编制，即题目每三个为一组，被测者必须在每一组中选出一个自己最喜欢的和一个自己最不喜欢的。每组都要求做出选择，不得跳过任何一组，也不可在一组中选出两个自己喜欢的。

题目样例如下：

将每组句子中你的选择填在右边括号内，其中，M代表最喜欢，L代表最不喜欢。

第一组：参观绘画展览（　）	第二组：搜集名人签名（　）
图书馆浏览杂志（　）	搜集邮票（　）
参观博物馆（　）	搜集硬币（　）

【提示】

库德职业兴趣调查表与SCII的差异：

（1）使用强迫选择的自比项目形式。测验结果可揭示个体内部的相对优势和弱势，而非这个个体某一特征的决定水平。

（2）以每个效标组的实际平均反应作为量表的确定项目，可提高量表的整体效度。

7.2.4 霍兰德职业兴趣理论

1. 理论概述

有位名人曾夸张地说过：如果人能从事自己感兴趣的工作，那么，人生就是天堂。兴趣给人的活动过程带来的乐趣由此可见一斑。一般来说，人们对感兴趣的职业存在着相同程度的渴望。问题在于你感兴趣的职业是什么？回答这样的问题，我们先要面对的是更为基础的问题：由于我们不可能在数以千计的职业中，去找寻自己所感兴趣的职业，首先须将庞杂的职业归为数量有限、适合操作的职业群（这种归类并非是国家公布的职业分类），然后再去发现自己感兴趣的职业群。对于职业归类的研究由来已久，所划分的类别也是众说纷纭。对我们影响比较大且有配套的兴趣量表的，当属美国心理学家、职业指导专家霍兰德的相关理论。

约翰·霍兰德（John Holland）是美国约翰·霍普金斯大学心理学教授，美国著名的职业指导专家。他于 1959 年提出了具有广泛社会影响的职业兴趣理论。认为人的人格类型、兴趣与职业密切相关，兴趣是人们活动的巨大动力，凡是具有职业兴趣的职业，都可以提高人们的积极性，促使人们积极地、愉快地从事该职业，且职业兴趣与人格之间存在很高的相关性。

霍兰德认为人格可分六种类型，即现实型、研究型、社会型、传统型、企业型和艺术型，职业环境也可以分成相应的同样名称的六大类，人格与职业环境的匹配是形成职业满意度、成就感的基础。各个兴趣类型的特点及较为适宜的职业环境如表 7-3 所示。

表 7-3　劳动者类型与职业类型对应表

类　型	劳 动 者	职　业
现实型（R）	愿意使用工具从事操作性工作； 动手能力强，做事手脚灵活，动作协调； 不善言辞，不善交际	主要是指各类工程技术工作、农业工作。通常需要一定体力，需要运用工具或操作机器 主要职业：工程师，技术员，机械操作、维修、安装工人，矿工，木工，电工，鞋匠等；司机、测绘员、描图员；农民、牧民和渔民等
研究型（调研型）（I）	抽象思维能力强，求知欲强，肯动脑，善思考，不愿动手； 喜欢独立的和富有创造性的工作； 知识渊博，有学识才能，不善于领导他人	主要是指科学研究和科学实验工作 主要职业：自然科学和社会科学方面的研究人员、专家；化学、冶金、电子、无线电、电视、飞机等方面的工程师和技术人员、飞机驾驶员和计算机操作员等
艺术型（A）	喜欢以各种艺术形式的创作来表现自己的才能，实现自身的价值； 具有特殊艺术才能和个性； 乐于创造新颖的、与众不同的艺术成果，渴望表现自己的个性	主要是指各类艺术创作工作。 主要职业：音乐、舞蹈、戏剧等方面的演员、艺术家编导、教师；文学、艺术方面的评论员；广播节目的主持人、编辑、作者；绘画、书法、摄影家；艺术、家具、珠宝和房屋装饰等行业的设计师等
社会型（S）	喜欢从事为他人服务和教育他人的工作； 喜欢参与解决人们共同关心的社会问题，渴望发挥自己的社会作用； 比较看重社会义务和社会道德	主要是指各种直接为他人服务的工作，如医疗服务、教育服务、生活服务等 主要职业：教师、保育员、行政人员；医护人员；衣食住行服务行业的经理、管理人员和服务人员；福利人员等

续表

类　型	劳 动 者	职　业
企业型（事业型）(E)	精力充沛、自信、善交际，具有领导才能； 喜欢竞争，敢冒风险； 喜爱权力、地位和物质财富	主要是指那些组织与影响他人共同完成组织目标的工作 主要职业：经理企业家、政府官员、商人、行业部门和单位的领导者、管理者等
传统型（C）	喜欢按计划办事，习惯接受他人指挥和领导，自己不谋求领导职务； 不喜欢冒险和竞争； 工作踏实，忠诚可靠，遵守纪律	主要是指各类与文件档案、图书资料、统计报表之类相关的各类科室工作 主要职业：会计、出纳、统计人员；打字员；办公室人员、秘书和文书；图书管理员；旅游、外贸职员、保管员、邮递员、审计人员和人事职员等

霍兰德所划分的六大类型，并非是并列的、有着明晰的边界的。他以六边形标示出六大类型的关系，如图 7-1 所示。

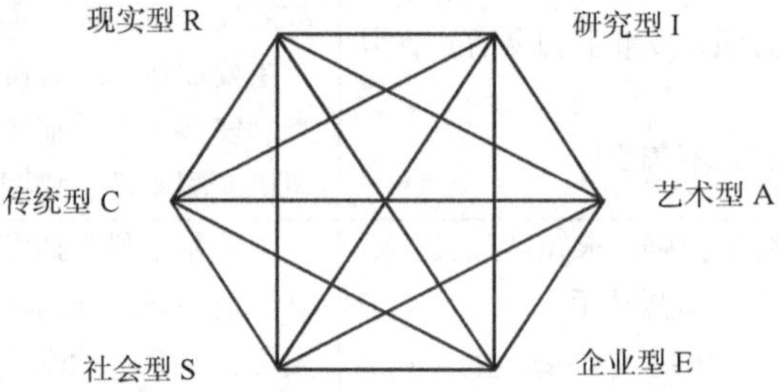

图 7-1　霍兰德六大劳动和职业类型关系

从图 7-1 中可以看出，每一种类型与其他类型之间存在不同程度的关系，大体可描述为三类：

（1）相邻关系，如 RI，IR，IA，AI，AE，EA，ES，SE，SC，CS，RC 及 CR。属于这种关系的两种类型的个体之间共同点较多，现实型 R、研究型 I 的人就都不太偏好人际交往，这两种职业环境中也都较少机会与人接触。

（2）相隔关系，如 RA，RE，IC，IS，AR，AS，SI，SA，EA，EC，CI 及 CE，属于这种关系的两种类型的个体之间共同点较相邻关系少。

（3）相对关系，在六边形上处于对角位置的类型之间即为相对关系，如 RS，IE，AC，SR，EI 及 CA，相对关系的人格类型共同点少，因此，一个人同时对处于相对关系的两种职业环境都兴趣很浓的情况较为少见。

2. 霍兰德职业兴趣理论的价值分析

（1）对于企业招募人才的价值。现代人力资源管理的基本原则是将合适的人放在合适的岗位上。人与职位的匹配应该包括两个方面的内容：一是人的知识、能力、技能与岗位要求相匹配；更重要的是人的性格、兴趣与岗位相适应。因此，企业在招募新员工时，就非常有必要对申请在本企业工作的人员进行职业兴趣的测评，了解申请者的职业兴趣人格类型。通过测试，企业可以得知它所能提供的职业环境是否与申请者的职业兴趣类型相匹配，换句话说，企业可以考查到申请者是否适合在本企业的职业环境中工作。所以，企业在招募人才的过程中，如果能够坚持以霍兰德的职业兴趣理论为指导，不仅可以招募到适合本企业的人才，还可以给予新员工最适合的工作环境，以期最大限度地在工作中发挥他们的聪明才干。

（2）对于职业选择和职业成功的价值。职业兴趣是职业选择中最重要的因素，是一种强大的精神力量。职业兴趣测验可以帮助个体明确自己的主观倾向，从而得到最适宜的活动情境并给予最大的能力投入。根据霍兰德的理论，个体的职业兴趣可以影响其对职业的满意程度。当个体所从事的职业和其职业兴趣类型匹配时，个体的潜在能力可以得到最彻底的发挥，工作业绩也更加显著。在职业兴趣测试的帮助下，个体可以清晰地了解自己的职业兴趣类型和在职业选择中的主观倾向，从而在纷繁的职业机会中找寻到最适合自己的职业，避免职业选择中的盲目行为。尤其是对于大学生和缺乏职业经验的人，霍兰德的职业兴趣理论可以帮助其做好职业选择和职业设计，成功地进行职业调整，从整体上认识和发展自己的职业能力。

本章重点概念

需求测验　动机测验　斯特朗—坎贝尔兴趣调查　库德职业兴趣调查　霍兰德职业兴趣理论

自测题

一、判断题

1. 需求测验是通过构建生理需求、安全需求、社交需求、尊重需求和自我实现的需求这五种需求维度，来测试被测者对五种需求的程度。(　　)

2. 动机测验是指运用主题统览测验等方法测验被测者的成就需求、权力需求和亲和需求等需求动机的强弱程度。(　　)

3. 基本职业兴趣量表属于同质性量表。(　　)

4. 霍兰德的职业兴趣理论，其核心假设是人可以分为六大类，即现代型、研究型、社会型、现实型、企业型和科学型。(　　)

5. SCLL 的最新版本中包括 325 个项目，构成 264 个量表，其中包括 6 个一般职业主题量表，23 个基本职业兴趣量表，207 个具体职业兴趣量表，2 个特殊量表，26 个管理指标量表。(　　)

二、单选题

1. 下列(　　)不属于马斯洛所归纳的需求层次。

A. 生理需求　　B. 权力需要　　C. 社交需求　　D. 自我实现的需求

2. 下列(　　)是麦克利兰认为的权力需求较高的人的特点。

A. 他们渴望友谊，喜欢合作而不是竞争的工作环境，希望彼此之间的沟通与理解

B. 他们不喜欢成功的可能性非常低的工作

C. 他们喜欢支配、影响他人，喜欢对别人发号施令，注重争取地位和影响力

D. 他们事业心强，有进取心，敢冒一定的风险，比较实际，大多是进取的现实

3. 下列(　　)不是管理指标量表中的统计量。

A. 整体反应指标　　B. 异常反应指标

C. 反应类型指标　　D. 反应形态指标

4. 下列(　　)不是霍兰德划分的研究型劳动者的特点。

A. 抽象思维能力强，求知欲强，肯动脑，善思考，不愿动手

B. 愿意使用工具从事操作性工作

C. 喜欢独立的和富有创造性的工作

D. 知识渊博，有学识才能，不善于领导他人

5. 下列(　　)不是霍兰德划分的社会型劳动者的特点。

A. 喜欢以各种艺术形式的创作来表现自己的才能，实现自身的价值

B. 喜欢从事为他人服务和教育他人的工作

C. 喜欢参与解决人们共同关心的社会问题，渴望发挥自己的社会作用

D. 比较看重社会义务和社会道德

三、多选题

1. 美国哈佛大学教授戴维·麦克利兰提出了著名的三种需求理论，这三种需求是指(　　)。

A. 成就需求　　B. 权力需求　　C. 尊重需求　　D. 亲和需求

2. 麦克利兰发现高成就需求者的特点有（　　）。

A. 他们希望得到有关工作绩效的及时明确的反馈信息，从而了解自己是否有所进步

B. 他们喜欢具有竞争性和能体现较高地位的场合和情景

C. 他们喜欢设立具有适度挑战性的目标，不喜欢凭运气获得成功，不喜欢接受那些在他们看来特别容易或特别困难的工作任务

D. 他们对环境中的人际关系更为敏感

3. 职业兴趣测验包括（　　）。

A. 斯特朗—坎贝尔兴趣调查（SCLL）　　B. 哈罗德职业兴趣测试

C. 库德职业兴趣调查　　D. 霍兰德职业兴趣测验

4. 斯特朗—坎贝尔兴趣调查（SCLL）中的特殊量表包括（　　）。

A. 学术满意度量表　　B. 职业兴趣量表

C. 内—外向量表　　D. 管理指标量表

5. 霍兰德根据职业兴趣将人划分的六大类型之间的关系有（　　）。

A. 相望关系　　B. 相邻关系

C. 相隔关系　　D. 相对关系

四、简答题

1. 马斯洛的需求层次理论内容是什么？
2. 需求测验有什么功能？
3. 麦克利兰动机理论的主要内容是什么？
4. 什么是库德职业兴趣调查？
5. 霍兰德职业兴趣理论的内容是什么？

案例分析

汤姆的职业选择

汤姆在 4 年的软件编程的生涯里可谓得心应手，他在工作期间利用平时的业余时间学习软件编程最新的知识和相关技术，所以很漂亮地完成了上级交给他的一系列项目，这个聪明勤奋的小伙子很被上司看好。一直以来，他参与过多个企业解决方案的制作，受到了公司领导的赏识和好评。但是这些成绩并不能满足汤姆的成就感，早在求学阶段就相当活跃的汤姆觉得自己的潜能没有得到发挥，长此以往，自己会变成一个只会与数字和键盘打交道的“编

程工具”，所能做的工作只会停留在技术员的层面上，那对于他的管理才干无疑是一个浪费。

于是汤姆选择了辞职，希望寻找更大的发展空间，但在求职过程中，他又发现，学历成了他进一步向上发展的阻碍。最终，汤姆想回到疏远已久的学校，但花这么多时间考一张文凭值不值？自己到底想要什么？在职业的十字路口，打不开这个结，汤姆走进了一家职业顾问工作室，求助于职业顾问师。

面对职业顾问师，汤姆讲述了自己的心里话：最近的求职过程的不顺，使汤姆产生了深深的焦虑感。一方面，他想通过深造来缓解目前的压力和焦虑；另一方面，他看到身边不少没有专业知识和文化水平的人做电脑生意也发了财，一度使汤姆陷入了继续打工，或者做小买卖的犹豫中。

经过一番测评和互动，职业顾问师指出：根据汤姆的各项测试结果来看，汤姆的性格特质比较外向，思维活跃，有冲劲，敢冒险，特别是汤姆的学习能力很强，对于新知识有很好的吸收能力。以这些特质作为依据，再结合汤姆的工作经历，汤姆还是很适合 IT 工程师的工作的。汤姆考虑过继续打工，考虑过做生意，考虑过深造，想过学技术还是学管理。他认为自己的兴趣目前在管理方面，不想再与冰冷的机器打交道。但是依据汤姆的测评结果以及他个人的教育背景和工作经验，职业顾问师并不赞同他现在就向管理方向转向。理由是：

（1）汤姆的性格特质适合做技术工作，他现在觉得做技术乏味的原因无外乎是由于学历所限，导致升迁无望，以及工作多年后产生的一点厌倦情绪，这种情绪是正常的，完全可以通过其他途径排解。

（2）在人力资源或者行政管理方面汤姆没有任何优势可言，并且放弃了自己之前辛苦积累的 4 年经验。

（3）仅仅因为看过几本管理方面的书籍，就判定自己的兴趣在此，是非常盲目的。要知道现实情况和书中的描述常常会有巨大的落差。

因此，职业顾问师建议，汤姆应该继续扩大自己在软件开发方面的优势，并且改善自己的硬件条件，比如提升自己的学历。这样，汤姆距离升职并不会遥远。接着可以考虑再接受管理方面的培训或教育，并最终将自己定位于一个“技术＋管理”型人才。这样的一条道路较之盲目的转型更具可行性，成功的几率也大得多。

案例分析：职场不顺的人常常选择重归象牙塔为出路，或者考研或者出国。这是他们的理智选择吗？还是一种逃避？深造有没有和以前的工作经验形成对接？能不能给以后的职业发展带来益处？汤姆的事例是很典型的，比如在中国，不少应届毕业生在求职遇挫之后干脆就去考研了，但这真的是他们所想要的吗？其实大部分只是缺乏一个往高处去的平台，觉得自己被卡在了某个地方，职场茫茫，何处是出路？正确的选择应该是：

结合自己的各项特质，最好是能在职业顾问的辅导下做一套完整的测评，然后确立自己的职业发展目标，制定一份切实可行的职业规划方案，最后踏踏实实地按照自己的规划向着目标攀登。

常见的职业测评的类型主要有五类：

（1）职业兴趣测验——了解个人对职业的兴趣，即“你喜欢做什么”。

（2）职业价值观及动机测验——了解个人在职业发展中所重视的价值观以及驱动力，即“你要什么”。

（3）职业能力测验——考察个人的基本或特殊的能力素质，如你的逻辑推理能力，口头表达能力，即“你擅长什么”。

（4）个性测验——考察个人与职业相关的个性特点，即“你是怎样的一个人”。

（5）职业发展评估测验——主要是评估你的求职技巧、职业发展阶段等。

只有对自己有了深刻的认识，在职场上才不会盲目。如果汤姆在辞职前，先找个职业顾问师咨询一下，或许就不会如此茫然了。

（资料来源：中国人力资源网——典型案例）

案例思考题

1. 你认为按正常情况下汤姆在原公司能得到提升吗？为什么？
2. 如果你是汤姆，你会首先选择辞职吗？为什么？

调查研讨题

1. 依照马斯洛的需求层次理论，在与你相识的人中调查一下，他们目前最大的需求是什么？这与他们的职业是否有关联？

2. 你所相识的人中，有没有性格内向的人从事市场营销类工作？这类人多吗？他们做得成功吗？

第 8 章

基本人事调查

学习目标

- 了解商业发信调查。
- 熟悉电话调查。
- 掌握个人简历的内容及甄别、申请表的设计、组织状况调查内容。

学习导航

8.1 个人情况调查
8.1.1 个人简历
8.1.2 用人单位设计的申请表
8.1.3 电话调查
8.1.4 商业发信调查

↓

8.2 组织状况调查
8.2.1 组织健康度测试
8.2.2 组织绩效评定

8.1　个人情况调查

引导案例 8-1

××公司的《人才招聘审批表》

表 8-1　××公司的《人才招聘审批表》

应聘者姓名：
填表日期：
注：本人保证表中所填个人资料均翔实可靠，愿接受公司对表内资料核实，如有虚假责任自负。

<table>
<tr><td>姓名</td><td></td><td>性别</td><td></td><td>年龄</td><td></td><td>求职意向</td><td></td><td rowspan="4">照片</td></tr>
<tr><td>籍贯</td><td></td><td>民族</td><td></td><td>出生年月</td><td></td><td>希望薪金</td><td></td></tr>
<tr><td>政治面貌</td><td></td><td colspan="2">档案存放地</td><td colspan="2"></td><td>最高学历</td><td></td></tr>
<tr><td>婚姻状况</td><td></td><td colspan="2">身份证号码</td><td colspan="2"></td><td>最高职称</td><td></td></tr>
<tr><td>家庭住址</td><td colspan="5"></td><td>邮政编码</td><td colspan="2"></td></tr>
<tr><td>通信地址</td><td colspan="5"></td><td>联系电话</td><td colspan="2"></td></tr>
<tr><td rowspan="5">家庭成员情况</td><td>成员</td><td>姓名</td><td colspan="2">户口所在地</td><td>现住址</td><td colspan="2">工作单位及职务</td><td>电话</td></tr>
<tr><td></td><td></td><td colspan="2"></td><td></td><td colspan="2"></td><td></td></tr>
<tr><td></td><td></td><td colspan="2"></td><td></td><td colspan="2"></td><td></td></tr>
<tr><td></td><td></td><td colspan="2"></td><td></td><td colspan="2"></td><td></td></tr>
<tr><td></td><td></td><td colspan="2"></td><td></td><td colspan="2"></td><td></td></tr>
<tr><td rowspan="5">学习及培训经历</td><td colspan="2">教育机构</td><td>院/系</td><td colspan="2">起止时间</td><td>职务</td><td>证明人</td><td>电话</td></tr>
<tr><td colspan="2"></td><td></td><td colspan="2"></td><td></td><td></td><td></td></tr>
<tr><td colspan="2"></td><td></td><td colspan="2"></td><td></td><td></td><td></td></tr>
<tr><td colspan="2"></td><td></td><td colspan="2"></td><td></td><td></td><td></td></tr>
<tr><td colspan="2"></td><td></td><td colspan="2"></td><td></td><td></td><td></td></tr>
</table>

续表

	工作单位	部门及职务	起止时间	月薪	离职原因	证明人	电话
工作经历							
学习工作期间业绩	注：主要指奖励情况、科研情况，论文、国家二级以上刊物发表的文章以及作为主要负责人组织策划的重要活动等。						

外语	第一外语	水平	第二外语	水平	其他

自我评价	自我性格评价（对自己的性格进行客观公正的评价，在符合项前打“√”）							
	□小心谨慎	□心地善良	□聪明伶俐	□善解人意	□有锋芒	□正直	□消极	□多疑
	□勇敢正义	□胆小怕事	□热心助人	□重色轻友	□有条理	□细致	□自信	□耿直
	□风趣幽默	□豪放不羁	□多愁善感	□自我决策	□有恒心	□勤奋	□随和	□宽厚
	□理智冷静	□爱管闲事	□异想天开	□情绪不稳	□个性	□负责	□诚实	□淡泊
	□能言善语	□少言寡语	□处事洒脱	□思想开放	□有节制	□好学	□内向	□机灵
	□老实巴交	□有支配欲	□快言快语	□易动感情	□有自卑感	□外向	□敏感	□求实
	自我评价							
	优点：			缺点：				
	你自己认为适合干什么类型的工作？或你的职业定位？							
	你还有什么其他要求？							

附件：个人简历和相关证件、证书等材料复印件

以下由公司相关部门填写：

	测评负责人签字：　　　　年　月　日							
	面试人员评价							
	□小心谨慎	□心地善良	□聪明伶俐	□善解人意	□有锋芒	□正直	□消极	□多疑
	□勇敢正义	□胆小怕事	□热心助人	□重色轻友	□有条理	□细致	□自信	□耿直
	□风趣幽默	□豪放不羁	□多愁善感	□自我决策	□有恒心	□勤奋	□随和	□宽厚
	□理智冷静	□爱管闲事	□异想天开	□情绪不稳	□个性	□负责	□诚实	□淡泊
	□能言善语	□少言寡语	□处事洒脱	□思想开放	□有节制	□好学	□内向	□机灵
	□老实巴交	□有支配欲	□快言快语	□易动感情	□有自卑感	□外向	□敏感	□求实
	面试负责人签字：　　　　年　月　日							

续表

<table>
<tr><td>用人部门评价意见</td><td colspan="2">负责人签字：　　　　　　　　年　月　日</td></tr>
<tr><td colspan="3">审批：</td></tr>
<tr><td>部门负责人意见</td><td>用人部门负责人签字
年　月　日</td><td>人力资源负责人签字
年　月　日</td></tr>
<tr><td>公司主管领导批示</td><td colspan="2"></td></tr>
<tr><td>备注</td><td colspan="2">本表适用于高校应届毕业生人才引进和在职人才引进
用钢笔或签字笔认真填写
人才引进程序简介
1. 审阅
2. 笔试（一般指研发人员，其他人员根据需要决定）
3. 面试
4. 审批
5. 寄发录用通知书
6. 签订三方协议书（应届毕业生）
7. 寄发报到通知书
8. 报到</td></tr>
</table>

（资料来源：赵琛徽. 员工素质测评. 深圳：海天出版社，2003）

个人情况调查也是一种了解人员素质与能力的方法，与测验所不同的是，调查的目的主要是通过行为或事件有关人员的主观评价了解被调查者与工作相关的各种特征（道德品质、能力、态度、经验和经历、行为倾向等）的情况。由于调查一般不强调针对个体做相互的比较，不注重对个体在群体中所处的位置进行判别，它通常并不需要很高的数量精度，但却强调事件的真实准确性。

8.1.1 个人简历

个人简历是指被调查者自备的个人介绍材料。组织可以通过一份精心编辑的简历，分析被调查者的整体情况，这通常是组织招聘人才的第一步。

1．筛选简历的方法

（1）分析简历结构。简历的结构在很大程度上反映了被调查者的组织能力和沟通能力。结构合理的简历都比较简练，一般不超过两页。通常被调查者为了强调自己近期的工作，书写教育背景和工作经历时，可以采取从现在到过去的时间排列方式。相关经历常被突出表述。书写简历没有一定格式，只要通俗易懂即可。

（2）重点研究客观内容。简历的内容大体上可分为两部分：主观内容和客观内容。在筛选简历时注意力应放在客观内容上。客观内容主要分为个人信息、受教育经历、工作经历和个人成绩四个方面。个人信息包括姓名、性别、民族、年龄和学历等；受教育经历包括上学经历和培训经历等。主观内容主要包括被调查者对自己的描述，如本人开朗乐观、勤奋好学等对自己的评价与描述内容。

（3）判断是否符合职位经验和技术要求。在客观内容中，首先要注意个人信息和受教育经历，判断被调查者的专业资格和经历是否与应聘岗位相关并符合要求。如果不符合要求，就没有必要再浏览其他内容，可以直接筛选掉。

（4）审查简历的逻辑性。在工作经历和个人成绩方面，要注意简历的描述是否有条理，是否符合逻辑。比如，一份简历在描述被调查者自己的工作经历时，列举了一些著名的单位和一些高级职位，而他所聘的却是一个普通职位，这就需要引起注意。

（5）对简历的整体印象。通过对简历的阅读，问问自己是否对被调查者留下了好印象。另外，标出简历中不可信的地方，以及感兴趣的地方，面试时可询问被调查者。

2．如何甄别虚假简历

（1）开展周边调查。如果招聘的职位很重要，就应当与被调查者过去的同事、下属及上司聊聊，甚至可以联系与被调查者前三份工作有关的人。

（2）背景调查要彻底。简历上列出的重要项目，要让被调查者解释其来龙去脉。还可以从因特网上核查有关背景和信誉的资料。

（3）直截了当。告诉被调查者你打算核实其所有资料，如果你有言在先，被调查者就会三思而行。

3. 如何有效甄选简历

（1）浏览外观与行文。当拿到一份应聘书或简历时，首先引起甄选人注意的就是它的外观，其次是文字、语法等方面。在浏览简历的外观时有一些要点，如简历是否整洁，排版是否美观，是否有错别字，在语法、用词上是否得当等。

（2）注意材料中省略的内容。在应聘者应聘时，常常会提供给他们一些现成的应聘表格或简历模版。现在越来越多的组织使用标准化的简历模版，因而，很容易发现被调查者的简历中有哪些栏目是空白的或者有哪些内容被省略了。这些内容将会在面试中做进一步了解。

（3）注意与其所应聘职位和行业相关的工作经历。对大多数人来说，应聘一份工作，都会选择与自己过去经历相关的工作。在面试时就应该对应聘者在来公司应聘之前曾经在哪些单位工作过有深入的了解。如一个应聘者可能曾在公司的竞争对手企业工作过，这样的经历在面试时更应详细了解。

（4）考察应聘者工作变动的频率和可能的原因。在一个人的简历中最关键的部分就是他的工作经历。在工作经历中，可以注意该应聘者工作变化的频率如何，是否在很短的时间内（如不到一年）就更换工作，如果工作变动过于频繁，就可以作为疑问在面试中提出。

（5）注意应试者工作经历中时间上的间断或重叠。有时一个应试者从一家公司离职的时间和到下一家公司就职的时间之间会有间隔，那么，应聘者在这段时间里在做什么是面试者应该了解的问题。

（6）审视应聘者的教育背景及其工作经历的相关性。对相当多的人来说，所从事的工作是与学校所学的专业相关的，但也有一些人所从事的工作与自己所学专业没有直接的关系，或者在最初离开学校时从事的是与专业相关的工作，但后来变换成与所学专业不太相关的工作。因此，发现这些问题就需要在面试时加入相关的问题，了解应聘者在选择职业和职业生涯发展方面的考虑。

（7）注意应聘者对薪酬的要求。在应聘者的应聘材料中，还应特别关注其目前的薪酬状况以及他对薪酬的期望值。调查人可以将它所期待的薪酬与该职位所能提供的薪酬水平做比较，在面试中与他讨论这方面的问题。

此外，在浏览简历与面试时，还应特别关注其中前后不一致的地方和难以理解的地方。

相关链接

招聘现状：简历兑水现象严重

据有关专家估计，大约有 30%的人会在他们的简历中“注水”。位于美国新泽西州的

ADP 是一家人力资源服务公司，根据该公司在 2001 年的统计，44%的求职者在他们的简历中撒谎；41%的人在教育背景上撒谎；还有 23%的人伪造他们的信用记录和有关文件。

8.1.2　用人单位设计的申请表

许多组织的人力资源管理部门在招聘人员时是通过应聘者填写由组织规范设计的入职申请表来收集应聘者的资料。招聘申请表是由单位统一提供表格，由应聘者来填写，其目的是要对应聘者进行初步的了解，收集关于应聘者背景和现在情况的信息，以评价应聘者是否能满足最起码的职位要求，通过对招聘申请表的审核，先将一些明显的不合格者筛选掉。与个人简历相比，申请表的可信性和筛选效率更高。

履历项目的设计数量应根据情况而定，一个申请表应包含的项目，少的可能有 15～20 项，多的可能有上百项。但不管项目多少，总有些项目是主要的。它们集中反映了应聘者的真实情况和未来发展，对提高预测准确性有关键作用。

1. 设计申请表

多数工作的申请表包括两大部分。第一部分是申请表的填写与递交说明，第二部分是题项。不管何种形式的招聘申请表，一般来说都应该能够反映以下信息：应聘者个人基本信息、受教育状况、过去的工作经验、业绩、能力特长以及职业兴趣等。设计申请表时要符合当地有关法律和政策的要求（如有些国家规定，种族、性别、年龄、肤色和宗教等不得列入表内，只要求应聘者填写与工作有关的情况），具体可参见以下各项内容：

（1）个人基本情况。年龄、性别、住址、联系电话、婚姻状况、身体状况等。

（2）求职岗位情况。求职岗位、求职要求（收入待遇、时间、福利等）。

（3）工作情况。工作经历和以前的工作单位、职务、工作时间、工资、离职原因和证明人等。

（4）教育与培训情况。学历、学位、所接受的培训等。

（5）生活和家庭情况。家庭成员姓名、与本人关系、兴趣、个性与态度等。

（6）其他。能力证明（语言和计算机能力等）、获奖情况及未来的目标等。

申请表的种类很多，按回答问题的方式可分为以下几种。

（1）是—否型。

例如：你对目前的薪水满意吗？

A. 是　　　　　　　　　　B. 否

（2）连续性的单向选择。

例如：你的体重是多少？

A. 50 千克以下　　B. 50～70 千克

C. 70～90 千克　　D. 90 千克以上

（3）非连续性的单向选择。

例如：你的婚姻状况如何？

A. 独身　　B. 已婚，无子女

C. 已婚，有一个孩子　　D. 分居

（4）非连续性的多项选择。

例如：你曾患过以下何种疾病？

A. 过敏　　B. 气喘　　C. 高血压　　D. 溃疡

E. 头疼　　F. 胃病　　G. 关节炎

（5）种类相通、程度不同的多项选择。

例如：你对下列活动的喜爱程度？

① 散步；② 读书；③ 室内活动；④ 室外活动；⑤ 音乐。

A. 很喜爱　　B. 有点喜爱　　C. 不太喜爱　　D. 根本不喜爱

（6）含有“回避”式的连续性选择。

例如：你从事目前的工作多长时间了？

A. 6 个月以下　　B. 6 个月至一年

C. 1～2 年　　D. 2～5 年　　E. 5 年以上

（7）含“回避”式的非连续性选择。

例如：你在何时最易头痛？

A. 眼睛过度疲劳时　　B. 未按时吃饭时

C. 过度紧张时　　D. 一月一次　　E. 未有过

此外，申请表中的问题还可按应聘者行为的内容分为“可验证行为—不可验证行为”、“历史性行为—未来性行为”、“真实行为—虚假行为”、“记忆型—猜测型”、“具体——一般”、“真实回答—倾向性回答”、“外部事件—内部事件”几种。

2. 筛选申请表的方法

（1）判断应聘者的态度。在筛选申请表时，首先要筛选出那些填写不完整和字迹难辨认的材料。

（2）关注与职业相关的问题。在审查申请表时，要了解背景材料的可信程度，要注意应聘者以往经历中所任职务、具有的工作技能和知识与应聘岗位之间的联系。

（3）注明可疑之处。不论是简历还是应聘申请表，很多材料都会或多或少存在内容上的虚假。在筛选材料时，应该用笔标明这些疑点，在面试时作为重点提问的内容进行深入了解。

3. 记分法

使用申请表进行人员预测的最常见方式是记分法，具体步骤是：首先给申请表中的每一项都规定一个分数。分数的确定是依据该项所能反映有关应聘者的工作表现情况（如工作年数、工作业绩等）的程度而定的。然后确定每一项的打分标准，这一标准要体现组织对应聘者的要求。如果应聘者的回答符合标准则得分；反之，则不得分或扣分。最后，把应聘者各项得分相加得出总分。根据总分确定选择决策。

4. 履历的预测效果评价

把履历作为测评方法，首先需要选择确定测评的标准。一般都选择工作效率、人事变动率、出勤率作为标准。例如，将现有员工按高效率和低效率分为两组，通过对高效率员工组的履历分析，发现其成员具有哪些与低效率组不同的特点，那么这些特点就可以作为履历的项目设计。例如，80%高效率的员工组成员都是大专毕业，那么学历项目就可以作为一个项目。那些无法区别标准的项目，就不应作为选聘的履历项目。

依据上述方法对人员进行测评的准确率较高。有研究表明，履历作为预测人事变动率的效度系数在 0.77～0.79 之间。申请表中的有些项目和问题并不具有直接预测性，但如果减少这类项目使其只含预测性的问题，则往往使预测不准，降低其可靠性。因而，总要保留一些无关问题以防止此类现象发生。一般来说，申请表中至少应包括 50 项左右的关键指标项目以使结果合理可靠。

8.1.3 电话调查

电话调查是指通过电话对应聘者进行调查的方法。这种方法包括电话背景调查和电话访谈两种方式。

1. 电话背景调查

这种方法可以更加灵活而有效地了解应聘者先前所在单位对他的评价。在进行电话背景调查时应注意以下技巧：

（1）在进行电话背景调查前，先设计并列出会谈清单。通过设计结构性调查清单，电话调查将更加有条理、更系统、更全面、更节省时间。

（2）应聘者提供证明人时，可能会将与自己较好的同事或朋友列为证明人，所以，在电话调查时，不妨要求应聘者所提供的证明人能提供另一个对应聘者工作表现熟悉的人，并与他进行电话交谈。

（3）如有可能，进行多方面的电话交谈，以免造成误听、偏听。电话调查对象可选择两位应聘者的上司、两位同级和两位下属。

（4）最好在证明人事情不多的时间段致电证明人。这样证明人有较多的时间更好地回答问题。

（5）进行会谈时，应注意调查技巧，避免给对方造成一种错觉，觉得你是在盘问对方，从而引起对方不快。

2．电话访谈

在正式面试之前，最好花一些时间与应聘者进行简短的电话访谈，为正式的面谈做准备。

电话访谈主要是确认一下应聘者的应聘材料和简历中的信息，初步了解应聘者的职业兴趣是否与应聘的职位相符。

在电话访谈中，可以侧重了解一下下面这些问题：

（1）应聘者是从什么渠道了解到本公司的？又是如何得知应聘信息的？

（2）应聘的原因是什么？

（3）应聘者现在所做的是什么工作？

（4）应聘者为什么离开现在的公司？

（5）应聘者最感兴趣的工作是什么？

（6）应聘者对自己所应聘的工作是如何理解的？

（7）应聘者对公司抱有什么期望？

除了向应聘者提问之外，也可以允许应聘者提出一些自己感兴趣的问题。从他所提的问题中，可以了解他的兴趣点和对工作及公司的了解程度。一个电话访谈一般持续 10 分钟至 15 分钟。在电话访谈结束时，面试者应该对以下问题形成判断：

（1）应聘者是否正确了解了所应聘的工作内容？

（2）应聘者的职业兴趣是否与应聘的工作相吻合？

（3）应聘者所提出的问题是否切中要点？

（4）应聘者是否表现出对所应聘的工作具有强烈的兴趣？

（5）应聘者的条件是否满足对该职位的最基本的任职资格要求？

（6）应聘者所说的与应聘材料中的信息是否一致？

（7）你是否决定对其进行正式的面试？

在电话访谈中，面试者应把握这样的尺度，电话访谈的目的不是要得出是否聘用该应聘者的结论，而是判断是否有必要对该应聘者进行正式的面试。

8.1.4 商业发信调查

商业发信调查是指通过向应聘者原工作单位（或学习培训单位）发信函进行调查的方式。

在进行商业发信调查时，可设计成如下背景调查发信格式。

××先生现正申请/已被录用为我公司（　　　）职位，在求职时提供关于贵单位聘用期间的信息如下。我们已经得到××先生的授权，与你进行联系，以证实如下信息是否属实，多谢你的支持和合作。

（请检查下列信息是否相符，如有不符，请予以修正）

任职日期：

职位：

最后薪金：

离职原因：

是否仍在录用：

另外，如能在以下空白处提供对××先生的任何有帮助的评语，我们将非常感激。同时，我们会非常尊重贵公司在这方面的机密，承诺绝不泄露相关信息。多谢支持与合作。

8.2 组织状况调查

引导案例 8-2

乐百氏独具一格选人才

由“今日”更名“乐百氏”从中山迁至广州，风雨十年，乐百氏这只昔日的“丑小鸭”已变成了“白天鹅”。如此成绩离不开优秀的员工和出色的管理，乐百氏在经营过程中是如何进行人力资源的管理和开发的呢？乐百氏（广东）集团有限公司人力资源委员会主任徐晓青女士做了如下阐述。

1. 寻找“老实人+梦想家”

乐百氏在用人方面有一点很明确，即用老实人，这是企业成立至今一直遵循的准则，乐百氏总裁何伯权一句经常挂在嘴边的话给了它最好的解释，那就是“老老实实做人，踏踏实实做事”。

乐百氏用人的另一条标准是，“你要是个梦想家”。徐晓青解释说：“你要带着梦想来乐百氏，实现自己梦想的同时也会给企业带来成功。因为梦想能带来创新，你的进取影响带动你周围的人形成一个积极向上的团队。但空想家我们坚决不用，能不能付诸行动是梦想家和空想家最本质的区别。”

2. 独特的测试方法

那么，乐百氏是如何识别哪些是梦想家，哪些是空想家，哪些又是老实人呢？乐百氏为此设置了别具一格的招聘程序。比如，通过书画测试分析你的思维能力，透过心理、性格测试看你是否能承担这份工作。举个例子，乐百氏在求职时会问应聘者：以前的工作带给你什么经验？问题就这么简单，要看你怎么回答了。乐百氏根据你的回答判断你是不是乐百氏所需要的那类人。

“你不一定是最优秀的，但你可能是最适合乐百氏的。”徐晓青女士如此说，“打个比方，你虽然进不了甲级队员的行列，但在乙级队中你却能发挥得很出色。”乐百氏就是需要这样的人，所以不用担心你是否最优秀，只要你适合乐百氏。

3. 在培训中选才

每季度一次的人事评估为乐百氏进行人才的自我挖掘奠定了基础。

乐百氏的人事评估分别对高层管理人员、中层管理人员和后勤服务人员进行。评估的内容十分详尽，如对高层管理人员就包括对其管理政策、独立性、态度等进行量化的评分。评估的方式是多样的，有上司与下属之间的评价，有人力资源委员会对各员工的集体评价，目的是让员工获得一个相对的公正。

在评估中，员工会提出这一个时期最希望得到的培训要求，而乐百氏常年的培训就据此制定。“如果培训是员工自己提出来的，那么培训的效果会更加显著，因为那是他们所需要的。”所以乐百氏的培训总是显得卓有成绩，乐百氏就是在这样的评估和培训中建立着自己的人才库，它的大多数管理人员都是从中脱颖而出的。

（资料来源：人力资源总监网）

8.2.1　组织健康度测试

组织健康度测试，是指测试从共同领导、组织工作技能、组织气氛、组织凝聚力和组织成员贡献水平五个方面来描述组织现状，从而指导人们更有效地进行组织建设和组织学习。

组织健康度测试的目的在于帮助组织内的人了解自己组织的现状。一个组织默契而优秀的配合是它创造卓越成效的关键。成员共同领导的程度指一个组织是大家共同来领导的，如果一个组织是独裁的，那它的健康程度就低；组织工作技能指成员在一起工作相处的技巧；组织气氛指组织成员共处的情绪、和谐度和信任感；组织凝聚力指组织成员对组织目标的一致性；组织成员的贡献水平，是指组织成员为履行自己的责任所付出的努力和取得成就程度。调查以配合默契的优秀组织上述五个方面的表现为标准，受测组织的状态越接近这一标准，可以说越健康，预测组织绩效会越好。

施测过程约需要 10 分钟，具体施测过程如下：

（1）根据预定的应聘者选择好合适的调查地点，布置好考场。考场环境应安静整洁、采光照明良好。

（2）准备好调查所用的材料，如调查问卷、铅笔、橡皮，保证每位应聘者有完整的调查材料及用品。

（3）安排应聘者入场，并宣布调查注意事项和指导语。

（4）检查应聘者完成所有题目后，回收调查材料，调查结束。

每个维度的最高分为 20 分。如果一个组织在这五个方面都很出色，那么它就会是一个优秀的组织，也必定是一个高绩效的组织。比较所在组织不同方面的得分，就可以粗略地了解自己组织的长处与短处。

组织内每一个成员都完成这一评定，就可得到：

（1）组织成员对组织的总体的评价。

（2）可以比较总体评价和每个组织成员的评价，了解每一个人与其他人在看法上的差距。

8.2.2 组织绩效评定

组织绩效评定，是指以普遍的高绩效组织在互动运作和配合中出现的典型行为表现、活动状态和气氛特征为标准，通过自评问卷的形式了解被测组织的运作状况与标准的接近程度，以此来评估该组织绩效水平。

组织绩效评定的目的在于评估组织在完成任务时组织成员互动过程中协调、配合的气氛，组织内部的凝聚力、组织工作技巧以及成员——领导互动模式的有效性。通过揭示组织成员互动运作机制的有效程度，评估组织绩效，据此结果可有针对性地进行组织建设，有效提高组织成员士气，形成和保持良好的组织绩效水平。

组织绩效评定的施测过程同组织健康度测试过程。

本调查是组织绩效的测评工具，通过测评可获得有关组织绩效水平的信息。如希望进一步讨论影响组织绩效的因素，可参考以下思路：

（1）组织所面临的外部条件会影响组织的绩效，如组织策略、职权结构、甄选程序、薪酬制度等，这些因素决定了外在条件对该组织的支持程度。

（2）组织潜在的绩效水平主要决定于成员的素质与能力。通过评价成员所具备的与工作相关的能力，可大致预测该组织部分绩效，但组织大小、执行任务的类型、组织领导者的作风、组织内部的冲突等因素，都会影响组织绩效。

（3）高度不确定性任务需要处理更多的信息，更依赖组织内的有效配合，如果组织沟通不良，领导协调不佳，内部冲突迭起，会影响组织绩效。

（4）组织凝聚力在不同组织规范的作用下对组织绩效的影响表现不同。组织越团结，其成员越重视组织目标。如果组织的规范要求成员追求工作的品质和目标，并强调与组织内外其他人员之间的合作关系时，高凝聚力的组织会有高绩效。但如果组织规范鼓励成员浑水摸鱼、得过且过，那么凝聚力越大，绩效反而越差。

本章重点概念

个人简历　电话调查　商业发信调查　组织健康度测试　组织绩效评定

自测题

一、判断题

1. 个人情况调查非常强调实践的真实准确性。（　）
2. 筛选简历时注意力应放在客观内容上。（　）
3. 筛选申请表时首先要筛选出那些填写不完整和字迹难辨的材料。（　）
4. 电话访谈的目的是决定是否聘用该求职者。（　）
5. 组织凝聚力在不同组织规范的作用下对组织绩效的影响表现不同。（　）

二、单选题

1. 以下（　）不是甄别虚假简历的做法。

A. 开展周边调查　　B. 背景调查要彻底

C. 直截了当　　D. 浏览外观与行文

2. 使用申请表进行人员预测最常见的方式是（　）。

A. 判断应聘者的态度　　B. 关注与职业相关的问题

C. 注明可疑之处　　D. 记分法

3.（　）指组织成员对目标的一致性。

A. 成员共同领导　　B. 组织工作技能

C. 组织气氛　　D. 组织凝聚力

4.（　）指组织成员共处的情绪、和谐度和信任感。

A. 成员共同领导　　B. 组织工作技能

C. 组织气氛　　D. 组织凝聚力

5. 组织潜在的绩效水平主要决定于（　）。

A. 组织气氛　　B. 组织凝聚力

C. 领导者的素质与能力　　D. 成员的素质与能力

三、多选题

1. 筛选简历的方法有（　）。

A. 分析简历结构　　B. 重点研究客观内容

C. 审查简历的逻辑性　　D. 对简历的整体印象

2. 把履历作为测评方法，测评的标准一般有（　）。

A. 工作效率　　B. 人事变动率　　C. 工作经验　　D. 出勤率

3. 个人情况调查的内容包括（　）。

A. 个人简历　　B. 用人单位申请表　　C. 电话调查　　D. 商业发信调查

4. 组织状况调查的内容包括（　）。

A. 电话调查　　B. 商业发信调查

C. 组织健康度调查　　D. 组织绩效评定

5. 组织健康度测试主要从（　）来描述组织现状。

A. 成员共同领导程度　　B. 组织工作技能

C. 组织气氛和凝聚力　　D. 组织成员贡献水平

四、简答题

1. 人事调查与素质与能力测评有什么不同？
2. 如何有效甄选简历？
3. 如何设计申请表？
4. 电话调查有哪些技巧？
5. 简述组织绩效评定的过程？

案例分析

IBM 招聘攻略

2004 年，IBM 推出全新招聘方式，在某人才网上特设立了战略人才储备库，使应聘者甚至可以预定几年后的招聘名额。IBM 的“活力创新”战略人才储备计划，主要面向社会招聘，特别是 2003 年和 2004 年国内外院校毕业或即将毕业的学士、硕士、博士、MBA，对刚毕业一年的新人更是情有独钟。这是因为 IBM 认为刚毕业一年的人正处在社会经验与求知欲最好的切合点上，不像刚走出校门的学生缺乏社会经验，不能成熟地考虑自己在公司的定位，并且还具有很强的可塑性和求知欲，是公司急需的好胚子。

作为一种全新的招聘方式，求职者只要投简历便可进入 IBM 战略人才储备库，求职者可以根据自己的特点提前预约应聘职位，同时还可以写下期望进入 IBM 的时间，可以是一个月后、三个月后，甚至更长，这样 IBM 人力资源部就会根据求职者希望自己简历生效的时间，关注求职者，并及时更新公司需求的大致职位及相应职位描述，在出现职位空缺与求职者应聘职位相匹配时，能够在第一时间主动与求职者联系，另外，IBM 还将定期通过邮件和网上更新的方式向求职者介绍近期需求的新职位和公司发展近况。

如何在众多简历中进行挑选呢？IBM 人事经理这样描述：按照时间计算，每份简历通常只能得到招聘者几分钟的“青睐”，招聘人员会直奔主题，按照国际规范的简历格式，到特定的位置搜寻需要的信息，例如，如果在“教育背景”的位置没有找到你就读的大学、学历和专业名称，那就意味着会花很多时间去寻找最基本的信息，而一旦在查找许多信息都很费劲的时候，难免会匆忙把这样的简历放在非首选之列，甚至打入冷宫。所以，IBM 对简历内容的要求是：个人信息，教育/培训情况，工作经历，个人爱好及其他相关信息等。

案例分析：成熟规范的简历格式使 IBM 能在测试范围内以最省力的方式寻找到适合自己的人才，同时也为人才到 IBM 求职降低了门槛。采取这种个人调查招聘方式，对求职者和公司来说都可以节约时间，公司不用每次都打出招聘广告再收简历，求职者只要关注自己的邮箱就可以随时掌握 IBM 的招聘信息，不会因为没有及时了解公司招聘计划而与最适合自己的机会擦肩而过。

（资料来源：中国人力资源网——典型案例）

案例思考题

1. 你认为 IBM 仅凭一份简历就录取员工是否草率？如果是，还应该用什么样的招聘方式来弥补？

2. 你认为案例中所述的 IBM 的招聘方式适合中国企业吗？为什么？

调查研讨题

1. 对所在单位人力资源部门作一次调查，了解一下个人简历在员工招聘中的受重视程度。

2. 了解一下有过应聘经历的人，他们在填写简历时是否会完全按真实情况填写。

第 9 章

基于工作情景的人员素质与能力测评类型

学习目标

- 了解公文筐测验、无领导小组讨论、面试的概念。
- 熟悉公文筐测验、无领导小组讨论、面试的特点。
- 重点掌握公文筐测验的题目设计、无领导小组讨论的实施和面试的流程与技巧。

学习导航

9.1 公文筐测验
9.1.1 公文筐测验概述
9.1.2 公文筐测验的考察内容和题目设计
9.1.3 公文筐测验的实施过程和注意事项

9.2 无领导小组讨论
9.2.1 无领导小组讨论概述
9.2.2 无领导小组讨论的特点、障碍和形式
9.2.3 无领导小组讨论的实施

9.3 面试
9.3.1 面试概述
9.3.2 面试的特点和流程
9.3.3 面试的技巧

9.1 公文筐测验

引导案例 9-1

××公司的公文筐测验

今天是 2008 年 11 月 10 日，恭喜你有机会在以后的两小时内担任××公司人力资源部总监，由你全权处理该职位的有关事宜。××公司是一家民营股份制公司，人力资源部下设三个科：人事科、劳资科和培训科。

现在是上午 8∶30，在听取了下属的工作汇报，做好今天的工作安排之后，你来到总监办公室。秘书已经将你需要处理的近日积压文件整理好，放在一个文件筐里（见表 9-1～表 9-12）。文件的顺序是随机排列的，你必须在两小时内处理好这些文件，并做出批示。

在这两小时里，你的秘书会为你推脱掉所有的杂事，不会有任何人来打扰你。另外，很快地通知你，由于公司的电话线路正在检修，你用处理文件、备忘录、便条、批示等形式将文件的处理意见和办法，做出书面表述，最后交秘书负责传达。

在公司，现在员工称你为“王总”。

好了，你现在可以开始工作了，祝你好运。

表 9-1　文件一

王总：

前一段时间，劳资科对待业的员工福利状况进行了一次调查。就每个月用于员工的人均福利费而言，我们公司位于同行业的中上等水平。但考虑到现在行业的激烈竞争和高流动率，为了增强我们的凝聚力，我们认为，提高员工的福利待遇是一项有力的激励措施。因此，我们提出了一项增加员工福利的计划，也就是将现在的人均福利费 1 000 元/月提高到 1 500 元/月的较高水平，不知您对这项计划的意见如何？请指示。

劳资科

2008 年 11 月×日

处理意见：

表 9-2　文件二

王总：

这几周来，有第二分公司员工反映他们的工资分配不合理，他们指责分公司经理在进行绩效考核时不能客观、有效地对员工进行评定。此外，第二分公司还有克扣临时工工资的现象，他们有可能会集体罢工或辞职。此事如何处理？请批示。

劳资科

2008 年 11 月×日

处理意见：

表 9-3　文件三

王总：

收到一份通知，本月 20 日在北京饭店召开北京地区大天时企业人力资源管理研讨会。届时到会的均为各企业人力资源部总经理或副总经理，以及国内外一些人力资源管理专家和学者。您是否参加？请回复，以便我及早做出安排，办理相关报名事宜。开会时间：11 月 20 日上午 8：00～11：30，下午 13：30～16：30。

秘书

2008 年 11 月×日

处理意见：

表 9-4　文件四

王总：

根据张总经理上周的指示，我们做了一个工资分配调整方案，基本思路是增加公司核心岗位上优秀员工的工资收入，吸引他们为企业长期服务，同时降低公司一般事务性岗位上员工的工资收入，因为他们可以很容易地被劳动力市场上的他人所替代，他们的流动不会影响企业的发展。

此方案当否，请批示。

劳资科

2008 年 11 月×日

处理意见：

表 9-5　文件五

王总：

近期各部门相继反映，由于我公司的不断发展扩大，各部门的事务性工作量大幅度增长，因此需要聘用一些专职秘书以缓解各部门的工作压力。以往我们的做法是从公司的员工中选拔能胜任此项工作的人员。总的感受是，这些员工从事一般性秘书工作还可以，但是，从现代管理的角度出发，个人素质限制了我公司秘书工作的质量和效率。因此，我们拟从社会上招聘一批素质较高的秘书人员，数量大约为二十余名，此项工作不知您的意见如何？另外，如果决定招聘这批秘书人员，您是否参加面试？

人事科

2008 年 11 月×日

处理意见：

表 9-6　文件六

王总：

公司办公室转来一封群众来信。信中说公司总务处员工郭小军在其居住地扰得四邻不安，群众很有意见。如果情况属实，将会对公司名誉产生负面影响，特别是其居住地附近住有我们公司重要大客户的一些中高级管理人员。总裁要求尽快处理此事。

秘书

2008 年 11 月×日

处理意见：

表 9-7　文件七

王总：

根据我们的调查，公司中青年员工离职率高与公司现有住房制度有一定关系。目前，公司已停止为员工建设或购买住房，仅为员工提供住房补贴，让他们自行租房居住或由公司提供帮助向银行申请抵押贷款买房居住。但由于房价太高，中青年员工无力购买，租房又不稳定，员工没有安全感。我们考虑，是否可由公司出资建设一些小型公寓，以适当价格出租给暂时无房的员工，并规定在一定的期限后迁出公寓，给后来的员工暂住。这样可以使中青年员工安居乐业，降低核心员工的流动率。此建议当否，请指示。如果可行，我们将向总裁办公室提出报告。

劳资科

2008 年 11 月×日

处理意见：

表 9-8　文件八

王总：

最近，从财务部的部分员工那里反映上来的一些情况引起了我们的注意。您知道，前两个月我们刚刚从其他公司调来一位具有丰富管理经验和特长的王东林任财务部经理。目的是为了进一步开展财务部的工作。但近来我们发现，因为多种原因使原来的财务部副经理在与王东林的工作配合上不尽如人意，并产生了一些矛盾。虽然二人之间的冲突尚未公开，但已在财务部内部引起一些反应。并对工作和人员的情绪产生了不利的影响。这件事如何处理，想听听您的意见。

人事科

2008 年 11 月×日

处理意见：

表 9-9　文件九

王总：

关于开展“如何建设我们公司的企业文化”的讨论现已经告一段落，我们计划下周三上午 10：00 召开一个中层正职以上管理人员参加的专题讲座会。会议主题是，如何确立公司的企业文化，怎样建设我们公司的企业文化。会上想请您说一说对这个问题的看法。届时我们准备把您的讲话要点打印成文件下发。望您务必参加，并将您的看法写成文字资料交给我们以便打印（要求：必须在文件处理中由您本人完成此项工作）。

人事科

2008 年 11 月×日

处理意见：

表 9-10　文件十

王总：

由于受市场影响，公司近来效益有所下降。目前公司对承受较高的工资成本有一定困难。总裁提出适当降低公司的工资水平，但这又有可能造成企业核心员工流失。另外，如果真的降低工资水平，是降低固定工资水平还是降低奖金水平？请批示。

劳资科

2008 年 11 月×日

处理意见：

表 9-11　文件十一

王总： 　　我们对近年来人员的变动进行了统计，将结果呈报给您。为了减少人员流动，保持员工的相对稳定性，我们采用了许多手段，如提高福利待遇水平，增加工资收入，提高本公司工龄津贴，但总觉得收效不明显。我们对此问题探讨了很久，尚不能确定问题的症结所在，请您指示。 人事科 2008 年 11 月×日
处理意见：

表 9-12　文件十二

王总： 　　我们根据总裁办公室的意见，分析了目前公司工资水平及工资结构。与同行业其他公司相比，本公司的工资处于中上等，但这并未能对员工提高工作绩效产生良好的推动作用。我们认为，这可能是因为公司的固定工资和绩效奖金的比例不尽合理。目前，前者与后者的比例大致为 8：2，绩效奖金所占比例太小，同等资历的员工的收入相差不大，即使他们的工作绩效大不一样，也未能产生良好的激励作用。因此，我们建议调整公司的工资结构，将固定工资与绩效奖金的比例变更为 6：4 或 5：5。 　　此建议当否，请批示。 劳资科 2008 年 11 月×日
处理意见：

（资料来源：赵琛徽. 员工素质测评. 深圳：海天出版社，2003）

9.1.1　公文筐测验概述

1．公文筐测验的概念

公文筐测验，又叫文件筐测验，它是一种情景模拟测验，是对实际工作中的管理人员掌握和分析资料、处理各种信息，以及做出决策的工作活动的一种抽象和集中。测验是在假定情景下实施的。该情景模拟一个公司或政府机关所发生的实际业务、管理环境，测验提供给被测者的信息包括涉及人事备忘录、政府的法令公文、来往信函、市场信息、客户关系及财务等十几份甚至更多的材料。由于这些资料通常是放在公文筐中的，公文筐测验也因此而得名。测验要求被测者以管理者的身份，模拟真实工作的情景，在规定条件下（通常是较紧迫和困难的条件下，如时间与信息有限，孤立无援，初履新任等），对各种公文材料进行处理，形成公文处理报告。通过观察被测者在规定条件下处理过程中的行为表现和书面做答，评价其计划、组织、预测、决策和沟通等能力。公文筐测验是测评管理人才的重要工具，它为中高层管理人员的选拔、考核和培训提供了一项具有较高信度和效度的测评手段，为企业和政府机关的中高层人力资源管理和组织设计提供了科学的信息。

公文筐测验具有很多其他测评手段所没有的优点。它把被测者置于“仿真”的工作情景中去完成一系列工作，与通常的纸笔测验相比，显得生动而不呆板，能较好地反映被测者的真实能力水平。与其他情景模拟如无领导小组讨论相比，它提供给被测者的背景信息、测验材料（文件材料及问题）和被测者的作业（答题）都是以书面形式完成的，一方面考虑被测者在日常工作中接触和处理文件的需要，另一方面也使测验便于操作和控制。这也是公文筐之所以受到日益青睐的原因。

2. 公文筐测验的特点

（1）具有灵活性。可以因不同的工作特性和所要评估的能力而设计题目。

（2）情景性强。作为一种情景模拟测验，它可以对个体的行为做直接的观察。

（3）信度和效度高。由于把人置于模拟的工作情景中去完成一系列工作，为每一个被测者都提供了相等的条件和机会。

（4）预测性强。它能预测，可以使人在管理上获取成功潜能。

（5）培训性强。它能从多个维度上测评一个人的管理能力，不仅能挑选出有潜力的管理人才，还能训练他们的管理与合作能力，使选拔过程成为培训过程。

（6）综合性强。在实践中，除用做评价、选拔管理人员外，还可用于培训，以提高管理人员的管理技巧、协调能力和决策能力，以及为人力资源管理和组织设计提供信息。

（7）评分难度大。文件处理的评分受多种因素的影响，组织结构、文化气氛、管理理念不同的组织，具有不同的评分标准。专业人员和实际工作者也往往在理解上存在差异。

（8）成本高。要保证较高的效度。公文筐测验的试题设计、实施、评分都需要较长时间的研究与筛选，这个过程中要投入相当大的人力、物力和财力。

9.1.2 公文筐测验的考察内容和题目设计

1. 公文筐测验的考察内容

（1）计划能力。考察被测者根据材料的不同性质，提出解决问题的方案和安排分配工作的能力。得分高的被测者能在充分考虑时间、成本与内外关系等条件下，根据问题的性质对工作的细节、策略与方法做出合理的计划，提出切实可行的方案，并能事先安排和分配好下属的工作。

（2）预测能力。主要考察三部分内容：预测的质量、所依据的因素和可行性的分析。得分高的被测者能全面系统地分析环境中的各种相关因素，进行合乎逻辑的预测，并就预测结果提出行之有效的实施方案。

（3）决策能力。考察三部分内容：决策的质量、实施的方案和影响因素。得分高的被测者对复杂的问题能进行审慎的剖析，能灵活地搜索各种解决问题的途径，并做出合理的评估，对各种方案的结果有着清醒的判断，从而提出高质量的决策方案。评价决策时，要仔细考察决策背后的理性成分，考察被测者是否考虑了眼前和长远的后果，是否考虑了各种备选方案的优缺点。

（4）沟通能力。考察要求被测者设计公文，撰写文件或报告。用书面形式有效地表达自己的观点和意见。根据评估内容，考察被测者是否思路清晰、意见连贯，措辞恰当与否及文体适应性如何。得分高的被测者一定是语言非常流畅，文体风格与情景相适应，能根据不同信息的重要性分析妥善处理问题，结构性很强，考虑问题全面，能提出有针对性的论点，熟悉相关业务。

（5）工作的条理性。考察被测者在一定的管理情景下，面对所给大量的公文材料，能否在规定的时间内分清轻重缓急，并有条理地进行处理。得分高的被测者能有条不紊地处理公文和信息材料，能根据材料和信息的性质和轻重缓急对其进行准确的分类，能注意到不同信息间的关系，有效地利用所掌握的人、财、物、信息资源，有计划地安排好工作。

2. 公文筐测验的题目设计

有效地进行工作分析是公文筐测验的最基础、最核心的工作，工作分析的关键内容开展得越规范、越全面、越深入、越细致，公文筐测验的题目设计就越容易，测评结果的信度和效度也就越高。但仅有系统的工作分析还远远不够，对行业特点、组织内外环境、组织文化氛围和测评目标的分析也是测评题目设计时需要考虑的重要内容。以下因素就是公文筐测验题目设计的主要依据：

（1）组织所在行业的特点。

（2）组织内部和外部环境状况。

（3）组织现行的文化理念和希望建立的新文化理念。

（4）测评目的。招聘、选拔、评价和培训等不同的测评目标对不同测评题目在整个测评中的权重有不同考虑。

（5）管理职务设置的目的和工作职责。

（6）管理职务的工作性质与工作方式。

（7）管理者工作的内容、各项工作占全部工作时间的比例、各项工作的执行权限和执行依据、工作结果的预期标准（每一管理者的工作内容都包括人际关系、信息传递和决策制定三大类）。

（8）管理者每一项工作内容的主导业务流程。

（9）管理者的工作关系。管理者的直接上级、直接下级和间接下级、管理者的同级、管理者的组织内部关系和组织外部关系。

（10）管理者可调遣或协调的资源。包括人力资源、物力资源、财力资源和信息资源。

充分掌握相关资料和信息的题目设计小组，一般需用 2~3 个工作日方可完成一个重要管理职务的公文筐测验题目设计。

9.1.3　公文筐测验的实施过程和注意事项

1. 实施过程

公文筐测验有四个分测验，每一分测验都有严格的时间控制，总计时间为 115 分钟。其中：

测验 1——计划：40 分钟

测验 2——预测：25 分钟

测验 3——决策：25 分钟

测验 4——沟通：25 分钟

整个测验的过程都用录像机记录下来。可以集体施测，考虑到录像的效果，一组以不超过 10 人为宜。如能单独安排在模拟经理室里进行测验，效果更好。具体过程如下：

（1）依据预定的应聘人数选择好适宜的测验地点，布置考场。考场环境应安静整洁，无干扰，采光照明良好。由于要处理大量公文，桌面要够大。如有多人参加，相互之间距离要远一些，以免相互干扰。

（2）准备好测验所用的材料，如测验材料、答题册、铅笔、橡皮，保证每位应聘者有以上完整的测验材料及用品。允许应聘者自带计算器。

（3）安排应聘者入场，并宣布测验注意事项，指导语如下：

（总指导语略）

“我们来看测验 1——计划，这个测验要求你……（测验 1 的指导语略）。如果有疑问请大家提出，我们现在给予解答。（停顿，主持人答疑。）如果没有任何问题，请翻开下一页开始做题。”

（4）计时，注意监督应聘者不能提前翻看或做后一部分的题目。

（5）第二部分测验指导语：

“我们来看测验 2——预测，这个测验要求你……（测验 2 的指导语略）。如果有疑问请大家提出，我们现在给予解答。（停顿，主持人解答疑问。）如果没有问题，请开始做题。请大家注意不要再回头做第一部分的题目。”

（6）计时，注意监督应聘者不能提前翻看或做后一部分的题目。

（7）余下部分的测验依此类推。

（8）测验时间到，回收测验材料和答题册，测验结束。

2．注意事项

（1）公文筐测验的适用对象为中、高层管理人员，它可以帮助企业选拔优秀的管理人才或考核现有管理人员。由于它的测验时间比较长（一般约为两小时），因此它常作为选拔和考核的最后一环使用。

（2）公文筐测验从以下两个角度对管理人员进行测查：一为技能角度，主要考察管理者的计划、预测、决策和沟通能力。二为业务角度，公文筐的材料涉及财务、人事、行政、市场等多方面业务，它要求管理者具有对多方面管理业务的整体运作能力，包括对人、财、物流程的控制等。

（3）公文筐测验对评分者的要求较高，它要求评分者了解测验的内核，通晓每份材料之间的内部联系，对每个可能的答案了如指掌。评分前要对评分者进行系统的培训，以保证测评结果的客观和公正。

9.2　无领导小组讨论

引导案例 9-2

一个有背景材料的无领导小组讨论

你是你们公司报酬委员会的部门代表，现在公司决定将一笔特殊的奖金授予工作表现出色的员工。公司的五个部门各自推荐了一名候选人。这笔奖金的数量是 10 000 元人民币。虽然你希望所有的候选人都能得到这笔特殊的奖金，因为他们的表现都非常优秀，但公司的利益并不允许你这样做。这笔奖金只能授予一等奖一人，奖金 5 000 元；二等奖二人，奖金各 2 500 元。

你会得到一份关于你所代表的部门候选人的事迹与年薪状况，以及其他一些材料，并且你已经和他的主管谈过，得知他是有资格获得这笔奖金的。在委员会的讨论中你的任务是代表你的候选人去争取更多的奖金，同时帮助报酬委员会做出最合理的奖金分配方案。

委员会中的其他人也同样代表他们所在的部门，会努力为他们所代表的部门候选人争取尽可能多的奖金。在讨论开始之前，有 10 分钟的熟悉材料（见表 9-13～表 9-17）和准备的时间，然后有 50 分钟的时间用于讨论。在讨论结束时，必须要拿出一个一致性的建议，否则，任何人都将无法得到这笔奖金。你的目标是：

（1）为你的候选人争取尽可能多的奖金。

（2）帮助委员会做出最合理的奖金分配的决定。

表 9-13　材料一

送审：报酬委员会

来源：市场部主管

议题：特别奖的授予

候选人：王月娇（广告设计师）

时间：2005 年 11 月 10 日

王月娇是美工与平面设计专业出身，她勤奋好学，为了提高自己的工作能力，去中央美术学院攻读在职的硕士。去年，她为了完成硕士论文，停薪留职 3 个月。本来按照规定，她可以有 6 个月的时间完成论文，而她只用了 3 个月时间，这说明她节约了 3 个月的时间，并把这些时间用于工作上。在她停薪留职期间的那一次晋升工资，她就没赶上。在她 6 月份返回工作岗位时，我就建议为她提高薪金，但上级却一直没有批。

续表

我们公司一向主张员工不断进修，提高自己的工作能力，即使是不赞成她停职去攻读学位，也没有必要用经济手段去惩罚她。而且，在王月娇攻读学位期间，她的工作非但没有出现什么漏洞，还取得了很多成绩。例如，在上一次的大型博览会上，由她主持设计的广告赢得了公司内外一致好评。

我认为我们应该用这笔奖金来奖励她的勤奋与突出成就，况且她在学术方面的发展又大大增加了她的工作能力。

候选人的薪金情况：

目前月薪——2 000 元

与和她工作同类的员工的工资相比——少于同岗位员工的 15%

其他公司同类工作的员工月薪范围——1 500～4 000 元

最后一次提薪的时间和数目———年半以前，300 元

最后一次奖金和数目——1 年以前，100 元

在本公司服务的时间——4 年 7 个月

起始薪金——800 元

学位——硕士

有关工作经历——8 年

下一次正常奖金的时间——8 个月以后

表 9-14　材料二

送审：报酬委员会

来源：销售部主管

议题：特别奖的授予

候选人：李鹏飞（高级销售代表）

时间：2008 年 11 月 10 日

李鹏飞在上一次提薪时是很不幸运的，与他原来的薪金相比，他的薪金只提高了很少的比例。我认为在这次特别奖金的授予中应给予其相应的弥补。

李鹏飞与某些重要的领导关系不太好，这也是众所周知的事实。但是，我们并不能根据这一点抹杀了他工作当中的成绩。他比较年轻，进入我们公司工作的时间不长，但他在工作中成熟得如此之快，他与公司的两个重要客户的密切关系是任何人所不能比的。去年，他完成的销售额最多。他给我们公司带来了很大的利益。但是，最近我听说，另一家与我们竞争的公司会提供给他 3 000 元的月薪，为了经济利益，他很可能离开我们公司。这样，不仅会造成我们公司利益上的损失，而且还会使我们的竞争对手如虎添翼。

当我与他谈话时，他说假如我们给他实质性地增加薪水，他会留下来。确切地讲，他的工作业绩的确很不错。在我们没有找到可以替代他的人之前，我还是主张让他留下来。

续表

候选人的薪金情况：

目前月薪——2 200 元

与和他工作同类的员工的工资相比——中等水平

其他公司同类工作的员工月薪范围——2 000～5 000 元

最后一次提薪的时间和数目——没有资料

最后一次奖金和数目——6 个月以前，1 000 元

在本公司服务的时间——1 年 5 个月

起始薪金——1 500 元

学历——大专

有关工作经历——3 年

下一次正常奖金的时间——1 年以后

表 9-15　材料三

送审：报酬委员会

来源：信息中心主管

议题：特别奖的授予

候选人：龙海平（电脑工程师）

时间：2008 年 11 月 10 日

我们信息中心成立的时间不算很长，龙海平是这个中心成立时的缔造者之一。多年来，他的工作默默无闻，兢兢业业。

自去年以来，随着增加了一些设备，信息工作的重要性也在业务中日益显露出来。龙海平作为本中心技术水平最高的电脑工程师，他的任务也就更加繁重起来。尤其是今年上半年，全公司的计算机联网工作，基本上都是他一个人在操办。现在我们的计算机网络如此好用，很大程度上就要归功于他。

对于龙海平的工作的繁重性和他的技术水平而言，我们给他的薪水是低的。他在工作中显现出很强的能力和责任心，这是应该受到奖励的。并且凭着他的技术，完全可以找到一份比这里拿到更多薪水的工作。

候选人的薪金情况：

目前月薪——1 800 元

与和他工作同类的员工的工资相比——非常低

其他公司同类工作的员工月薪范围——2 500～6 000 元

最后一次提薪的时间和数目——1 年半以前，300 元

最后一次奖金和数目——1 年以前，1 000 元

在本公司服务的时间——3 年 4 个月

续表

起始薪金——1 100 元 学位——学士 有关工作经历——10 年 下一次正常奖金的时间——8 个月以后

表 9-16　材料四

送审：报酬委员会 来源：产品部主管 议题：特别奖的授予 候选人：闻天顺（高级技师） 时间：2008 年 11 月 10 日 闻天顺是一名非常踏实肯干的员工，他在我们的公司已经工作了 20 年，为公司的发展立下了汗马功劳，在员工当中有很好的口碑。 作为他这样一个有经验的技师，不应该只拿他现在这么少的薪水。我们的产品在市场上之所以能够站得住脚，很大程度上就是靠我们的产品过硬。闻天顺一向致力于产品的设计和开发工作，并且他的一项技术成果在今年初获得了全国的一等奖。 不久前，在他的家庭中发生了一件不幸的事，他的妻子患了不治之症，给他在经济上和情感上都造成了严重的打击，但他并没有因此影响工作。目前，他在经济方面有很大的困难，尽管即使授予他这笔奖金对于他来说也是杯水车薪、无济于事，但我们认为还是应该授予他这笔奖金。 候选人的薪金情况： 目前月薪——2 200 元 与和他工作同类的员工的工资相比——没有资料 其他公司同类工作的员工月薪范围——2 000～4 000 元 最后一次提薪的时间和数目——1 年半以前，300 元 最后一次奖金和数目——半年以前，3 000 元 在本公司服务的时间——20 年 6 个月 起始薪金——40 元 学历——大专 有关工作经历——22 年 下一次正常奖金的时间——6 个月以后

表 9-17　材料五

送审：报酬委员会 来源：总经理办公室主管

续表

议题：特别奖的授予

候选人：张雪（行政主管）

时间：2008 年 11 月 10 日

张雪的工作超乎寻常地琐碎，然而她在工作中表现得非常耐心细致。公司能够正常运转，她有很大的功劳。

与其他候选人相比，她可能显得比较平凡，因为她并没有什么突出的业绩。但恰恰就是在这平凡的工作中才表现出她的不平凡。她的这份工作并不是任何一个人都可以把它做得这么好的。在工作中，她克服了许多个人的困难。如她的家离工作地点很远，她每天早出晚归，而且她上小学的孩子需要她的照顾。在这种情况下，她上班从不迟到。因此，我们认为像她这样工作兢兢业业的员工最应该受到奖励。

候选人的薪金情况：

目前月薪——2 000 元

与和她工作同类的员工的工资相比——略低一些

其他公司同类工作的员工月薪范围——2 000～4 000 元

最后一次提薪的时间和数目——1 年以前，200 元

最后一次奖金和数目——1 年以前，1 000 元

在本公司服务的时间——6 年 8 个月

起始薪金——500 元

学位——学士

有关工作经历——11 年

下一次正常奖金的时间——1 年以后

（资料来源：赵琛徽. 员工素质测评. 深圳：海天出版社，2003）

9.2.1　无领导小组讨论概述

无领导小组讨论是评价中心技术中经常采用的一种测评技术。其操作方式就是让一定数量的一组被测者（一般是 5～7 人）在既定的背景之下或围绕给定的问题展开讨论，讨论一般要持续 1 小时左右。所谓“无领导”就是参加讨论的这一组被测者，他们在讨论的问题情景中的地位是平等的，其中并没有哪一个人充当小组的领导者。而评价者或者主考官并不参与讨论的过程，他们只是在讨论之前向被测者介绍一下讨论的问题，给他们规定所要达到的目标以及时间限制，等等。无领导小组讨论的目的主要是考察被测者的组织协调能力、领导能力、人际交往的意识与技巧、想象能力、对资料的利用能力、辩论说服力以及非言语的沟

通能力（如面部表情、语调、语速、手势、身体姿势）等，同时也可以考察被测者的自信心、进取心、责任感、灵活性以及团队精神等个性方面的特点及风格。

9.2.2 无领导小组讨论的特点、障碍和形式

1. 无领导小组讨论的特点

（1）有一定的适用范围。无领导小组讨论最突出的特点就是具有生动的人际互动性，被测者需要在与他人的沟通和互动中表现自己，无领导小组讨论考察的维度也多与人际交往有关，例如言语表达能力、人际影响力等。因此，无领导小组讨论适用于那些经常与人打交道岗位人员的测评，比如中层管理者、人力资源部员工和销售人员等，而对于较少与人打交道的岗位，比如财务人员和研发人员的选拔，并不十分合适。

（2）独特的考察维度。可以考察一些笔试和面试不能考察或难以考察的能力或素质，比如人际敏感性、组织协调能力和人际影响力，等等。

（3）对被测者实际行为的评价更加客观和准确。在面试中，主试者主要依据被测者的口头回答进行评价，但说得好并不一定做得好。而在无领导小组讨论中，评价者是依据被测者实际表现出来的行为特征来对其进行评价的，因而评价更加客观和准确。

（4）被测者较难掩饰。在无领导小组讨论过程中，被测者往往会处于压力情景下，进而难以掩饰，往往会在无意之中表现出自己各方面的优点和缺点。

（5）效率更高。能够同时考察多名被测者。

2. 无领导小组讨论的障碍

虽然拥有以上特点，但与面试和其他一些测评方法相比，无领导小组讨论在人员招聘、选拔中的应用还不算普及，主要是因为无领导小组讨论存在许多障碍。

（1）对于讨论题目要求高。题目若太容易达成一致意见，则很难全面考察被测者的能力与素质，若太难则冲突太大，很难达成一致，被测者也可能因为压力过大而表现失常。因此题目难度应适中。一道好的讨论题目需要反复实践和修改。

（2）对评价者要求很高。评价者必须接受专门的培训，而且经验丰富，否则难以做出准确、有效的评定。评价者的主观性、偏见和误解，可能导致对被测者评价的偏颇或不一致。

（3）评分维度定义困难。维度定义应当清晰、明确，并避免概念上的重叠和混淆，但这一点在无领导小组讨论测评中往往很难完全做到。

（4）被测者表现受同组其他成员影响较大。例如，一个思维清楚但不善言谈的人如果与

几个言语表达能力很强的人分在一组，就会显得迟钝木讷；若分到一群同样不善言谈的人中，给他更多发言的机会，他敏捷的思维就会得以体现。因此在无领导小组讨论中，不同组的被测者很难进行相互比较，在实际应用中，应尽量将竞聘同一岗位的被测者安排在同一组。

（5）若被测者有过这方面的经验或受过类似的培训，则仍有掩饰的可能。

3. 无领导小组讨论的形式

（1）根据讨论背景的情景性划分。可以将无领导小组讨论分为无情景性的无领导小组讨论和有情景性的无领导小组讨论。

（2）根据是否给评价者或被测者分配角色的角度来划分。可以将无领导小组讨论分为定角色的无领导小组讨论和不定角色的无领导小组讨论。

（3）根据小组成员在讨论过程中的相互关系划分。可以将无领导小组讨论分为竞争性的无领导小组讨论、合作性的无领导小组讨论和竞争与合作相结合的无领导小组讨论。

（4）根据无领导小组讨论的情景与拟任工作相关性划分。可以将其分为与工作相关情景的无领导小组讨论和与工作无关情景的无领导小组讨论。

9.2.3　无领导小组讨论的实施

1. 实施前的准备

在实施无领导小组讨论前，评价者必须从多方面进行充分的准备。

（1）根据招聘岗位的特点，选择恰当的讨论题目和评分维度。题目和维度是无领导小组讨论的基础，但好的讨论题目和清晰的评分维度却并不容易得到。在编制题目和制定维度时，一定要与招聘岗位紧密结合，因为不同的岗位对任职者的能力要求可能存在很大差别。如有可能，题目和维度编好后，应先进行小范围的试测和试评分，发现问题后及时修改，如此反复几次后才能投入正式使用。

（2）选择适当的实施环境。选择一间宽敞明亮的屋子，能够容纳下所有被测者和评价者，而且评价者应与被测者保持一定的距离，以减轻被测者的心理压力。如果有条件，最好准备一台摄像机，这样，评分时可以重复观看录像，以使评分更加准确。

（3）组织安排被测者。一般情况下，无领导小组讨论以每组 6～7 人为宜。人数少于 5 人，则组员之间争论较少，讨论不易充分展开。而人数多于 7 人，则有可能组员之间分歧过大，很难在规定时间内达成一致意见。为被测者分组时必须注意，竞聘同一岗位的被测者必须被安排在同一小组，以利于相互比较。

（4）安排评价者。无领导小组讨论的评价者应该由竞聘岗位的管理者和人力资源测评专业人士共同组成，以保证评分的公正性，人数为 4～6 人。无领导小组讨论的评分是一项复杂而艰巨的工作。在评分前，没有经验的评价者必须接受人力资源测评专业人士的系统培训，深入理解无领导小组讨论的观察方式、评分方法以及各个评分维度的含义，必要时还要进行模拟评分练习。

2. 无领导小组讨论的实施、观察、评分和决策

（1）实施流程。做好充分准备之后，就可以进入实施阶段了。一次完整的无领导小组讨论需要 45～60 分钟的时间，可分为 3 个阶段：

1）开始阶段。评价者宣读讨论的注意事项和讨论题目，被测者阅读题目，独立思考，准备个人发言。准备时间一般为 3～5 分钟。

2）个人发言阶段。被测者轮流发言，初步阐述自己的观点。评价者控制每人发言时间不超过 3 分钟。

3）自由讨论阶段。个人发言后，小组进入自由讨论阶段。被测者不但要继续阐明自己的观点，而且要对别人的观点做出反应。讨论最后必须达成一致意见。自由讨论的时间一般为 30～40 分钟，此阶段评价者不做任何干预。

（2）在无领导小组讨论中，评价者的观察要点包括：

1）发言内容。被测者说了些什么。

2）发言的形式和特点。被测者是怎么说的。

3）发言的影响。被测者的发言对整个讨论的进程产生了哪些作用。

（3）无领导小组讨论的评分。在观察的同时，评价者还要根据被测者的表现进行打分。评分一般为 7 分制，1 分为最差，7 分为最优。

（4）做出决策。整个讨论全部结束后，评价者将为每名被测者在各个维度上的表现逐一进行评分。比较简单的方法是将所有评价者的评分平均后，对各被测者的得分进行排序。比较好的方法是讨论结束后，评价者再召开一个评分讨论会。在讨论会上，每个被测者的表现被逐一进行评价。讨论每名被测者时，评价者们报告他们观察到的该被测者的典型行为以及对他表现的评价，并充分交换意见。讨论会有两个作用：

1）通过交换意见，评价者可以补充自己观察时的遗漏，对被测者做出更加全面的评价。

2）若不同评价者对同一被测者的评价产生了分歧，他们可以进行充分的讨论。

9.3　面试

引导案例 9-3

情景面试的案例分析

某企业集团聘请招聘专家为其下属百货公司选拔总经理。在最后阶段，招聘专家对一路过关的四位候选者使用了情景面试的方法。四位候选者被安排同时观看一段录像，录像内容如下：

画面呈现一座小城市，画外音告知这是一个中等发达程度的小县城。镜头聚焦于一家百货商场，时间显示当时是上午 9 时 30 分。这时，商场的正门入口处出现了一位身高 1.8m 左右、穿皮夹克的年轻小伙子。他走进商场，径直走向日用品柜台。柜台里是一位三十岁出头的女售货员。小伙子向女售货员说："拿包牙膏。"女售货员问："什么牌子？""中华牌。"小伙子答道。女售货员说："三块八毛钱。"小伙子掏出钱包，取出一张 100 元的人民币。女售货员找给他 96 元 2 角。然后，小伙子将钱和牙膏收好，走出了商场。

画面重新回到了百货商场正门，时间显示是上午 10 时整。这时，一位身高 1.65m 左右、穿笔挺西装的小伙子出现在门口，并径直向日用品柜台走去。"同志，要点什么？"女售货员问道。"一只牙刷。"小伙子答道。"什么牌子？"女售货员接着问。小伙子用手指了其中的一种。女售货员说："两块八毛钱。"小伙子掏出钱包，取出一张 10 元的人民币递给了女售货员。女售货员给小伙子一只牙刷并找回 7 元 2 角。然而，小伙子突然说："同志，你找错钱了，我给你的是 100 块钱。""你给我的明明是 10 块钱呀！"女售货员吃惊地说道。"我给你的就是 100 块钱，赶快给我找钱，我还有事情要做！"小伙子提高了嗓门，语气也相当严厉。女售货员急了，声音也提高了八度："你这人怎么不讲理呢？你明明给的是 10 块钱，为什么偏要说是 100 元呢？你想坑人啊？"这时，日用品柜台边已经聚拢了十几位买东西的顾客看热闹。这位小伙子似乎实在难以容忍了，向人群说道："大伙都瞧瞧，这是什么服务态度！你们经理呢？我要找你们经理。"

说来也巧，百货商场的总经理正好从楼上下来，看到这边有人围观，便走了过来。总经理看上去是一位二十八九岁的年轻人。"怎么回事？"总经理问道。女售货员看到总经理来了，像来了救兵一样，马上委屈地向总经理告状："经理，这个人太不讲理了，他明明给我的是一张 10 块钱，硬说是一张 100 块钱。"经理见她着急的样子，立即安慰她说："张姐，别着急，慢慢讲，他买了什么？你有没有收 100 块钱一张的人民币？"这位被总经理称为"张姐”的女售货员心情似乎平静了些。“他买的是牙膏，噉……不，他买的是牙刷。对了我想起来了，今天，有一位高个儿给了我100块钱，他买的是牙膏。这个人给我的就是10块钱。”总经理听了张姐的话，眉头有些舒展，转身走向人群中那位身高1.65m左右的小伙子，很有礼貌地说道：“很不好意思出现了这种事情。您能告诉我事情的真实情况吗？”小伙子也似乎恢复了平静，同样有礼貌地坚持自己付给女售货员的是一张100块钱，是女售货员将钱找错了。这时总经理环视了一下人群，然后将视线定格在这位小伙子身上，继续有礼貌地说：“这位先生，根据我对这位售货员的了解，她不是说谎和不负责任的人，但是我同样相信您也不是那种找茬的人。所以为了更好地将事情弄清楚，我可否问您一个问题？”“什么问题？”小伙子问道。“您说您拿的是一张100块钱，请问您有证据吗？”总经理问道。小伙子的眼睛一亮，马上提高了嗓门说：“证据？还要什么证据？不过我想起来了，昨天我算账的时候，顺手在这张钱的主席像一面的右上角用圆珠笔写了2888四个数字。你们可以找一下。”总经理立即吩咐张姐在收银柜中寻找，果真找到了一张主席像一面用圆珠笔写2888的100块钱纸币。这时，小伙子来了精神，冲着人群高喊：“那就是我刚才给的100块钱，那个2888就是我写的。不信，可以验笔迹。”

人群开始骚动，顾客们明显表示出对商场的不满。镜头在人群、小伙子、张姐和总经理之间切换。这时录像结束，并在屏幕上弹出两个问题：

1. 假如您是该百货商场的总经理，您将如何应对当时的局面？

2. 作为总经理，您将如何善后？

四位候选者被要求准备10分钟，然后分别向专家组陈述自己的答案，时间不超过5分钟。

（资料来源：人力资源总监网）

9.3.1 面试概述

面试是一种经过精心设计，在特定场景下以面对面的交谈与观察为主要手段，由表及里测评被测者有关素质与能力的一种方式。

精心设计的特点使它与一般性的面谈、交谈、谈话相区别；在特定场景下的特点使它与日常的观察、考查测评方式相区别。

面试不但突出了“问”、“察”、“觉”、“析”、“判”的综合特色，而且使面试与一般的口试、笔试、操作演示、情景模拟、访问调查等人员素质与能力测评的形式相区别。口试强调的只是口头语言的测评方式及特点，而面试还包括对非口头语言行为的综合分析、推理与直觉判断。

面试不是万能的，在一次面试中，不可能测评出人的一切素质与能力，所以要有选择地针对其中一些必要的素质与能力进行测评。

面试方式按不同的标准可以划分为以下几种方式。

1. 系列性面试和序列性面试

（1）系列性面试。被测者依次经过一系列的面试，每次面试都面对不同的测试者，他们可能分别是用人部门经理、人力资源部招聘主管或顾问。测试者最后按一定权重汇总各个面试的结果。

（2）序列性面试。也叫做渐进式面试，这是一种多轮淘汰面试方法。每一轮面试都有不合格人员被淘汰。进入面试的轮次越多，说明面试等级越高，相应的测试者的级别也就越高。

2. 一对一面试和测试团面试

（1）一对一面试。只有一位测试者主持面试，多用于小规模招聘以及较低职位员工的招聘。

（2）测试团面试。测试团由多位测试者组成，他们从不同角度对被测者进行观察，以便对被测者做出较全面的评价。

3. 个人面试和小组面试

（1）个人面试。每次只面试一个被测者，大多数公司采用的都是这种方式。每个被测者的面试可以是一对一的或测试团的，也可以是系列性面试或序列性面试。

（2）小组面试。当被测者较多时，可将其分为若干组，就一些问题展开讨论。测试者可以在一旁就被测者的领导能力、逻辑思维能力、口才、环境控制能力和处理人际关系能力等进行观察评价，加以甄选。这实际上和情景模拟状况下的小组讨论并没有严格的界限。

4. 结构化面试与非结构化面试

（1）非结构化面试。非结构化面试是指在面试中事先没有确定测评要素，测评结果也没有确定答案的一种面试。在非结构化面试中，面试的组织非常随意。关于面试过程的把握，面试中所要提出的问题，面试的评分角度与面试结果的处理办法等，事先都没有系统的设计。测试者可以根据被测者的具体情况在面试时随机提出问题，并且可以根据某一方面问题与被测者进行深入交谈，以达到对被测者某方面的素质与能力有更深的了解。

（2）结构化面试。结构化面试又叫模式化面试。在面试中，测试者事先准备好一份问题的清单，这些问题概括了所要了解的全部情况，面试严格按清单上所列的问题进行提问，然后按标准格式记下被测者的回答。与一般面试相比，结构化面试对测试者构成、考察要素、面试题目、评分标准、具体操作步骤等做了进一步规范化、结构化和精细化，并且统一培训测试者，使测评更具有公正性，从而使面试结果更为客观、可靠。使同一职位的不同被测者的评估结果更具有可比性。结构化面试可综合考查被测者各个方面的素质与能力，结合纸笔测验的结果，为组织高效地选择合适的人才提供充分的依据。

结构化面试的最主要特点在于其结构性，主要内容如下：

1）面试考评要素结构化，并作为评分标准的基础。先做好工作分析，这是录用考试最基础性的工作和前提，然后在此基础上，结合对具体职位的专业常识和技能方面的要求，分析、筛选、概括出面试考核要素，对每一个要素一一做出定义，并设置权重，以便测试者对被测者的行为表现进行观察评估。

2）面试试题（内容、种类、编制）的结构化，不同类型的题目与测评要素相适应。测验问题是根据职位职责需要设计的；问题是系统编制出来的，目的提示了具体的资格条件，即能力和素质的水平；问题能根据确定好的标准来对被测者的反应进行评分。

3）评分标准结构化（要素得分、所占比重、总分、考评评语与其他测评工具的得分的合成），测试者评分的依据是被测者回答问题中在各个面试要素上所体现的能力和水平，而不是被测者在某个问题中回答的质量。测试者使用的评分工具包括个人评分量表和得分平衡评分表。

4）面试考官、监督员及考务人员队伍结构化。面试小组由7～9人组成，设有测试者、副考官、监督员及考务人员等。主副考官负责向被测者提问，并把握面试的总体进程，不至于冷场，使面试正常进行。

5）选择与布置考场结构化。即考场安静无干扰、光线温度适宜、面积适中，设立候考室，设置考官席、监督席、记分席和旁听席等。

6）具体操作步骤结构化。对每个被测者提出的问题以5～7个为宜，时间控制在30分钟左右。所有测试者在制定的评分表上按不同的测评要素给被测者独立打分，由记分员收集每位测试者手中的面试评分表送到记分席，并在监督下按确定的加权记分公式统计面试总分，填入被测者结构化面试成绩表中。记分员、监督员和测试者依次在面试成绩表上签字。

相关链接

面试在我国的应用可谓源远流长，魏朝的刘邵著有影响深远的《人物志》，对于如何知人识人有深刻精辟的论述。当今社会，面试已在企事业单位得到了广泛的应用，其中国家机关人员录用中面试的采用率已达到100%。

9.3.2　面试的特点和流程

1．面试的特点

（1）对象的单一性。测评的内容主要应侧重于个别特征，因人而异。

（2）内容灵活性。问题可多可少，可深可浅，视被测者情况和职位要求而定。一般情况下，面试时间大约 30 分钟，所提问题以 10 个左右为宜。

（3）信息的复合性。既注意收集它的语言形式信息，又注意收集它的非语言形式信息。

（4）交流的直接互动性。面试中被测者的回答行为表现与测试者的评判是直接相连的，二者的接触、交流、观察是相互的，是面对面进行的，二者的信息交流与反馈也是相互作用的。

（5）判断的直觉性。它不仅依赖测试者严谨的逻辑思维与辩证思维，而且往往包括很大的印象性、情感性与直觉性等。

（6）形式多样性。以面谈为基础，引入答辩式、辩论式、讨论式、演讲式、案例分析式和模拟操作式等。

（7）内容全面性。由开始仅限于举止、仪表、知识面发展到对知识素质、品德素质、智能素质、气质、兴趣爱好、愿望理想与动机需要的全面测评，由一般素质测评发展到以拟录用职位要求为依据，是包括一般素质与特殊素质在内的综合测评。

2．面试的流程

面试过程是在连续的提问对话中完成的，但其中具有阶段性，一般面试可分为五个基本阶段。

（1）关系建立阶段。这个阶段多以社交话题为主，主要是为了帮助被测者消除紧张戒备心理，建立面试阶段所需要的和谐、宽松和友善的气氛。这个阶段要注意的事项有：

1）给予面试对象适当的接待。为消除面试对象的紧张不安的心理，测试者不妨以打招呼、握手，或前往等候面试的接待室将面试对象迎进来的方式，进入面试程序。

2）避免环境干扰被测者。环境可以影响人的情绪，在一间整洁宽敞的考场进行面试，会使面试对象紧张的心理得以平静；反之，若考场凌乱不堪，往往会使被测者心情焦虑，坐立不安。

3）解除被测者的紧张心情。被测者进入考场后频频点头，搓搓双手，或将眼镜取下来，又很快戴上去，这表明他心情紧张。测试者这时不宜立刻开始提问，可找一些轻松的话题作为开场白，使被测者平静下来。

4）良好而有效地交流。面试中的交流不仅指测试者与被测者直接问答，更重要的是精神上的互相感染。而做到这一点，测试者要努力创造一种轻松、愉快的面试气氛，这就需要测试者在面试中以平等、尊重被测者的态度，对话诚恳。尊重被测者个性与人格，使被测者对测试者产生信任感，这样被测者才能畅所欲言，发挥正常水平。

（2）导入阶段。这个阶段通常围绕被测者的履历情况提出问题，逐步引出面试正题。在这个阶段，要给被测者一个真正发言的机会，同时测试者开始对被测者进行实质性评价。

在面试过程中，一方面，要了解被测者的情况，判断其是否符合拟聘岗位的需要；另一方面，要让被测者对公司及应征职位有所了解，作为是否应征的参考。在向面试对象介绍公司的情况时，要把握好分寸，不要操之过急，一开始就毫无保留地将公司的情况及职位要求全部介绍给被测者，这样会使被测者根据这些情况投测试者所好，片面夸大自己在某方面的经验和背景，背离了面试的原意。

（3）核心阶段。这是面试的实质性阶段，是面试过程中最重要的一环。测试者通过广泛的话题从不同侧面了解被测者的心理特点、工作动机、能力和素质等，评价内容基本上是“面试评价表”中所列各项要素。在这个阶段，需要注意的是面试提问技巧。

不同类型的岗位录用的要求不同，相应的面试内容也不同。一般从以下几个方面对被测者进行考察：

1）确认被测者的背景资料。如被测者过去担任过什么职务，肩负过什么职责之类的。这些虽然可以通过应聘人员登记表了解一些，但在面试过程中做适当提问将能更全面、更深入地了解被测者的背景情况。

2）评估被测者的特长和工作成就。这主要是为了做出被测者是否满足招聘岗位要求的判断，在询问被测者这方面情况时，最好提出所谓 5W 的问题，即什么（What）、何时（When）、何处（Where）、何人（Who）和为什么（Why），此外还要加上一个 H，即如何（How）的问题。

3）考察被测者的个性行为特征。考察被测者的个性行为特征主要观察其非语言行为。这主要包括两方面内容：① 面部表情的观察。测试者通过观察表情的变化，来判断被测者的情绪、态度、自信心和性格等素质特征。如被测者自信心不足、心情紧张，往往会鼻尖出汗、脸孔涨得通红，目光不敢与主考官对视等。② 身体动作的观察。具有不同心理素质的人，其身体动作形态是不同的，而身体姿势的改变也是体态语言中最常见的一种形式。如面试时被测者开始时可能以某种自然姿势坐在椅子上，但在没有任何明显原因情况下他就改变了姿势，或双手交叉在腋下，或翘起一条腿等，这些动作的变动，有时可能反映了被测者内心的矛盾与冲突。这时，被测者嘴上说的和心里想的可能不是一回事。

4）推断被测者与职位的符合程度。在面试过程中，测试者应设法推断被测者能否适合拟聘职位。为此，测试者可以提出诸如以下的问题来询问被测者：① 请问你是否有什么要求不能被满足，而希望应聘到这一职位从而得到满足？② 请问你在目前的工作中有什么难以摆脱的困难，希望能在换一个新环境后得以改变？

如果面试对象在目前工作中感到不满足的因素，或避免不了的困扰，在其应征的职位中仍然存在，那么他对于所应聘的职位，也将是难以适应的。

如果招聘的职位相当重要，那么在面试中，测试者要格外留意观察面试对象是否踏实肯干，有上进心。为此，测试者不妨提出以下一些问题：① 请问你对自己的职业目标是怎么看的？② 你认为应如何达到你的职业目标？③ 你认为距离自己的目标还有多远？④ 你为什么对本公司这一职位感兴趣？

如果被测者对自己一生事业已经制定了目标，那么，他就应该很明确地说出来，也应该说明自己如何努力，不然的话，他可能根本就没有目标。

（4）确认阶段。这时测试者可以提出一些更尖锐、更敏感的问题，以便能更深入地了解被测者。但要注意尊重被测者的人格和隐私权。

在面试进入最后阶段，双方可以对职位本身的问题进行讨论，这时测试者可以给被测者一份该职位的说明，并回答被测者的疑问，这些问题包括该职位的职能，有关组织隶属关系，上班工作时间，是否需要加班和责任等。如果这个职位是通往公司高层职位的一个重要阶梯，测试者应明确指出。

如果被测者只是问些无关紧要、鸡毛蒜皮的问题，或一些诸如假期有多少天，加薪多少等有关个人利益的问题，那就表明此人不一定会有多大出息。反之，若他问的是诸如有关职位技术事项的问题，有关职位具体细节的问题，有关训练和上进机会的问题，有关公司未来发展计划的问题，那么这个人则应该是公司争取的对象。

（5）结束阶段。在这个阶段，应该给被测者留下自由提问的时间，结束要自然，不要让被测者感到突然，留下疑惑。

面试中还有一项重要的工作，就是对被测者的评价，它是测试者根据被测者的面试表现，运用独立的评价标准，在评价表中对被测者的素质特征、工作动机及工作经验等进行评判的过程。每位测试者的评价结果是独立完成的。

测试者必须在此阶段做出三种判断：

1）对被测者特定方面的判断，如他们的个性素质、能力、工作经验及工作动机等。

2）录用建议。

3）录用决策。在面试过程中，对每一位被测者，测试者均有一份面试评价表，可根据被测者在面试中的表现，在各项内容的得分栏中各自独立打分，并写出简短评语或录用建议。

9.3.3 面试的技巧

1．“问”的技巧

（1）自然、亲切、聊天似的导入。要使面试的导入自然些、宽松些，可以根据被测者刚遇到或刚完成的事情来提问，如“什么时候到的？”“怎么来的？”或从被测者最熟悉的事问起，逐步深入。提问方式应和蔼、随便。

（2）通俗、简明、有力。测试者的提问与谈话应力求使用标准性语言，以避免给被测者带来误解，不要用生僻的字和词，尽量少用专业性太强的词汇。提问的内容、方式要适合被测者的接受水平。

提问应简明扼要。一个提问最好在 45 秒钟以内，半分钟左右为宜，不要超过 1 分钟。

（3）注意选择适当提问方式。面试的提问方式大致有以下几种：

1）封闭式。只要求被测者回答“是”或“否”。

2）开放式。被测者对所提问题必须加以解释、论述。如对应聘职位的认识等。

3）假设式。虚拟式的提问，以了解被测者的反应能力与应变能力。例如：“目前应聘人数较多，你被录取的机会不大，你如何看待？”

4）引导式。主要用于征询被测者的某些意向、需求，或获得一些较为肯定的回答。如涉及薪金、福利和工作安排等问题。

5）压迫式。这种提问多是触及被测者痛处或从被测者的矛盾谈话中引出。例如：“你工作不到三年换了两个单位，有什么能证明你能在我公司长期工作呢？”

6）连串式。一般用于压力面试中，也可用于考查被测者的注意力、瞬间记忆力、情绪稳定性、分析判断力以及综合概括力等。例如：“我想问三个问题，一是你为什么到我公司应聘？二是到我公司后你有何长远打算？三是到我公司后发现实际情况与你想象的不一致，你该怎么办？”

（4）问题安排要先易后难，循序渐进。问题与问题之间的提出，要先具体后抽象，先微观后宏观，这有利于被测者逐渐适应，展开思路，进入角色。特别对一开始就有些紧张的被测者，要向他们提几个“热身”问题。

（5）善于恰到好处地转换、收缩与结束和扩展。所谓“转换”，是指测试者在问题与问题内容方式上的衔接处理比较灵活、巧妙，不拘泥于事先所规定的问题。而是根据被测者前面回答的问题所反映出的有追踪价值的信息，串联转换出即兴问题。

所谓“收缩与结束”，是指当被测者滔滔不绝而离题很远时予以制止的一种方式。如“说得不错，让我们谈下一个题目。”

所谓“扩展”，是指当你察觉被测者对某一问题的回答只是其中的一部分时，还有部分由于某种原因不愿意说出来，进行追问的一种方式。如“请再说得详细些？”

（6）坚持问实问准的原则。测试者通过提出问题要探“准”探“实”被测者的素质、能力、优势与差异，而不是去问倒被测者。提问必须有利于挖掘被测者的品德与能力和素质，有利于被测者经验、潜能的充分展示，有利于被测者真实水平的再现。

2．“听”的技巧

（1）善于发挥目光、点头的作用。人的眼睛不仅有观察的功能，还有表达的功能。面试中，测试者的目光要恰到好处，轻松自如，俯视、直视、斜视着被测者回答问题，都将使被测者感到心情紧张、有不平等的感觉，从而产生心理压力。

听被测者回答问题时，应伴以适当的点头，这意味着你在注意听而且听懂了他的回答，或表示与被测者有同感，这样可以给被测者创造一种心情愉快的氛围。

（2）善于把握与调节被测者的情绪。当被测者回答问题过程中突然出现紧张、激动状态时，测试者可以通过陈述被测者的回答，或慢慢记录等方式，先稳定被测者的情绪，待其冷静后再进入正题。

（3）要注意从言辞、音色、音质、音量与音调等方面区别被测者的内在素质水平。一个人说话快慢、用词风格、音量大小、音色柔和与否都充分反映了他内在的素质。如说话快且平直的人心情急躁，缺乏耐心，动作较为迅速。

3．“观”的技巧

（1）防止误入以貌取人的歧途。容貌本来与人的内在素质没有什么必然联系，但是由于日常生活中存在的心理定势，测试者在面试时难免先入为主，未见面就想象该人应该如何，什么样的人有什么素质与能力等。

（2）坚持目的性、客观性、全面性与典型性原则。目的性原则就是测试者事先要明确面试的目的、面试的项目及观察的标志与评价的标准。测试者要使自己的面试活动紧紧围绕面试目的进行。只有这样，才能从被测者诸多的行为反应中，迅速准确地捕捉到具有揭示内在素质、能力和评价意义的信息。

客观性原则就是测试者在面试中不要带着任何主观意志，一切本着实事求是，从被测者实际表现出发进行测评。要提高面试的客观性，就要注意选择一些显性的外观标志作为评判指标。

全面性原则就是测试者应该从多方面去把握被测者的内在素质与能力，而不能仅凭某一个行为反应就下断言。不但应从一般的问题中考察被测者的素质与能力，还应该创造条件在各种情况下考察被测者的素质。

典型性原则就是要求测试者在面试中抓准被测者那些带有典型意义的行为反应。

（3）充分发挥感官的综合效应与直觉效应。面试为集问答、面视、耳闻与分析于一体的综合测评，因此感觉有一种共鸣同感的综合效应，其中直觉尤其明显。所以测试者要充分发挥其直觉的作用。然而直觉不一定是绝对可靠的，因此直觉要尽可能获得证据上的支持，通过具体的观察去验证、说明。

4.“评”的技巧

（1）选择适应的标准。面试测评指标的标准是一个体系，它一般由项目、指标与标度构成。项目规定所测评素质与能力的性质、内容与范围；指标揭示所测素质与能力的形式、特征与标志；标度规定所测素质与能力的级别、差异与水平。

测评指标有三种形态：

1）被测者行为反应中具有典型意义与客观识别行为。如“眼睛不敢正视测试者”、“出汗”、“回答问题拖泥带水”等。

2）从测评项目演绎出的“要素”或“着眼点”。例如，“态度”项目的三个“着眼点”——回答问题是否认真；表情与动作是否自然；是否沉着。

3）指标形态是现象的描述语，如“语言表达力”这一项的测评指标要考察被测者回答问题是否简明、用词是否恰当，讲话是否有逻辑性，内容是否正确；而“分析能力”这项测评要考察被测者对问题认识的深度、分析问题的全面性，以及对概念阐述是否清楚等。

（2）分项测评与综合印象测评相结合。面试中测评的内容与感觉到的信息比较多，为了提高评判的准确性，进行分项评判是必要的。但是由于对象的整体性与行为反应展示信息的辐射性，因此，另一方面应该设计一个综合印象评判项目，对被测者进行整体性的评判。这不但发挥了感官直觉的作用，而且也突出了各种感官综合共鸣的特点，有利于提高面试效果。

（3）横观纵察比较评判。面试中有些素质本身就模糊不清，难以揭示与把握，此时应采取横纵比较的方式，使几个被测者同时位于考场，进行集体面试，通过被测者之间的比较进行评判。

横观即指不同被测者在同一项目上的行为反应比较；

纵察即指同一被测者前后不同问题上行为反应的比较。

（4）注意反应过程与结果的观察。面试的特点在于它既要注意行为反应的结果，又要注意反应的过程，而且过程往往更重要。这就是说，测试者提问之后，不要仅仅注意被测者最后回答是对还是错，而要特别注意他是怎么回答的，思路如何，回答过程表情如何。许多有价值的信息是体现在回答过程本身中的，而不是回答的结果。

本章重点概念

公文筐测验　无领导小组讨论　面试　非结构化面试　结构化面试

自测题

一、判断题

1. 有效地进行工作分析是公文筐测验的最基础、最核心的工作。(　　)

2. 公文筐测验为中高层管理人员的选拔、考核和培训提供了一项具有较高信度和效度的测评手段。(　　)

3. 无领导小组讨论优于其他测验方法的一个方面就在于它提供给被测者一个平等的相互作用的机会。(　　)

4. 序列性面试是一种多轮淘汰面试方法。(　　)

5. 面试中提问应善于恰到好处地转换、收缩与结束和扩展。(　　)

二、单选题

1. 以下(　　)不是公文筐的特点。

A. 情景性强　B. 预测性强　C. 培训性强　D. 成本低

2. 无领导小组讨论最突出的特点是(　　)。

A. 生动的人际互动性　B. 独特的考察维度

C. 评价更加客观、准确　D. 效率更高

3. 面试中的实质性阶段是(　　)。

A. 关系建立阶段　B. 导入阶段

C. 核心阶段　D. 确认阶段

4. 只要求被测者回答“是”或“否”的提问方式是(　　)。

A. 引导式　B. 假设式　C. 开放式　D. 封闭式

5. 以下(　　)不是“听”的技巧。

A. 善于发挥目光、点头的作用

B. 善于把握与调节被测者的情绪

C. 要注意从言辞、音色等方面区别被测者的内在素质水平

D. 充分发挥感官的综合效应与直觉效应

三、多选题

1. 公文筐的考察内容包括（　　）。

A. 计划能力　　B. 预测能力　　C. 决策能力　　D. 沟通能力

2. 根据小组成员在讨论中的关系，无领导小组讨论可分为（　　）。

A. 定角色的无领导小组讨论　　B. 竞争性的无领导小组讨论

C. 合作性的无领导小组讨论　　D. 竞争与合作相结合的无领导小组讨论

3. 面试的特点有（　　）。

A. 对象的单一性　　B. 信息的复合性

C. 交流的直接互动性　　D. 判断的直觉性

4. 观察时应该坚持的原则有（　　）。

A. 目的性　　B. 客观性　　C. 全面性　　D. 典型性

5. 下面属于“评”的技巧的是（　　）。

A. 选择适当的标准　　B. 分项测评与综合印象测评相结合

C. 横观纵察比较评判　　D. 注意反应过程与结果的观察

四、简答题

1. 简述如何设计公文筐。
2. 无领导小组讨论的障碍有哪些？
3. 无领导小组讨论实施需要做哪些准备？
4. 简述面试的流程。
5. 面试有哪些技巧？

案例分析

国内某企业招聘营销管理人员的面试

国内某企业招聘高级营销经理，面试由公司总经理张先生亲自担任主考官，并聘请了某管理咨询公司的专家李先生作为顾问。在半小时里，他对第一位候选人问了三个问题：

（1）这个职位要带领十几个人的队伍，你认为自己的领导能力如何？

（2）你在团队工作方面表现如何？因为这个职位需要到处交流、沟通，你觉得自己的团队精神好吗？

（3）这个职位是新近设立的，压力特别大，并且需要经常出差，你觉得自己能适应这种高压力的工作状况吗？

当候选人回答完以后，李先生马上叫了暂停，因为李先生意识到张总提出的问题不妥当，李先生花了 5 分钟对应聘者进行了询问，然后把应聘者的回答和他的真实想法告诉了张总。

候选人是这样回答三个问题的：第一个问题，我管理人员的能力非常强。实际上张总也并不知道好不好；第二个问题，我的团队精神非常好。因为张总已经提供了太明显的暗示，即希望应聘者的团队精神非常好；第三个问题，能适应，非常喜欢出差。实际上，如果把工作条件进行排序的话，应聘者本人最痛恨的就是出差，还有就是占用自己的下班时间。但是老总的问话方式直截了当地给他暗示，使他必须说“是”。

事实上，张总问的是三个本应该设计成开放式的问题，第一个问有没有领导能力。第二个问有没有团队精神。第三个问能不能承受巨大的工作压力。但是都错误地采用了封闭式提问的方式进行提问，而候选人从张总询问的问题中很容易就知道他想听到的答案是什么。

接下来李先生花了 10 分钟的时间从三个方面重新为张总设计了以下问题：

（1）管理能力方面。

1）你在原来的公司工作时，有多少人向你汇报？你向谁汇报？

2）你是怎么处理下属成员间的矛盾纠纷的？举个例子好不好？（行为式问题）

（2）团队协作能力方面。

1）营销经理和其他部门特别是人力资源部门经常有矛盾，你是否遇到过这样的纠纷，当时是怎么处理的？（情景式问题）

2）作为高级营销经理，你曾经在哪些方面做过努力以改善公司内部的沟通状况？

（3）能不能经常出差。

1）以前公司的工作频率如何？经常要加班吗？多长时间出一次差？

2）这种出差频率影响到你的生活没有？对这种出差频率有什么看法？

重新面试后，张总从两位候选人中得到了更多的信息，最终选择了他需要的人才。

案例分析：面试一般分为关系建立阶段、导入阶段、核心阶段、确认阶段与结束阶段五个阶段。除开在关系建立阶段可以用封闭式问题进行提问以外，其他阶段要尽量采用开放式问话方式进行提问。

采用开放式的问话方式，可以让应聘者畅所欲言，从中获得很多所需的信息。例如：“你的团队工作方面表现怎样？你的沟通技巧怎么样？”这些都是开放式问题。应聘者不可能用一两句话就简单回答了，而是需要总结、引申和举例。通过这一系列的回答，从中可以获得足够的信息。例如：想了解应聘者的团队精神和沟通技巧如何时，绝不能直接问：“你认为自己的团队精神好吗？你的领导能力好不好？”这是一种封闭式的问题，只能回答是或否。

一个好的面试，最重要的一点便是能询问开放式的探索性问题，把问题的提问方式全部换成开放式，一下子就能够问出候选人的真实想法，有些应试者会将探索性问题以数量化的方式回答，有些则非常具有分析性、批判性、逻辑性或倾向于线性思考，而招聘者从中能够更好地了解应聘者过去是否有过类似的工作经历。从而判断其能否适应这种工作。这种问题就是一个有效的面试问题。

（资料来源：中国人力资源网——典型案例）

案例思考题

1. 如果你是主考官，你会如何提出案例中三个方面的问题？
2. 在本案例中除面试外，还有其他测评方式能考核出应聘者三个方面的能力和素质吗？

调查研讨题

1. 了解你所在单位或你熟悉的单位，招聘、选拔人员时用得最多的测评方法。
2. 采访从事有关人力资源方面的人，谈谈他们在主持面试中最注重的技巧。

第10章 人员素质与能力测评的实施

学习目标

- 掌握实施测评操作要领、测评实施程序。
- 熟悉实施测评产生误差的种类及控制要领。

学习导航

10.1 实施测评操作要领和程序
10.1.1 实施测评操作要领
10.1.2 人员素质与能力测评的实施程序

↓

10.2 人员素质与能力测评的误差控制
10.2.1 测评实施过程的影响因素及误差
10.2.2 源于主试者的误差及其控制
10.2.3 源于被测者的误差及其控制
10.2.4 记分的误差与控制

10.1 实施测评操作要领和程序

引导案例 10-1

麦当劳：不用天才的用人机制

麦当劳认为“天才”是留不住的，要想在麦当劳里取得成功，就必须脚踏实地地从零做起，每个进入麦当劳的员工都要经过炸薯条、做汉堡包等阶段。对于那些一心只想大展宏图的，但又看不上小事情的年轻人来说，这是很难接受的。麦当劳在选择员工时也不注重学历的高低，他们认为学历高的人往往容易眼高手低，只在乎自己能得到什么样的职位，却不愿意从基层和小事做起，但是麦当劳却十分看重的是员工的能力，尤其是实际的动手能力和操作能力。

只有那些具有热情的工作态度、全面的工作能力，能够与团队成员较好地协作和沟通的人，才能够有机会进入麦当劳。

虽然麦当劳不注重学历的高低，但是从来不排斥有才能的人，对于刚走出校门的年轻人来说更是敞开大门，努力将这些热情、单纯的可塑之材培养成真正的“麦当劳人”，因此麦当劳就拥有了一支庞大的人才后备军。这些后备军大都是在这里做兼职的大学生，虽然只是钟点工，但是他们受到了麦当劳的重视和培养，也会有 50%的机会成为公司未来的高层管理人员。

麦当劳作为快餐业的老大，标准化是其赢得竞争优势的关键之处，不仅在员工操作和规章制度上是标准化的，在招聘面试中也体现出了这一特点。麦当劳的面试选才方法主要是 STAR 模式和 OJE 测评方法。

首先是 STAR 模式，即根据人们过去的具体行为来预测其未来行为并对其能力进行测评。其中，S，即 Situation，代表应聘者所面临的情况；T，即 Task，代表应聘者要承担的任务；A，即 Action，代表应聘者所采取的行动；R，即 Result，代表应聘者在采取行动后出现的结果。S 和 T 回答的是某件事情为什么会发生，A 回答的是当时是如何做，R 回答的是做出某种行动后有怎样的效果。这种方法是以行为为基础的面试方法，与情景面试较为相似，应聘者的行动往往是导致绩效的关键行为，可以更有效地测试出应聘者与该职位的适合程度。

另一个是 OJE 模式，即岗位测评法（On the Job Evaluation）。麦当劳会让觉得合适的应聘者在餐厅工作三天，通过 360 度评估法来对应聘者进行评估，然后做出是否录用的决策。这种方法可以有效地提高甄选的质量，让管理者有充分的时间来观察应聘者的实际工作表现，可以较好地避免一些面试中常犯的错误，这使得麦当劳的选材成功率达到 95%。

（资料来源：人力资源总监网）

10.1.1　实施测评操作要领

人员素质与能力测评实施的基本要求是使所有的被测者都在相同的条件下表现出自己的真正素质与能力。这就要求测试时使用标准化指示语，制定恰当的测评时限，创造合适的测评环境，以及指定经验丰富的主试者。

1．标准化指示语

指示语是在测评过程中说明测评进行方式以及如何回答问题的指导性语言。指示语应力求简明、清晰，使被测者能很快明白应该做什么及如何对测验题目做出反应。在测评过程中，应使指示语实现标准化，即使用标准化的指示语。一般来说，对被测者的标准化指示语应该包括：

（1）如何选择反应方式（如画圈、打钩、填数字、口答、书写等）。

（2）如何记录这些反应（答卷纸、录音、录像等）。

（3）时间限制。

（4）如果不能确定正确反应时，该如何去做（是否允许猜测等），以及记分的方法。

（5）当测验题目形式比较生疏时，应该给出附有正确答案的例题。

（6）在某些情况下应告知被测验目的。

2．恰当的测评时限

测评既要考察被测者反应的速度，也要考察解决有较大难度问题的能力，因此，确定合适的测评时间是必不可少的。通常，在能力和绩效测验中所使用的时限，以大约 90%的被测者能在规定的时间完成为标准。如果题目从易到难排列，应力求使大多数被测者能在规定的时间内完成他会答的测试题。确定测评的标准时限一般采用尝试法，即通过预测试来确定。

3．适宜的测评环境

测评环境也是影响测评成绩的一个重要因素。尤其对于操作性测验，如果环境布置得过于严肃，易使被测者感到紧张压抑，进而影响正常水平的发挥。测评场所必须确保具有良好的环境，包括安静而宽敞的考场，适宜的光线、温度和湿度等。另外，在测试时还要避免其他干扰。

4. 经验丰富的主试者

主试者又称主考官或主考人，是控制测评进程的主要负责人员，主试者的经验和知识如何，对测评结果有相当大的影响。一般来说，主试者应熟悉测评的具体程序和测评指示语，测评前组织测评工作人员准备好测验材料，并确保测评环境适宜；在测评中，主试者应按测评指示语的要求实施测评，当被测者向主试者询问指示语意义时，主试者不能加入自己的主观看法，也不要透露任何可能对测评结果有影响的信息或线索。无论在个体测评还是在团体测评中，主试者都应采取热情、友好并且客观的态度，努力与被测者建立一种友好合作的关系，目的是促使被测者最大限度地发挥自己的能力做好测试。

10.1.2 人员素质与能力测评的实施程序

1. 确定测评内容

对以招聘、选拔为目的的人员素质与能力测评，最为关键的步骤是确定测评内容。测评内容应根据所选拔岗位的任职素质与能力要求（通常以工作分析、职务说明为依据），针对不同企业、不同职务、不同岗位特征及某些特殊需要，判断出工作岗位对各种可能素质与能力的要求，这包括质和量两个方面。

在以招聘、选拔为目的的人员素质与能力测评中，另一个重要的程序是确定选拔的标准，即确定符合什么条件的被测者可以被企业录用。这种标准的确定可以分两步进行，先在确定测评内容的同时确定大致标准，如选用外向者、职业兴趣为取向者等；然后制定精确的标准，如指定某一个分数线，达不到这一基本标准的人将被淘汰。精确标准可以在测评前确定，也可以在测评结果出来后，根据组织所需人数或筛选比例确定。后一种情况通常是企业采取了“择优”策略，即从被测者里选拔相对较好的人选。

对以判断、评价等为目的的人员素质与能力测评，确定测评内容就相对简单，可以根据判断、评价的内容确定测评内容。例如，要想了解员工喜好哪种工作，可以对员工的职业兴趣进行测评；要了解管理人员的交际能力，可以测评他们的沟通技能。

2. 确定测评基本形式和测评工具

测评的形式和工具依据测评内容而定。例如，测评应聘营销岗位的人的口头表达、情绪控制等能力，就不宜采用一般的纸笔测验，而最好采用情景模拟测验，如无领导小组讨论测验。不恰当的测评形式可能导致测评结果不能满足测评目的，甚至会导致收集到虚假信息，误导决策的制定。

特别需要指出的是，人员素质与能力测评绝不能只限于使用三四种工具，不同岗位所要求的素质与能力相差甚大，测评工具应根据测评内容来选择。或采用单一工具，或采用组合工具，做到有的放矢地根据岗位需要选择测评工具，使工具适应岗位，而不是岗位去迁就工具。

3．测评的实施与数据采集

在实施测评过程中，要保证测评的现场环境空气通畅和新鲜、照明充足、温度和湿度适宜、干净整洁、安静和没有外界干扰，每个被测者的桌椅尽可能舒适，并有足够的空间，尤其要避免多个被测者同时应试时相互影响。如果安排的测量内容较多，不同内容之间应该安排适度的休息，条件允许时可提供饮用水。另外，主试者态度要和蔼，施测过程控制要标准化。总之，要尽量排除无关因素的干扰，使被测者在一个比较舒适的环境中接受测试，以保证被测者发挥正常水平。通过使用具体的测评工具获得评定数据时，要注意做到客观化、标准化，保证收集到的测评结果能够公平、真实地反映被测者的状况。要做到客观和标准，就要严格按照测验的实施要求进行，防止个人情感对测评结果的影响。在收集测评资料的同时，要注意将实施测评过程中相关的信息及可能对决策产生影响的细节记录下来，作为决策的辅助材料，如在考察范围之外，被测者有重大意义的特殊表现（如特殊的个人经历或特长），以及能对测评结果造成影响的特殊因素（如考场的干扰、受测人突然患病）等。

4．分析测评结果并做出决策或建议

（1）分析测评结果。对测评结果的分析通常包括对测评结果的记分、统计和解释。对于大多数心理测验来说，它的记分和统计方法往往是预先建立的，使用者只需要按照测验说明进行操作即可。对于已经计算机化操作的测评就更为简单了，在测验完成之后，统计结果也即告完成，随时可打印出报告。

然而，对结果的解释就比较复杂了。对单一测评结果的解释可以参照标准进行，但在很多情况下，人员素质与能力测评包括多个一同实施的测验，需要结合多个测验的结果做出整体的评价和解释。这就对分析者提出了较高要求，需要分析者对各项测验了解充分，并有丰富的测评经验。

（2）做出决策和建议。决策内容与测评目的密切相连。以招聘、选拔为目的的测评，其决策内容为被测者名单；以安置为目的的测评，其决策内容为岗位与被测者的匹配；以评价为目的的测评，其决策内容为被测者素质与能力的评价；以判断为目的的测评，其决策内容

为被测者的问题和特长等状况或被测团体的现状和存在的管理问题；以预测为目的的测评，其决策内容为被测者未来的工作绩效和工作表现。

在进行决策时要注意，测评结果只是决策信息的一部分，在参考测评结果的同时，也要考虑其他的因素。另外，在进行人事选拔时，测评结果往往只给出参考性建议，决策需要有关部门通盘考虑而做出。

运用人员素质与能力测评是出于实现人力资源管理科学化的目的，所以对待测评更需要抱科学的态度，即要尊重科学，尊重客观性。要合理地看待人员素质与能力测评的可靠性和有效性，不宜夸大它的精度和适用范围。实际上，就像所有物理学的度量衡如秤、尺、量筒等的测量精度有一定限度和误差一样，人员素质与能力测评这种针对人（人的行为及其内在的品质和能力）的度量也是有精度上的限制和误差的。过分迷信人员素质与能力测评，盲目使用甚至滥用人员素质与能力测评，会造成对被测者的伤害，这就失去了测评的意义。

5．跟踪检验和反馈

在多数情况下，还需要对测评结果进行跟踪。主要是根据工作绩效对测评结果和聘用进行检验，这就为整个测评的工作和结果提供了重要的反馈，为测评取得经验性资料，进一步校正测评方式方法，为达到更大的精确度提供依据。通常可以通过测评分数和绩效之间的相关性，来判断测评的预测效度，并可据此对测量工具进行校正。只有到这一阶段，才真正完成了一个人员素质与能力测评作业的完整过程。

10.2 人员素质与能力测评的误差控制

10.2.1 测评实施过程的影响因素及误差

1．测评具体实施过程中的影响因素

（1）错误操作。误读指导语、对指导语理解错误、误答与记录错误等因素，都可以造成测评误差。

（2）测评纪律。主试者对测评纪律控制不好，出现作弊（如抄袭、代考、互相交流等）现象、泄漏测评题目等，也会造成测评误差。

（3）环境干扰。如测评现场的温度、湿度、噪声、照明等因素，都可以产生误差。

2．测评实施过程的误差

（1）被测者未能得到同等对待。如被测者未在相同条件（时间、地点、主试者）下应试，或未使用同组应试题等。

（2）测评中未采用标准的指导语。

（3）测验时间未能控制好。

（4）未能进行标准化记分。

（5）未能对测评环境进行良好控制。

10.2.2　源于主试者的误差及其控制

1．源于主试者的误差

（1）测验主试者的资格。测验的选择、实施、记分和解释都必须由受过专门训练的专业人士进行。一般说来，大部分人格测验和智力测验对主试者要求较高，而绩效测评的实施者只要受过初步训练即可。

测验的实施者除要具备一定的能力，还要具有一定的职业道德素质，这样才能减少误差的产生。

（2）主试者的动机。主试者在测验时也会有不同的动机。有些主试者自身缺乏建立协调关系的能力；有些主试者会为了显示自己选拔测验的严格，而故意苛求被测者。

（3）主试者的人格。有些主试者本身具有很强的竞争性素质，在测验时往往会苛求被测者；另外一些主试者则会表现得较为宽松随和，在测验中给予过分关心，甚至给被测者打很高的分数；有的主试者出于自己的某种道德标准或感情动机，对一些特殊群体，如儿童、妇女、少数民族或与自己有关的被测者，给予特别的关照。

（4）主试者的期望。心理学研究发现，在有些情况下，实验者所获得的资料受其本身期望的影响，这就是著名的“罗森塔尔效应”。罗森塔尔在实验中要求很多被测者去搜集材料来验证某种评定，例如，从相片判断某人在生活中是成功的还是失败的。他使一半的被测者相信，大多数的评定是在量表中成功的一端的；而使另一半的被测者相信，大多数的评定是在量表失败的一端的。但是事实并不存在这种倾向。心理测验中的“罗森塔尔效应”主要有两个问题：一是这种效应在所有的标准测验中都有所发现。罗森塔尔认为这种效应可能源于主试者和被测者之间的非语言交流；二是这种期望效应不太大，对测验成绩有稍微的影响。

2. 主试者的误差控制

（1）做好测验前的准备工作。

1）熟悉测验指导语。在测验中记住指导语是对主试者的基本要求。

2）准备测验材料。材料一般应放在离测验桌不远的地方，主试者可以伸手拿到而不干扰被测者。如果要使用仪器，主试者要经常进行检查和校准。

3）熟悉测验的具体程序。个体测验通常需要进一步的训练。训练的时间依赖于测验的性质和主试者的特点。对于团体测验，准备工作包括使主试者和监考明确各自的任务。

4）提供满意合适的测评条件。包括安排好测试地点，调整光线、湿度、温度与噪声水平等。

5）防止作弊。妥善安排好座位，或对题目安排多种形式（如题目不同或题目顺序不同等），对于团体测验中施测时间有先后的被测者要注意测验内容最好不同。

6）采取“双盲程序”消除实验者效应。“双盲程序”就是让测验的主试者和被测者都不知道测验的真实目的是什么。如在评估时，为了避免预先信息的干扰，隐去被测者的姓名；为了避免外貌的干扰，采用书面方式；为了避免字迹的影响，采用计算机答题等。

7）与被测者协调好关系。主试者与被测者之间要建立一种友好的、合作的关系，以便促使被测者最大限度地做好测验。建立这种关系必须是规范一致的，不能厚此薄彼，否则结果无法比较。

（2）测试中认真履行主试者的职责。

1）遵守指导语。按照指导语的要求实施测验，在被测者询问指导语意义时，主试者可以作进一步的说明，但注意不要作任何的暗示。

2）测验前不要说与测验无关的话。过多的话可能会使被测者感到不公平。另外，与测验无关的说明不仅会引起被测者的注意，还会引起焦虑，或对主试者产生抵触情绪。

3）对特殊问题有所准备。在施测的过程中，可能会遇到突发事件，这就要求主试者必须机智、灵活、热情和客观，而且熟悉测验材料。

10.2.3 源于被测者的误差及其控制

1. 测验的练习技巧与练习效应产生的误差及其控制

（1）测验的技巧。具有某种测验技巧的被测者能察觉正确答案与错误答案的差别，知道如何合理分配时间，如何适应测题形式，等等。通过这种技巧的运用，他们通常能得到比与他们能力相同的被测者更高的分数。所以，在测验时应该尽量设法使每一个被测者对测验材料和步骤及所需技巧有相同的熟悉程度。

（2）练习效应。被测者经受一次测验等于进行一次练习。研究证明，在能力测验方面：

1）对受教育经验少的被测者，练习有较明显的效果。

2）速度测验的练习效果明显。

3）两次测验之间的时距越大，练习效果越小，相距三个月以上，几乎没有练习效果。

4）智力较高的被测者练习效果相对较大，平均练习效果约在 0.2 个标准差以下。

2. 动机、焦虑、反应定势产生的误差及其控制

（1）动机因素。被测者参加测验的动机不同，自然会影响其回答测试问题的态度、注意力、反应速度，以及持久性等。对于不同的测验，应试动机的影响方面与影响程度也是不同的。被测者动机的影响如果使其在测量中持续进行，则会导致系统误差，使测量的有效性降低。如果被测者的动机引起偶然的、不稳定的反应，这是随机误差，测量的信度、效度都会降低。

（2）焦虑因素。焦虑是一种不愉快的情绪体验，表现为焦急、恐惧和紧张。大多数被测者都经历过测验前和测验中测验的焦虑。它是心理上的反应，源于挫折、冲突和压抑。而且焦虑的大小取决于被测者所感知的产生反应刺激的强度。

一般情况下，适度的焦虑会使人的兴奋性提高，注意力增强，反应速度加快，从而对智力和学术性能力倾向有积极影响；过度的焦虑会使工作能力降低，注意力分散，思维变得狭窄、刻板；毫无焦虑，则往往源于对应试动机不强，因而成绩大多偏低。

（3）反应定势。反应定势也称为反应的方式或反应风格，是指立足于测验内容的反应倾向，通俗地说，就是由于每个人回答问题的习惯不同，使得有相同能力的被测者获得不同的分数。反应定势的产生既有心理因素，也有生理因素。

不同的反应定势对测验的影响是不同的：

1）求“快”与求“准”的反应定势。一些被测者反应特别谨慎、缓慢，另外一些被测者则特别求快而且表现得粗心大意。根据学者的研究结果，发现作答的速度与能力的相关性很低。有些被测者不管试题难度和内容如何，总是比别人答得慢。如果测验有时间限制，出现这两种反应定势，应该让被测者有充分的反应时间，同时应该注明反应的时间，以减少“速度—准确”反应定势的影响。

2）偏好正面叙述的反应定势。克伦巴赫观察发现，被测者在无法确定“是非题”的正确答案时，选“是”的人多于选“非”的人。更有趣的是，有些编制者在编制是非题时，也有“是”多于“非”的倾向。这种定势又可以称为肯定定势。实际生活中，人们经常是肯定某一事物比否定某一事物来得容易。因此，在测试中，往往那些“是”的题目来得容易，也比较缺乏鉴别力。

3）偏好特殊位置的反应定势。吉尔福特发现，被测者如果完全不知道选择题的正确答案，则不会以完全随机的方式来决定选择哪一个选项，而有偏好某一个位置选项的倾向。

4）偏好较长选项的反应定势。有研究者发现，被测者在无法确定正确答案时，有偏好选择较长选项的反应定势。因此，在编制题目时，尽量使选项的长度一致，就能避免这类问题出现。

5）猜测的反应定势。有学者研究表明，有些被测者愿意猜测，即使事先告诉他要答完所有的题目，也无法阻止其猜测行为。因此，如果不对猜测进行修正的话，那些敢于猜测的被测者将比谨慎的被测者更容易得高分。

常用的猜测修正公式为：

$$S=R-W/(n-1)$$

式中，S 为正确分数；R 为被测者答对的题目数；W 为被测者答错的题目数；N 为选项数目。

使用公式时，必须区分答出及答错题数，要特别注意不可将未答的题数归并到答错的题数中去。N 的大小视选项的数目而定。若为是非题，则 $S=R-W/(n-2)=R-W$；若为三择一选择题，则 $S=R-W/2$。

上述公式的基本假设是：被测者不知道正确答案时，完全凭借猜测作答，所能猜对的题数完全依赖随机原则。因此，在评分时，从正确反应的题数，就能得到真正的正确反应。猜对的题数为 N/n，猜错的题数为$(N-1)/n$。$N=W$（假设答错纯粹为猜测），则猜对的题数为 $W/(n-1)$。

例如，在四选一的选择题中，如果某位被测者答对 60 道题，答错 12 道题，其实得分数应为 $S=60-12/(4-1)=56$ 分。其理由在于在四择一的选择题中，每题的猜对的概率是 0.25，猜错的概率是 0.75，此人答错 12 道题，表明其猜测了 16 道题（$0.75\times16=12$），其中猜对 4 道题（$0.25\times16=4$），因此实得分数应为 56。

3. 生理因素产生的误差及其控制

不仅心理因素会影响测验成绩，疲劳、失眠、生病等生理因素也会影响测验的成绩而带来误差。对于这种情况，可以有多种解决方案。最便捷的方式是改变测验日期，当测验实施者发现被测者出于生理因素不适合接受测验时，如果可能的话，可以选择改期，以避免误差产生。为避免疲劳的影响，对于多个测验，可以采取分步完成，或者分多次完成，中间安排必要的休息时间。在心理测量中采用测验组合时，除了考虑测验的功能外，还要注意变换测验的答题形式，交叉采用纸笔测验、投射测验等不同形式，这样可以减轻应试者生理上的疲劳感和心理上的厌倦感，避免误差的产生。

10.2.4　记分的误差与控制

测验误差也可以产生于对测验反映的记分和评分，如登记错误、计算错误、记分与评分不客观、评分者偏见等。加强对评分者的培训，提高记分、统计、分数转换的自动化水平，提高记分的标准化、客观性，有利于减少甚至消除这类测验的误差。

记分的客观性是指两个或两个以上受过训练的合格评分者之间所评结果存在的一致性。研究者认为，只有受过训练的合格评分者每两人之间的平均一致性达到 90%以上，才认为记分是客观的。只有当记分是客观的时候，才能把分数的差异完全归因于被测者的差异。

一般来说，封闭式问题的记分评分比较客观，开放式问题的评分和记分标准比较难以把握，加上评分者的主观偏好，因而保证分数的一致性更加困难。

对于测验的编制者来说，记分标准化应该包括选择和设计合格的标准化记分程序，考虑分数的分配、权数的分配、猜测的处理，以及分数是由原始分数表示还是转换成其他形式。而标准化对于实施测验的主试者而言，则要求完全按照测验手册的规定和标准答案给予被测者分数，也可以完全依据套板或机器记分。

1. 记分的一般程序

（1）记录反应。清楚、及时记录被测者的反应。

（2）记分键。记分键又称为标准答案。选择题的记分键是每道题的不同答案的号码或编排字母；简答题的记分键是一系列正确答案以及所允许的变化；论文题的记分键为各种可接受的答案的要点；人格测验的记分键仅指明具有或缺少某种人格特征者可能的典型反应。如果以上反应需要加权，权数也应在记分键中标明。

（3）反应和记分键的比较。即将反应归类或赋予分数值。当评分者的判断可能成为影响分数的一个因素时（如问答题、论文题），就需要对评分的规则作详细的说明。这种说明就成为评分说明书。评分时依据个人的反映和评分说明书上所提供的样例进行比较，按最接近的答案样例记分。

2. 论文题记分

论文题的主要缺点是评分客观性差，即论文题的记分经常受到评分者的情感、态度的影响。常见的误差有：

（1）宽容定势。指主试者的记分过于宽松，即使被测者没有回答题目所要求的答案，评分者也给予了较高的分数。

（2）月晕效应。月晕效应是指给予被测者某道题较高的分数仅仅是由于他们在另一些试题上也获得高分，也就是说对被测者的一般印象影响到具体某个问题的评价。

相关链接

在认识一个人时，由于这个人的某品质或特点有清晰的知觉，印象深刻、突出，从而掩盖了对这个人的其他品质或特点的印象，这种强烈的品质或特点，就像月亮所形成的光晕一样，向四周弥漫、扩散，从而掩盖了其他品质或特点，人们形象地称之为月晕效应。这一效应是由前苏联学者色烈达夫首先提出的，后得到了美国心理学家戴恩、兰德等人的实验证实。

为使论文题的记分更加客观和可信，主试者应该考虑使用分析记分。分析记分主要是给论文题的不同部分分派不同的权数，将答案中所包括的信息和技能，按照各自的要求给予分数，最后组合起来，就是该论文的分数。目前比较普遍的是使用整体记分。无论采用什么样的记分程序，都应该注意以下几点：

（1）与测评目标无关的回答不予记分，或者单独记分。

（2）确定标准答案。有时可以决定每个答案的分数，以及每个答案各部分的分数比重。分数的分配应该考虑所有可以记分的单位。例如，组织是否良好；例证是否恰当；答案是否充实等。最好将分数的分配告知被测者。

（3）评分时最好按题目顺序进行，即所有被测者第一问题答案记分完毕后，再给下一题的答案记分。这样可以使记分标准一致，也可以避免“月晕效应”的影响。

（4）在评阅时最好将被测者的名字隐藏起来，以减少个人偏见。

（5）最好由两个以上的主试者来给论文题记分，取其平均值作为被测者的分数。

（6）记分时可以给予分数也可以给予等级评定。通常等级为 A，B，C，D 和 E 五级。在一些测验中，也采用评语形式，因为有的被测者可能更希望看到主试者的评定和鼓励，而不是一个简单的分数和等级。

3. 客观题记分

客观题记分的优点是记分有效而且客观。论文题需要经验丰富的主试者花费很多时间去阅读答案并给予相应的分数，客观题只需要一般的工作人员利用记分套板和记分器就能准确、迅速地计算出分数。所以，客观题的分数可以在被测者对测验还记忆犹新的时候就很快地反馈给被测者。

客观题的记分也有记分键，采用记分套板的形式以节省时间。记分板就是在一张空白答案纸上正确答案位置上打个圆孔或方形的洞。记分时只要将它套到每张答题纸上，然后统计洞中出现正确答案数目即可。同时注意是否有多选的情况。

客观题的记分也是由题目的形式和反映的质量确定的。在能力测验和成就测验中，通常是按正确答案记 1 分，不正确记 0 分来统计的。在人格测验中，由于没有答案正确与否的区别，对测题反映的每种选项都可以用一个数字或符号进行标定。如“赞成”给 2 分，“反对”给 0 分，“没有意见”或“介于两者之间”给 1 分。

不同的反应应该根据主试者认为的重要性不同给予不同的权数，另外，还可以根据被测者回答问题时的确定程度给予不同的权数。

表 10-1 是这种“信心权数”的应用。

表 10-1 “信心权数”的应用表

被测者对题目确定程度	该答案应为“是”时得分	该答案应为“非”时得分
是	2	–2
可能是	1	0
不知道	0.5	0.5
可能不是	0	1
不是	–2	2

其他客观题的记分，也可以同是非题和选择题一样，采用正确反应给 1 分，错误反应给 0 分。简答题和匹配题也可以依照这一办法记分。

本章重点概念

标准化指示语　主试者　测验焦虑　反应定势　记分键　月晕效应

自测题

一、判断题

1. 人员素质与能力测评的基本要求是使所有的被测者都在相同的条件下表现出自己的真正素质与能力。(　　)

2. 测评的形式和工具依据测评的内容而定。(　　)

3. 客观题记分的优点是记分有效而且客观。(　　)

二、单选题

1. 以招聘、选拔为目的的人员素质与能力测评，最关键的步骤是（　　）。

A. 确定招聘内容　　B. 确定测评基本形式和测评工具

C. 测评的实施　　D. 分析测评结果

2. 下面（　　）不是测评具体实施过程中的影响因素。

A. 错误操作　　B. 测评主体　　C. 测评纪律　　D. 环境干扰

3. 论文题记分的主要缺点是（　　）。

A. 宽容定势　　B. 月晕效用　　C. 客观性差　　D. 问题简单

三、多选题

1. 实施测评都有（　　）操作要领。

A. 标准化指示语　　B. 恰当的测评时限

C. 适宜的测评环境　　D. 经验丰富的主试者

2. 源于主试者的误差有（　　）。

A. 测验主试者的资格　　B. 主试者的动机

C. 主试者的人格　　D. 主试者的期望

3. 记分的一般程序包括（　　）。

A. 记录反应　　B. 记分键

C. 反应和记分键的比较　　D. 得出结果

四、简答题

1. 实施测评都有哪些操作要领？
2. 实施人员素质与能力测评的完整过程包括哪些内容？
3. 产生于测评实施过程的误差有哪些？
4. 主试者为了进行误差控制，测验前应该做好哪些准备工作？
5. 论文记分存在哪些问题？如何避免？

案例分析

一场失败的招聘

某外企公司要招一批生产线上的装配工人。招聘前，经过设计，决定选用《职业操作能力测验（Ⅰ型）》、《职业操作能力测验（Ⅱ型）》、《求职者多项人格测验》及面试四种方法。

确定测评的方法后，该公司决定委托职业介绍服务中心帮助测评并招聘下岗职工。为此，该公司的人力资源部部长李某就找了职介中心的小刘商议此事。

李："小刘，我们公司想从下岗职工里面招一批装配工人，你能帮我们招吗？"

刘："没问题呀，到我们职介中心来找工作的下岗职工可多了。"

李："这次我们要招聘的可是一线的工人，要求比较高，招聘的时候要进行心理测评，让你们帮助实施，可以吗？"

刘："帮助实施，是你们给我们测评的工具，我们组织人让前来应聘的人完成测验，是吗？"

李："对呀，我们测评的工具已经准备好了。我们整个测评要进行四个测验，就是一个纸笔测验——《求职者多项人格测验》和两个操作测验——《职业操作能力测验（Ⅰ型）》、《职业操作能力测验（Ⅱ型）》以及面试。"

刘："没问题，没问题，有了工具，我们就实施，那还不简单。"

小刘满心欢喜地就接下了这个活，早早地就开始张罗组织施测的人员、准备测试的场地，具体到谁负责哪个测验，在哪里做。并且，小刘心里还盘算开了，到时候将应聘的人分成四批，让他们分别去参加这四个测验，这下不就能节省很多时间嘛！

招聘的那天，小刘早早地就来到了招聘现场，胸有成竹地开始指导整个测评的过程，结果事情完全出乎小刘的意料。整个招聘的现场乱成了一锅粥。面试室门口和两个操作测验室门口挤满等待参加测试的人。他们在门口公开地谈论着这种新奇的招聘方式，严重地影响了这些测试的正常进行。人格测验室更像一个菜市场，做完了测验的人出来，还没有做测验的人又陆续进去，人来人往的。更糟糕的是，很难将一个人四种测验的结果很好地汇集起来。

一天折腾下来，小刘就跟散了架似的，似乎测了很多人，但是完整地完成四个测验的人就没有几个，并且测试的场所太嘈杂，整个测验的过程受到了很多无关因素的干扰，小刘实在不敢保证有多少测验结果反映了被测者的真实情况。

案例分析：实施招聘测验要求在测验的过程中充分考虑到影响各种方法实施的因素，确立正确的实施顺序，以保证经济、有效地开展测评工作。一般来说，安排测验的顺序应该遵循如下规则：

（1）在施测前，对各种选定的测评方法的实施要求、时限等进行考虑。先实施有时间限制的或需要测试者同时参与的测评方法。

（2）在安排测验步骤的时候，应该在测评的过程中安排适当的休息。被测试者长时间地接受测评时，会造成生理和心理上的疲劳，从而影响其作答的效果。测评方法较多的时候，要注意安排控制特定时间内测评方法的总数量。

（3）能力测验的题目较多。可将其分为两部分进行。能力测验之间的干扰比较明显，先前的测验对后进行的测验就会起到一定的提示和联系作用。为了避免这种情况的出现，可以将较长的能力测验分为两部分，中间休息一下。

（4）多数情况下，最先呈现给被测者的测评方法应该是较为简单或比较容易引起其兴趣的。如果一开始就呈现给被测试者一个复杂的或枯燥的测验，那么他在进行后续的测评时，情绪和动机就会受到影响。

（5）根据测验维度对岗位的重要性程度安排测验的顺序，先进行对岗位要求最重要的能力和素质测试，通过此测试，应聘者方可进行下一个测试。在本案例中，动手能力对操作工人相对比较重要，如果不能够动手操作，那么无论个性有多好，在面试中表现得多么冷静，多么随机应变，都不能当操作工人。

总之，合理设计测评的步骤是设计测评方案不可缺少的环节。在设计测评程序的时候，应该综合考虑上述规则，形成有效的测评程序。本案例招聘失败在于没有科学地设计测验实施程序，凭主观的想象开展了测试，一方面使测试的过程受到了很多无关因素的影响；另一方面也造成了人力、物力的浪费。

（资料来源：中国人力资源网——典型案例）

案例思考题

1. 你认为案例中的四种测评方法都是必要的吗？
2. 如果你是主持人，你如何设计这家外企公司本次招聘的测评程序？

调查研讨题

1. 回忆你参加的所有笔试、面试和情景测试，对你发挥正常水平影响较大的因素是什么？

2. 在单位或向朋友、同学了解一下，主试者在主持面试时影响客观评价较大的因素是什么？

第11章

网 上 测 评

学习目标

- 了解网上测评的理论基础。
- 掌握测评的特点。
- 熟悉网上测评流程。

学习导航

11.1 网上测评概述
11.1.1 网上测评的概念
11.1.2 网上测评的优势和特点
11.1.3 网上测评应注意的问题

↓

11.2 网络人力资源测评系统
11.2.1 网络人力资源测评系统的概念和分类
11.2.2 网络人力资源测评系统的理论基础

↓

11.3 网上测评流程
11.3.1 网上测评一般流程
11.3.2 网上测评具体流程

11.1　网上测评概述

引导案例 11-1

职场人士青睐网络测评

为更便捷地认识自己，找出职业缺陷，时下，一些职场人士开始青睐网上人员素质与能力测评。

王小姐是重庆 Q 公司的行政秘书，到该单位之前，她一直处于职业困惑期：专科文凭不具有竞争力，文秘专业似乎人才过剩，技能特长也不够突出。在朋友的建议下，她登录 D 人才网站做了职业测评，并且，还和网站的职业测评专家在线交流，对自己有了重新认识。去年，她应聘到现在的公司，发挥自己外向、善于交际的优势，专事公司公关和商务联络工作，取得初步成功。

准备到 Q 公司就职的张先生说，他也在 D 人才网上做了职业测评，就适应新环境的诸多问题和一些专家与网友做了交流，得到不少启发。他说，平日工作忙，很难抽身到人力公司做咨询；知名人力网站拥有权威专家，测评模式规范化，可以实现和专家、网友多方交流，获取很多的经验。

他们上网发现，不仅知名人力网站的网络测评服务“有声有色”，一些门户网站依靠其知名度，也涉足这一领域。这些网站的人员素质与能力测评的项目大致是：测评者适合什么职位，其职业发展潜力如何，是什么阻碍了其职业发展等。一些网友说，网络人员素质与能力测评方便快捷，有利于准确地了解自己的优势、劣势以及职业发展方向，找到适合自己的职位，帮助求职者走向成功。

（资料来源：人才职业网——案例剖析）

11.1.1　网上测评的概念

简单地说，网上测评就是一般人员素质与能力测评的理论与方法在计算机和网络中的实现。这一实现具有重大的现实意义：当信息技术取代人的操作时，它使测评任务或流程自动化；当信息技术拓展人的工作时，它使测评任务或流程信息化；当利用信息技术进行重组时，它使测评任务或流程发生根本变化。

无论从设计过程、运作程序、数据的收集和处理、测评结果解释和解释的话语系统等外在方面进行比较，还是从测评的理论依据与技术基础审视，不难看出，相对于一般的人员素质与能力测评方法，网上测评方法并不是一种特定的测评方法，而是诸多人员素质与能力测评方法在计算机上的再现。它能够实现对一般人员素质与能力测评方法的综合，并为之提供更广阔的施展舞台。这种再现凭借的并非纯粹的技术，是出于对新的社会互动基本趋势的把握，出于对一般测评方法的优点和缺点在信息时代必要的改造。一般的测评方法如面试、公文处理等，固然各有相对的优势和适用的领域，但也有着共同的缺点，而网上测评，则正好能够从各个方面给予适当的弥补。

11.1.2 网上测评的优势和特点

1. 网上测评的优势

（1）经济制约的解放。有些测评方法之所以被认为是适用于“高级人才”测评，不仅仅在于它是多么科学、可靠，而常常出于一个很现实的考虑，即费用高昂。例如，评价中心技术集无领导小组讨论、公文筐、结构化面试等测评方法于一体，整个实施过程要耗费很多人力、物力和时间，且对实施方的要求很高。所以，经济因素决定了许多人员素质与能力测评方法实施难以实现，制约了其适用的范围。而网上测评则在某种程度上能够化解类似的窘况。网上测评系统由于具有强大的数据处理和情景模拟能力，能够模拟现实中的诸多测评方法，使测评能够随时随地大规模进行。而规模效应首先带来的是测评经济成本的节约和机会成本的降低。

（2）人为因素干扰的消除。人员素质与能力测评的客观性、科学性，从某种程度上取决于测评方法的适当选择及正确运用。不过，有些人为因素的干扰和方法本身无关，却只和方法所运作的技术平台相关联。譬如，人员素质与能力测评追求信度、效度的努力一直都在进行。如何在测评中最大限度地做到价值中立、过程客观、程序公平，是过去有关机构和专家苦苦探索的一个课题。一个典型的例子是高考的判卷和录取，其间的制度措施很多，但往往难尽人意。自实行计算机判卷和网上录取公示制度后，那些曾经伤心的故事就很少发生了。网上测评对许多测评方法的境界提升就表现在这里。它能够在事先充分考虑人为因素的干扰，采取技术手段予以屏蔽和排除，并“逼迫”整个测评的理念与制度发生变革。而另一个关键好处是：它即使不能够完全排除人为因素的干扰，至少也能够明确测评的信度与效度究竟如何，该怎样进行改进。即在不可避免的谬误面前，网上测评能够使我们比较容易地明白：错误的幅度有多大，犯错误的概率有多大，避免错误的关键措施在哪里。而所有这些，都曾不同程度地困扰着一般人员素质与能力测评方法。

（3）实现资源共享。一般的人员素质与能力测评从根本上说是建立在经验、直觉的判断基础之上的。因为这些测评都是各自为政，各类人员素质与能力测评的常模难以建立；种种测评获得的宝贵数据闲置而不能够共享，人员素质与能力测评在各性别、各年龄、各地区、各行业之间缺乏定量比较，这些决定了一般的人员素质与能力测评基本上不能够获得准确而详尽的数据，更不用说建立测评研究的数据库了。由于没有强大的人员素质与能力测评数据平台的支持，分割式测评、单一化测评、游戏式测评比比皆是，难以和国际接轨。网上测评方式的运用则可能逐步摆脱这种被动的局面，因为网上测评方式能够不断地收集测评数据，形成强大的测评数据库；它能够实现网上测评数据的交换，为测评提供数据支撑，使测评从间断流程转换为连续流程。

（4）应对时代的召唤。信息化社会的到来，为人员素质与能力测评提出了新视角和新思维，也带来了测评方法的新问题和新思考。例如，网上办公、数字化社区、信息化政府等，已经对人们的观念产生了巨大冲击。它呼唤着测评方法、内容、形式的新发展。网上测评则为响应这一挑战提供了新思路。例如，针对领导人才素质与能力测评而运用的公文筐测验，就应该而且可以在网上实现。因为许多政府机关已经实行了无纸化办公，它和传统的公文处理有很多不同之处。从长远看，这就不仅仅是改变测评内容所能够胜任的了，它必须转向网上测评这种测评方式。

2. 网上测评的特点

网上测评所依赖的技术特点从某种程度上决定了测评的特点。不过，网上测评的特点远远超越了纯粹技术的范畴。如今，测评理论和技术正朝着情景化的方向发展，有着浓厚的现实导向和实践导向，力图测评人在真实环境中的面貌。网上测评的特点，也围绕这个方向展开。具体来说，网上测评方式的主要特点表现为：

（1）测评的形象性。专家人工智能装置、模拟系统的运用使得网上测评生动、直观，提高了人员参加测评、考核的兴趣和热情，克服了因测评主体的差异所带来的影响。

（2）测评的简易性。网上测评可以提炼出最简洁的测评项目，最大限度地涵盖测评要素，特别是仿真模拟装置可以将复杂的测评要素、项目经过科学提炼、归纳，使之简单化、科学化，更容易操作和进行评价，实现测评设计的复杂性与测评结果的简易性的统一。

（3）测评的安全性。网上测评的量表、测评的项目建立在大量的数据库之上，测评的数据具有层级的保密性；测评能够加入测谎内容，并注明测评结果的适用范围和应当注意的事项。

（4）测评的科学性。网上测评能够随时检测测评的信度和效度，确保测评数据的科学性与准确性，可以排除人为因素，使测评成绩真实可靠，从而提高测评和诊断的质量。网上测评获得的大量数据，为以后测评的不断完善打下基础。

（5）测评的经济性。网上测评可以节省大量人力物力，节约培训时间，降低成本。

（6）测评的实效性。网上测评能够在人机互动中实现双方的学习。它既可以集测试与评价于一体，在测试之后能够马上打印测评结果，又能够实现测试与评价的分离，将测试结果交给专家进行点评，保证测评结果的合理性。

11.1.3　网上测评应注意的问题

网上测评不是万能的，网上测评本身所依据的理论基础与技术手段的不完善、网上测评的局限性、人机模拟与实践的差异、网上测评系统中人的因素依然占主导地位等诸多因素，决定了网上测评还存在诸多问题。

1．信息化是一把双刃剑

首先，网上测评虽然使测评过程化繁为简，化重为轻，化多为少，却也使得越来越多的工作转化为数字化、符号化的选择与圈点。测评越来越变成对图表等符号的解读和解释，所有这些很可能造成对测评主体的语言能力、思维创造能力乃至道德判断与选择力等不同程度的误读。此外，在自由的网络空间中与现实生活中人格的不一致，在同一网络空间中这种人格和那种人格的不一致，这种人格的“自我同一性”在人机对话测评中被打破、被分裂、被扭曲的现实，可能引发测评中的多重人格和人格分裂现象，导致测评的紊乱。

2．信息淹没和排挤测评

网上测评能够产生大量的数据。倘若不能对这些数据进行娴熟的专业处理，往往会产生信息迷乱。表现在网上测评中，就是过度的测评信息淹没和排挤测评主体与客体，测评的手段消解了测评目的。用罗斯扎克的话说，就是：“信息，到处是信息，唯独没有思考的头脑。”这时，信息作为主体异己力量与主体对立起来。信息化测评很容易使人们过于沉溺于测评的技术，忽略、回避测评双方在现实生活世界的感受与交流，混淆“人机关系”和“人际关系”，混同“现实实践”与“虚拟实践”两种不同的检验标准，造成测评目的与手段的二律背反。

鉴于网上测评在应用中存在一些误区，端正对网上测评的态度已成为当务之急。

（1）要重视测评软件本身可能表现出来的问题。当前很多测评软件尤其是心理测评软件是从西方引进的，其理论和方法大都以西方心理学为中心。如果不在本土化的基础上加以修订就直接运用，往往会出现问题。即使是自主开发的测评软件，也因为测试的原因，往往存在不好用、格式不统一等问题；至于设计思路上的问题，更会在网上测评中间接表现出来。

（2）要防止过分迷信测评软件的倾向。任何测评软件都是基于一定的理论架构和特定的技术的，不可能至善至美。网上测评在对传统测评方法予以超越的同时，也就埋下了局限的种子。如：忽略对面对面互动种种细节和处世态度的把握；迷信软件程序而忽视测评主体和客体双方的能动性；跨越了纸笔测验中的“语言陷阱”却有陷入“人机关系”陷阱的危险；网络模拟的沉浸性使得测评双方可能“错把他乡作故乡”；偏信计算机得出的测评结果，执著于人机对话得出的数据而置测评常识于不顾，等等。所有这些倾向，都是值得警惕的。

（3）要防范过度的商业化取向。网上测评系统开发周期长、技术要求高，由于种种原因，目前网上测评的实施回报率很低，测验制作者或修订者得不到合理的经济利益，版权往往也受到很大程度上的侵害，得不到必要的法律保护。这样，不得不过度依赖人机对话软件及其测评来赢利，这往往会吞噬其科学性与信誉，使网上测评急功近利，难以形成一个良好的外部环境，难以引导测评工作朝更广、更深的方向发展。如何在网上测评的专业性、易用性、规范性及商业性方面谋求平衡，尚有待继续深入研究。

网上测评为人员素质与能力测评注入了新形式和新内容，但这并不意味着一般的人员素质与能力测评方法就过时了。恰恰是一般的人员素质与能力测评方法，为网上测评的使用限定了范围。特别是现阶段，网上测评的应用需要和普通测评方法结合起来，借鉴其现实经验教训，才能够相得益彰，共同推进测评事业的发展。

11.2 网络人力资源测评系统

引导案例 11-2

NBA选秀对企业招聘的启示

NBA作为全世界篮球水平最高的联赛，不仅是篮球运动员追求的梦想，其管理方式也值得企业界学习，其中NBA每年的选秀对企业招聘有诸多启示。

1．一流的准备工作——长期、全面而周到

每年的6月底是NBA选秀日，NBA所有球队的代表都会聚集麦迪逊广场花园，期待挑选到各自心中的千里马，经过一定的程序后，多数球队都会满载而归。这是NBA的选秀方式，看似很简单，但其背后需要做非常多工作，从球队招聘需要到搜索目标、关注目标球员、长期跟踪、全面考察谈判及处理相关事宜，特别是国际球员，很多都是准备了一年甚至几年才最后挑选到心仪的人才，选秀日仅仅是最后的仪式。

为了招揽到姚明，休斯敦火箭队总经理在大洋两岸来回奔波，用了 3 年多的时间才使姚明加盟成功，这还不包括之前的非正式接触，这是很多 NBA 球队招聘国际球员需要做的工作，有的甚至更长，甚至需要处理政治问题，但 NBA 球队为了招到真正的人才仍不厌其烦。对于美国本土球员，NBA 球队更加不放过，很多球员都是从高中甚至小学就被球队列入猎取名单，之后进行长期的考察，NBA 现在很多的巨星就是此例，如火箭队的麦迪、骑士队的詹姆斯、森林狼队的加内特等，举不胜举。

可见，NBA 球队挑选球员的准备工作是多么全面而周到，不少世界一流企业如微软、IBM、美国通用等已经开始这样做。反观我国企业的招聘，做得比较好的也就是需要用人时写个招聘计划什么的；很多都是今天感觉缺人，明天就开始招聘，草率之极，根本谈不上准备工作，更不用说长期准备，这使得我国企业在源头上就落后别人一大截。

2．全世界范围内全方位搜索——揽尽天下有用球员

NBA 之所以能成为世界上篮球水平最高的职业联赛，拥有众多来自世界各地的篮球天才是主要原因之一，这与 NBA 每年从世界各地招揽球员是分不开的。本赛季 NBA 有 80 多名国际球员，来自各大洲的都有，其中不乏超级球星，如我国的姚明，小牛队的诺维茨基，马刺队的吉诺比利，来自非洲的火箭队球员穆托姆博，2005 年状元秀来自澳大利亚，2006 年状元秀来自意大利等，而且未来几年还有增加的趋势。全世界范围内全方位的搜索，为 NBA 提供了足够的优秀球员。

NBA 这种宽阔的视野给企业提供很多学习的地方，很多跨国企业都是在世界各地招揽人才。而我国企业在这方面做得远远不够，很多企业的招聘仅仅限定在几所著名高校，有的甚至限制生源地，即使是国内比较知名的企业也有这种通病，不知错过了多少真正的优秀人才。如果按照我国企业的招聘思维，NBA 是不可能在篮球非常落后的国度招到众多天才的，如穆托姆博、姚明等。

3．对挑选球员投入不惜血本

NBA 的招聘军团可谓庞大，在招聘投入上可以说不惜血本，遍布世界各地的专职、兼职球探都拿着高薪；而且一旦看中某位球员，将投入巨额成本去跟踪考察，如全程跟踪其比赛、邀请参加 NBA 训练营、参加 NBA 夏季联赛、进行各种测试等，可见 NBA 对球员挑选的重视程度。事实证明，NBA 这种投入是完全值得的。

现在我国的企业对招聘的重视和投入还远远不够，特别是传统产业的国企，尤其是我国现在这种人才过剩的状况，很多企业认为这种投入根本没必要，反正招到人很容易，去招聘会都嫌贵，即使企业看中了比较优秀的人才也舍不得出高价。可见我国企业在招聘上的投入可谓吝啬，因此只能招到二流乃至三流的人才也就合乎常理。

4．不拘一格挑选球员

俗话说，取之所长，避之所短，NBA球队在这方面做得很好，只要你在某方面有突出特长，那必会受到重视，而不用十八般武艺，样样精通。如现役球员大本钟华莱士，在进攻上可谓一无是处，但在防守上可是顶尖，类似的还有火箭队的穆托姆博；黄蜂队的斯托贾科维奇是全联盟著名的投手，但在其他方面并不突出，这样的球员在NBA比比皆是，都成为每支球队不可或缺的人才。

相比我国企业的招聘，不论从事什么岗位，都要英语多少级，电脑多少级，没有这个硬件全部一票否决，追求所谓全面发展的人才，招进来之后发现完全不是这么回事。还有就是不少企业抓住应聘者的缺点不放，看不到他的长处，以致成天抱怨招不到人才，反而陷入了有伯乐，无千里马的地步。

5．慧眼识才——全面、科学评价球员，力争不错漏一个

全面、科学考察球员是NBA挑选球员的关键一步。相比其他行业，他们支付给球员的都是高额薪水，因此容不得有半点差错，他们的评价技术让全世界的篮球联赛难以望其项背。球员若想进入NBA，必须经过多关测试，如体能测试、平衡能力测试、骨龄测试、心肺功能测试、柔韧性测试、各式各样的心理测试、身体全面检查等，都是请专业人士来做，任何一关都是球员进入NBA的障碍。我国球员姚明据传曾经被测试出运动生涯可能会很短，使得火箭当年对他进行了多次的测试、检查，好在最后证明是空穴来风。也正因为这样，能够进入NBA的球员都是世界顶尖的，也很少出现误判的现象。

反观我国企业的人才测评技术，还有很多需要提高的地方。不少企业招聘时就是从网上复制一些心理测试和笔试题目一字不变地对应聘者进行测试，很草率就下结论，更有甚者，随便进行一些谈话就完成了招聘。至于某些先进的评价体系、测评中心、专业测评人等就更加少之又少，不少国内知名企业都是如此。

（资料来源：人力资源总监网）

11.2.1 网络人力资源测评系统的概念和分类

1．网络人力资源测评系统的概念

信息化表现在人力资源管理领域，就是人员素质与能力测评流程的“e”化。而这种“e”化往往借助于网络人力资源测评系统来实现。网络人力资源测评系统就是将测评工具建构在网络信息技术、高级程序语言与多媒体技术等强大的技术平台之上的一种测评方式。这种测评系统大大提升了一般人员素质与能力测评方法的应用范围。各类人员素质与能力测评软件的开发与运用，又为网络人力资源测评系统的应用提供了强有力的技术支持。人员素质与能力测评软件就是技术人员根据人员素质与能力测评理论与计算机技术开发出来的，人们应用于计算机上，对人员素质与能力进行测评的高级程序语言。

2．网络人力资源测评系统的分类

在讲网络人力资源测评系统的分类之前，我们先了解一下人力资源测评网站的概念。人力资源测评网站就是指在互联网上应用网络人力资源测评系统，通过网页来开展对客户进行人员素质与能力测评业务的网络服务商。网络人力资源测评系统从来源方面讲，可以分为两类：一类是自身开发的网络人力资源测评系统软件，它是由精通人力资源测评理论与方法的网站工作人员开发出来，并对各种测试结果进行解释。在这种情况下，网站的主营业务就是素质与能力的测评。还有一类就是自己本身不具备开发系统软件的能力，而从软件开发商处购买人员素质与能力测评系统软件，作为网站的一种赢利手段。这种系统的工作人员只是起到中介作用，网站本身不会对测试结果进行解释。现在多数网站都属于后一种情况，只是将测评系统作为一种辅助手段。

从开放性方面讲，网络人力资源测评系统也可以分为两类：一类是在系统建成后只能由软件开发商进行升级；另一类是用户可以根据自身需要进行调整的。前者对于测评的使用者来说，只是提供了一个计算机的平台，可以远程测评，使用者没有权利对这个系统进行改造。而后者可以给用户较大的权限和自由，使用者在测评的研究发展中处于主动地位，可以紧跟时代的需要改进自己的系统。

11.2.2　网络人力资源测评系统的理论基础

网上测评不仅仅是一种纯粹的技术表现，它同样有自己发展中的理论依据。在一般人员素质与能力测评方法的理论假设之外，网上测评的理论依据还包括以下几个。

1．认识心理学理论

认识心理学的出现带来了心理测验理论的新发展。它使心理学和计算机结合，产生人工智能这一全新的领域；它用信息加工的观点来解释人的心理过程，较行为主义心理学的假设已经是大大前进了一步，使测评的假设由“刺激—反应式”转化为“产生式”；它借用了信息论、控制论和计算机、仿生学等新兴学科的理论，将人员素质与能力测评置于更前沿、更科学的领域；它使心理测验回归到被遗忘的语义阐释的传统当中，重新审视传统的测评观点并将其在计算机上“复活”。认识心理学理论在人机对话测评中的应用，拓宽了测评的视界，更新了测评的方式，是对实证主义测评范式的一次革命。所有这些使网上测评作为一种测评方式的转向，具备了坚实的理论基础。

2. 非智力理论

人员素质与能力测评发展的新趋势是越来越注重对非智力因素的测评。实践智力概念的提出，就是先例。按照斯腾伯格提出的智力理论，人的智力有三种类型：

（1）合成智力——在一个有结构的和定义完好的上下文中解释信息的能力；

（2）经验智力——从不同角度看待问题、从变化的情景中解释信息，以及解决实际问题的能力；

（3）情景智力——适应变化环境的能力及操纵谈判系统的能力。

非智力理论为网上测评的运用提供的理论支持在于：一般的测评方法只能够在简单的文字、图片上假设情景，局限于合成智力及经验智力的测评，而网上测评则使非智力因素的再现和测试成为可能，使得人员素质与能力测评具备更广的维度，更富层次性，更有针对性。

3. 项目反应理论

为实现最优测评设计，项目反应理论的做法和经典测量理论是不同的。它能够事先估计好所测能力范围内的估计标准误差和拟编测验的信息函数，然后从题库中选择所测能力水平的题目。这为网上测评实现测评的个性化奠定了理论基础。计算机替代手工自动控制测评的测验精度，平衡题目内容和题目类型，调整测验篇幅，实现题目的自动选择；网上测评能够快捷地达到测评的最优化目标：测验篇幅最短；测验信息函数值最大；测验离差最小；测验时间最短；测验信度最高；实得分数分布与目标分数的分布的拟合度最好。网上测评的许多优点奠定在项目反应理论之上。譬如，它能够实现计算机化的适应性测评，随时使得后面的测评题目的呈现依据前面答题的反映情况来决定（传统的适应性测验的做法是改变起止点，极其笨拙）；它可以根据不同的测评对象确立不同的常模，等等。项目反应理论使得人机对话更具科学性和实用性。

4. 人机交互作用理论

网上测评主体和客体能够相互学习，它很大程度上得益于人机交互作用。网上测评的一个重要特点就是利用人机交互作用的沉浸性，根据测评客体的反应不断学习和选择不同的模拟情景，有针对性地施加测试项目。仿真、实时、主动型的计算机三维动态图像、声音使得测试成为动态的交互作用，给予测评客体逼真的效果；测评能够实现自助，实时监控，适应自助式开放训练教室的要求，自行选择时间进行自助训练，消除测评客体的精神负担，提高测评质量。人机交互作用理论消解了那种认为只有直接的面对面的测评才是可靠和可信的偏见，为人机对话的合法性提供了新依据与新辩护。

11.3　网上测评流程

引导案例 11-3

某网站设计的工作环境测评报告

1. 前言（略）

2. 本报告的目的（略）

3. 在看报告前请掌握的原则（略）

4. 组织的社会性

（1）组织的社会性的含义（略）。

（2）组织的社会性的判断。

1）这个组织是否喜欢用各种方式吸引有野心的人？

2）办公室的设计是否允许职工有一定的私人空间？

3）在这种文化中，成功在多大程度上取决于人际关系网？

4）单独工作和与人合作的比率？

5）在这种文化中事事去“压”在成功中占多大比重？

6）在这种文化中有多少愉悦的氛围？

7）对比花在分析和思考上的时间与花在讨论与说服上的时间？

8）成功在多大程度上取决于职业的培训和专业？

对组织的社会性要求：36%。

你这部分的得分居中。这表明在此衡量值上你没有过多的要求。你会在既活跃、善于交际又能给予员工个人空间和独立思考、分析空间的企业中取得成功。如果你选择一个只注重其中一个方面的企业可能是个错误。

5. 组织的结构和细节关注度

（1）组织的结构和细节关注度的含义（略）。

（2）组织的结构和细节的关注度判断。

1）在这种文化中你是否经常不得不去“粉饰”你的工作，以便恰如其分？

2）“恰如其分”在这种文化中是否重要？

3）有多少工作是在紧张的难以预料的工作期限下完成的？

4）在多大程度上你能自主地制定适合自己的工作时间表和工作速度？

5）是否经常需要在很短的时间里做决定和行动？

6）企业是否提前计划和准备好应对各种不同的商业状况？

7）工作环境是否整洁有序？

对组织的结构和细节的关注度要求：46%。

你的得分居中。这表明虽然你看重工作的质量，但你不喜欢组织性强和留意于细节的企业文化。你能适应多种企业文化，但是你会回避那种组织结构极为鲜明，并且对精确、细节和时间观念都要求极严的企业。在另一方面，你也不能生存于一个没有组织或者没有对员工的工作态度和时间观念设置合理标准的企业。总之，你会在一个能够在组织形式和个人能动性间找到平衡点的企业中发挥良好。

6．组织的开放性和想象力

（1）组织的开放性和想象力的含义（略）。

（2）组织的开放性和想象力判断。

1）新想法和创造力是否在企业中受到重视和奖励？

2）对于那些已经成功的事情在这个企业里是否还是不断的持续正常的发展？

3）工作中是否有很多变化？

4）企业通常如何看待和平衡尝试新鲜事务中的得失和成败？

5）企业是否愿意接受不循规蹈矩和具有创造力的职员？

6）不论职工在企业中的位置如何，他们是否都愿意说出自己的想法？

对组织的开放性和想象力要求：19%。

你这部分的得分低。表明你更倾向于那些忙碌的、注重实际操作的企业文化，用现有经过检验的方法处理事务。你崇尚经过时间检验的能力的有效性和可预测性。你不会从事风险极大的事情。你更欣赏按照传统方法按规定做事，不计时间代价的企业。你喜欢企业有明确目标、清晰的商业战略，并且能够尽可能有效和始终如一地执行这些策略的企业文化。

7．对组织的合作性和和谐性

（1）组织的合作性和和谐性的含义（略）。

（2）组织的合作性和和谐性判断。

1）员工在这种企业文化里彼此了解的程度如何？

2）优胜劣汰在这种企业文化里是否被崇尚？

3）当你在路上遇到同事时大家是否都非常友好地打招呼，你是否感到温暖？

4）大家看起来是真正的关心对方吗？

5）内部竞争机制在多大程度上影响员工的成功与失败？

对组织的合作性和和谐性要求：64%。

你这部分的得分高。这表明你喜欢那种培养友好、合作和“温暖”工作氛围的企业文化，可能有利他主义的情感。你希望在工作中有一些同事能和你有同样的感觉或价值观。你希望企业能想办法将冲突和争论维持在最低点，并且鼓励大家彼此尊重和支持。那种鼓励内部竞争和敢闯敢干的企业文化看起来并不适合你。

（资料来源：人才职业网——案例剖析）

11.3.1　网上测评一般流程

1．测试者或单位预约登记

网上资源的管理主要是在权限的设置上进行管理，不同的用户对资源的使用权限是不同的。网站一般将用户分为两大类：企业用户及个人用户。在企业用户中又分为普通会员和高级会员，针对不同的用户提供不同的服务，或者是相同的服务实行不同的收费标准。

一般情况下，就测评一个项目来说，个人会员的收费相对较高，企业普通会员居中，企业高级会员可以享受较大优惠。在其他费用方面，如会员的年费，对于个人会员来说是不存在的，但是对于高级会员来说是比较昂贵的，所以用户在注册会员的时候要进行严格的成本分析，有的网站为了打开市场，对用户提供这方面的业务咨询。

2．根据测试者或单位情况及要求，选择相适应的测评项目和方法

在这一步骤中，首先是用户浏览网站内容，了解网站所提供的人员素质与能力测评的基本情况。当企业明确自己所需要测试时，直接向网站提出测评要求即可；但是由于人力资源素质在我国还是属于萌芽状态，用户往往不是很明白自己应该进行什么样的测试，或者哪种测试方式对自己最有利，在这种前提下，用户可以通过电子邮件向网站进行咨询。用户提出测评需求，网站将安排专家分析用户希望解决的实际问题，给予相应答复，在双向交流基础上，帮助用户解决测评的项目和方法。

3．组织实施测评

在实施测评时，一般会出现两种情况：

（1）用户提出的测试要求较为简单，只要在网上进行人机对话的测试即可，不用网站提供其他的服务，这主要针对用户提出的较为简单的心理测试而言。这时用户向网站提供以下的信息：测评的名称、所定制的试题以及价格、参加测评的具体人数、测评的开始日期和结束日期、用户的联系方式和联系人，所选交费方式和联系方式。网站的工作人员将按照用户所填的联系方式与之联系，确认订单，并在确认已经交费后开通测评项目。

（2）用户的需求较为复杂，在双方进行沟通后发现简单的网上测评不能满足其要求（例如，需要进行情景模拟测试），网站需要派出资深人员进行操作上的指导，这一部分的费用及方式也是由双方沟通协商得出的。

4．对测评结果分析评价，并出具评价报告书

试题答完后，个人还不能马上得到试题结果和评价报告，只有交费后才能得到评价报告。测评报告是测评的一个最终解释，是整个测评最精华的部分。

测试报告的基本格式：

（1）测评机构和测评时间说明。

（2）被测者的个人信息，包括编号、姓名、性别、年龄、教育程度、岗位与职务等。

（3）注明测评项目、多个测评项目需要按顺序排列。

（4）测评结果展示。

（5）书面的测验结果分析。

（6）总评。

（7）专家复核意见。

（8）注明报告撰写人和复核人及日期。

5．资料存档，建立人才资料库

网站将测评的资料存档后，可以通过自身收集的数据对常模进行修订和改正或进行其他科学研究。一个人力资源测评网站只有存储了大量的资料和数据，才能建立起科学的测评指标体系；同时，有了丰富的人员素质与能力测评资料，也为提高网站的专业形象提供了很好的宣传素材。

6．反馈信息及后续服务

这一步骤是为了更好地修正测评指标，建立更加科学的测评指标体系，同时也为吸引用

户，树立良好的形象，赢得口碑，为网站的长远发展奠定基础。如今测评网站的用户不仅有企业，还有个人用户。他们为了更好地了解自己的素质与能力，以挑选适合自己的职业，常常会选择声望好的、有信誉的网站为自己做测评，做好用户的服务，同样也是测评网站生存的基础。

11.3.2　网上测评具体流程

1. 企业用户

（1）访问所要选择的人力资源测评网站。

（2）在首页的用户登录区输入企业账号和密码，并选中用户类型为企业用户，然后点击“登录”按钮，进入人员素质与能力测评系统企业用户服务专区。

（3）在测评管理中加入准备参加测评的人员名单（有的网站提供为企业的员工分别设置测评账号和密码服务），同时可根据需要设定是否让测试者看到自己的测评报告，并对员工可否查看结果进行权限设置。

（4）选择测评项目，并设定项目，然后点击项目列表中“参评人数”栏目添加要参与此项目测评的人员，添加完成后，此测评项目的设置工作也就完成了。

（5）将已设定的账号和密码分配给参评人员，让其以分配到的账号和密码进行登录。

（6）测试者登录成功后，即可马上进入网上测评室进行测评。

（7）当测试者完成测评后，企业的测评管理员可以从管理账户中的“查看测评结果”项下随时查看其测评结果，并可在“测评统计分析”项下对全部参评人员的结果按照企业的需要对各项测评指标进行对比和排序，全面掌握所有参评人员的能力和素质特点及其在团队中所处的相对位置，为管理决策提供重要的客观参考依据。

（8）当企业账户中的余额不足时，需要与人员素质与能力测评网站联系购买企业账户充值卡或按年度进行租用。

2. 个人用户

（1）访问所选人员素质与能力测评网站，在会员登录区注册成为会员，已注册会员请直接跳至第（2）步。

（2）使用注册时登记的账号和密码登录进入会员服务专区。

（3）点击有关用户管理的项目，如“注册账户管理”项下的“账户充值”栏目，输入账号和密码，进行网上充值（免费测评项目除外）。

（4）申请相关的测评服务项目。

（5）进入“测评”栏目开始测评。

（6）测评完成后，可以在“人员素质与能力测评服务”项下“查看测评结果”栏目查看测评报告。

本章重点概念

网上测评　网络人力资源测评系统　人力资源测评网站

自测题

一、判断题

1. 网上测评方式能够实现网上测评数据的交换，为测评提供数据支撑，使测评从间断流程转换为连续流程。(　　)

2. 现已有专家人工智能装置、运用模拟系统，这些使得网上测评生动、直观。(　　)

3. 就测评一个项目来说，企业高级会员收费相对较高，企业普通会员居中，个人会员可以享受较大优惠。(　　)

4. 项目反应理论消解了那种认为只有直接的面对面的测评才是可靠和可信的偏见，为人机对话的合法性提供了新依据。(　　)

5. 测评报告是测评的一个最终解释，是整个测评最精华的部分。(　　)

二、单选题

1. 下列（　　）不是网上测评方式的主要特点。

A. 形象性　　B. 实效性　　C. 经济性　　D. 合理性

2. 下列（　　）不是网上测评的局限性。

A. 忽略对面对面互动种种细节和处世态度的把握

B. 迷信软件程序而忽视测评主体和客体双方的能动性

C. 只提炼出最简洁的测评项目

D. 网络模拟的沉浸性使得测评双方可能“错把他乡作故乡”

3. 按照斯腾伯格提出的智力理论，下列（　　）不属于人的智力类型。

A. 合成智力　　B. 知识智力　　C. 经验智力　　D. 情景智力

4. 下列（　　）不是网上测评最优化目标。

A. 测验离差最小　　B. 测验篇幅最短

C. 测验时间最短　　D. 测验信息函数最小

5. 对于企业用户，进行网上测评首先需要（　　）。

A. 使用注册时登记的账号和密码登录进入会员服务专区

B. 访问所要选择的人力资源测评网站

C. 马上直接进入网上测评室进行测评

D. 申请相关的测评服务项目

三、多选题

1. 网上测评的优势有（　　）。

A. 经济制约的解放　　B. 人为因素干扰的消除

C. 实现资源共享　　D. 应对时代的召唤

2. 鉴于网上测评在应用中存在一些误区，可以从以下（　　）等方面端正对网上测评的态度。

A. 要重视测评软件本身可能表现出来的问题

B. 要防止过分迷信测评软件的倾向

C. 尽量不使用网上测评

D. 要防范过度的商业化取向

3. 网络人力资源测评系统从来源方面讲，可以分为（　　）。

A. 自身开发的网络人力资源测评系统软件

B. 用户可以根据自身需要进行调整的

C. 在系统建成后只能由软件开发商进行升级

D. 从软件开发商处购买人员素质与能力测评系统软件

4. 网站一般将用户分为（　　）。

A. 企业用户　　B. 组织用户　　C. 集体用户　　D. 个人用户

5. 网上测试报告的基本格式包括（　　）。

A. 测评机构和测评时间说明

B. 被测者的个人信息，包括编号、姓名、性别、年龄、教育程度、岗位与职务等

C. 注明测评项目、多个测评项目需要按顺序排列

D. 测评结果展示

四、简答题

1. 网上测评与一般测评方法相比有哪些优势？

2. 网上测评应注意哪些问题？

3. 网上测评依据哪些理论？

4. 网上测评的一般流程是什么？

案例分析

某网站设计的素质评价报告

1. 本报告的目的

帮助个体在企业中找到真正适合自己的位置。我们每个人都面临着这样一个严肃的事实：我们必须长期地、努力地工作，如果用几年的时间做我们并不适合的工作（这样的情况非常常见），那就是在浪费生命、浪费组织的信任。

某些特定类型的人在做某些特定类型的工作时会更加得心应手，但传统的常规分析只着眼于“三大方面”：能力、兴趣和价值，忽略了内在的愿望要求和性格要求。本报告从动力与人格的角度描述了针对个体不同的职业满足、适合的岗位特质和发展建议。

2. 在看报告前请掌握的原则

（1）本报告对个体的人格特点及动力特点进行了详细描述，它能够帮助个体拓展思路，接受更多的可能性，而不是限制选择。

（2）报告结果没有“好”与“差”之分，但不同特点对于不同的工作存在“适合”与“不适合”的区别，从而表现出具体条件下的优势与劣势。

（3）个体的动力、人格特点由遗传、成长环境和生活经历决定，不要想着去改变它，但却可以通过对报告有效利用，扬长避短，更好地发挥个人潜力。

（4）报告展示了个体的性格偏好和做事的动力状况，而不是知识、经验、技巧。

（5）MBTI及动力理论已有近50年历史、上万例的研究报道，并有正在进行的权威研究支持这些理论的应用。

（6）动力人格的人群模型为20个省市企业中高层管理人员。

3. 动力结果

图11-1所示为个体的动力人群指数，即个体在人群中的相对位置。例如，个体影响愿望的人群指数是13%，则表示个体比13%的人影响愿望要高。

4. 人格结果

图11-2中的数字是个体的人格人群指数，人群指数的数值范围为1%～100%。人格人群指数是一个统计术语，用于表明个体在人群中的占位，即与他人相比个体的相对位置。人格

人群指数越接近 100，越符合相应维度“上方”的人格特点；越接近 0，越符合“下方”的人格特点。以“内向外向”维度为例，越接近 100，越外向，越接近 0，越内向。人群分析结果显示各维度中两种特点的人数并非各占一半，具体如下：

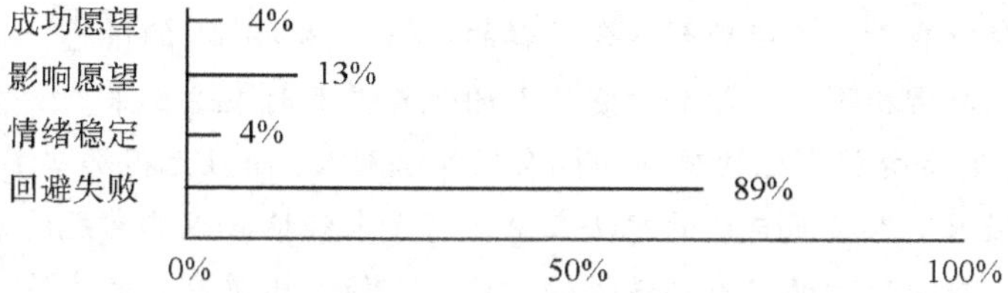

图 11-1　动力人群指数

外向型人的比例占 65%，内向型人的比例占 35%；

感觉型人的比例占 64%，直觉型人的比例占 36%；

思考型人的比例占 72%，情感型人的比例占 28%；

判断型人的比例占 68%，知觉型人的比例占 32%。

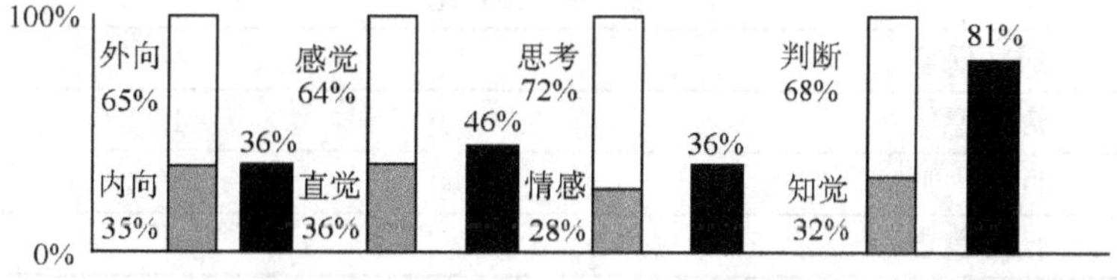

图 11-2　人格人群指数

从图 11-2 中可以得出，个体的人格结果是：内向、感觉、思考、判断（ISTJ）——“从容不迫地做好自己的工作”。

（1）基本描述。个体是一个认真而严谨的人，勤奋而负有责任感，认准的事情很少会改变或气馁，做事深思熟虑，信守承诺并值得信赖。

依靠理智的思考来做决定，总是采取客观、合乎逻辑的步骤，不会感情用事，甚至在遇到危机时都能够表现得很平静。

谨慎而传统，重视稳定性、合理性；天生独立，需要把大量的精力倾注到工作中，并希望其他人也是如此，善于聆听并喜欢将事情清晰而有条理地安排好。

喜欢先充分收集各种信息，然后根据信息去综合考虑实际的解决方法，而不是运用理论去解决。对细节非常敏感，有很实际的判断力，决定时能够运用准确的证据和过去的经验来支持自己的观点，并且非常系统有条不紊，对那些不这样做的人很有耐心。

（2）可能的盲点。非常固执，一旦决定的事情，会对其他的观点置之不理，并经常沉浸于具体的细节和日常的操作中。

看问题有很强的批判性，通常持怀疑态度，需要时常换位思考，更广泛地收集信息，并理智地评估自己的行为带来的可能后果。

非常独立，我行我素，不能理解不合逻辑的事情，忽视他人的情感，并对与自己风格不同的人不能理解，非常挑剔；要学会欣赏他人的优点并及时表达出来。

非常有主见，时常会将自己的观点和标准强加给别人，而且无视那些不自信的人的建议。在处理问题时，强求别人按照自己的想法来做，对于未经检验或非常规的方法不加考虑。若能在以后多尝试和接受新颖的、有创造性的方法，就能做出更有效的决策。

5．动力分析

动力是指人们深层次的内在驱动力，直接影响到人的决策、行事、自信与毅力等各个方面，也是影响一个人绩效的深层因素。不同的动力，反映出个体在工作中不同的特点、不同的行为特点，以及对组织不同的态度。表11-1是测评出的动力结果。

表11-1　动力结果评价表

动力结果（百分比）	
成功愿望	4
影响愿望	13
回避失败	89
情绪稳定	4

具有审慎、缄默、温和和无争的特点。影响和控制愿望不高，通常不过多地发表个人的看法和见解，干事踏实，勤恳，谨慎小心，工作没有过高的要求；为人比较温和。

在工作中，有一定的执行倾向，通常能够在团体中发挥一定的作用，对上级指示和要求，一般能够组织下属开展工作，通常不会采取强制性的组织和管理措施。能够与上下级和谐相处，但要尽量避免协调复杂的人际关系。对自己的工作任务负责、认真，但没有过高的要求，不求有功，但求无过。对矛盾、冲突、困难和挫折非常敏感，易受无关因素影响，往往采取回避的态度。

6．工作中的优势

对于不同的人格类型和不同的动力等级而言，没有“好”与“坏”之分，每一个人都是一个独一无二的个体，都有其特别的优势和劣势，但问题的关键在于如何认识这些优势和劣势。我们对成功的建议是：“取己之长，补己之短。”学会了这一点将会影响到个体的成败及其对工作的喜好。

在工作中的优势：

（1）办事精确，希望第一次就能把工作做好。

（2）乐意遵循确定的日常安排和传统的方针政策，是组织忠诚的维护者和支持者。

（3）每次都能十分专注地把注意力集中在一个项目或任务上。

（4）特别能够专心细致的工作，可以不需要别人的合作独立工作。

（5）灵敏的组织能力。

（6）一丝不苟、认真专注地对待具体问题、事实和细节。

（7）相信传统模式的可取之处，并且能够遵循传统模式。

（8）非常强的责任意识：别人可以信任你能实现自己的诺言。

（9）明白清晰的工作伦理：认为高效率和多成果是很重要的。

（10）可以依靠，能够将工作自始至终贯彻到底，对实现目标有毅力和决心。

（11）通情达理、视角现实。

7．工作中的劣势

下面列出了个体在工作中可能存在的缺点，这些缺点有的比较明显，有的并不明显或没有意识到，目的是为了让个体"注意"到它们，并考虑产生的原因。缺点有些是天生的，而有些是长时间形成的，因此，个体不可能在一两天内改变，而要去思考，其实知道存在的问题就是改变提高中很重要的一步，就会发现你正在慢慢发生变化。

在工作中的劣势：

（1）不愿意尝试、接受新的和未经考验的观点和想法。

（2）对变化感到不安，可能会有些僵硬、死板；排斥革新。

（3）对需要很长时间才能完成的任务缺乏耐心。

（4）有时会由于近期目标而忽略长远需要。

（5）办事死板，必要的时候难以或不愿适应新境况。

（6）难以看到问题的整体以及行为的长远影响。

（7）对于方针或决定将会对别人造成什么样的影响缺乏敏感。

（8）需要的时候不愿意改变努力的方向或调整投入的多少。

（9）不愿意促成必要的改变，不愿意支持有风险的行为。

（10）见到实际应用后的结果才肯接受新观点。

（11）不能理解与他们自己的要求不同的要求。

（12）对自己及自己对组织的贡献估计过低。

（13）不愿影响或引导他人，喜欢亲自动手；组织归属感较弱。

（14）所带领的团队规范化程度容易不高，效率不高。

（15）当遇到加大困难和不确定任务情景时，采取回避态度。

（16）考虑问题瞻前顾后犹豫不决，决断的魄力不足，有较大的压力感受。

（17）不自信，对事情的结果过分在意。

（18）心态平和，对自己要求不高；做事的主动性较弱，不愿主动承担责任。

（19）为人敏感，易受无关因素影响，较为情绪化。

（20）自我控制能力较差，有时会表现为冲动，任性。

（21）做事过于固执，不灵活不易变通

8. 适合的岗位特质

研究发现：职业满足会使个体的工作主动性更强，积极性更高，更愿意去工作。以下不是简单地告诉个体什么样的工作适合个体，而是细化地帮个体分析工作中的哪些特质对个体重要，并需要从中选出个体认为最重要的，因为不同经历的人对特质的重要程度要求是不同的。每个岗位的工作内容都在随企业的发展而发展，不是一成不变的，有时候岗位的发展方向需要自己去争取。所以找到适合的工作不如找到适合自己发展的岗位更直接。这些特质可以帮助个体明确如何主动地发展或争取个体岗位中的那些特质。

下面的条目从各个侧面验证个体怎样才能感受到真正的职业满足。看完这些条目之后，我们建议个体根据它们对自己的重要程序进行排序。排序的时候，回想一下过去的学习、工作经历，以及当前的学习环境和工作感受，并思考："哪些令自己感到特别满意，哪些令自己极其不高兴。"试着寻找贯穿这些经历的主题。

岗位特质：

（1）工作环境稳定，不需要太多的冒险和变动，最好依照经验和规律解决事情。

（2）有较多的独立工作时间，可以专心完成整个项目或任务。

（3）较多使用事实、细节和运用实际经验的技术性工作，能够充分发挥自己精细、准确、逻辑性强的才能。

（4）工作对象是具体的产品或服务，工作成果要有形并且可以衡量。

（5）要有明确的工作目标和清晰的组织结构层次。

（6）逐渐增加工作中的责任，承担更多的任务，尽可能少地安排社会活动。

（7）工作有足够的准备和实施时间，在交付成果之前能够进行自我成就评估。

9. 职业类型

下面内容通过将个体的测试结果与具体工作相匹配，使个体能更深入理解自己的特质，从而拓宽择业视角，绝非限制个体的工作选择面。工作名称的列举不是要告诉个体"你仅仅适合这些工作"，而是期望在面对新工作机会时，能独立地对工作进行分析，确定自己的特质与工作的吻合程度。

适合的职业：

（1）大多数具有和个体一样特点的人在传统的商业领域工作，讲求效率、促进稳定在管理一个体系和保持事务正常运转方面表现得非常突出。

例如，审计师、会计、质检员、文字信息处理专家、后勤/供应人员、信息顾问、精算师、统计员、作家、代理商、建筑检查/监理和保险调查员等。

（2）文职类工作较为吸引自己，这样的环境细致、有条理，可以做维护服务工作，或保护人们的工作成果和社会秩序。

例如，警官/侦探、军官、园艺人员、消防人员、政府职员和飞机驾驶员等。

（3）对于数据和事务细节非常细心、有耐心，能够快速、有效、独立地工作，处理大量数据和信息。

例如，证券/股票分析人员、预算分析家、成本/房地产评估者和图书管理员等。

（4）特别善于发现事务细节方面出现的问题，所以对那些技术、设计、生产精确度要求非常高的工作很感兴趣。

例如，法律研究者、地质/气象学家、技术人员、技工/电工、网络编辑、系统分析员、外科医生、牙医、兽医和护理人员等。

10. 个人发展建议

现在对自己的人格类型和动力已经有了一个比较清楚的了解，但这还不够。“如何通过这些信息使自己在这份工作上取得更大的成功”是关键所在。

11. 成功的秘诀

（1）要开放态度，敢于尝试探索新的可能性。

（2）考虑问题更全面周到，更多考虑人的因素。

（3）增强做事的灵活性，学会变通地看待和接受新事物。

12. 发展建议

（1）避免墨守成规，需要尝试新的东西。

（2）需要考虑人的因素。

（3）除了眼前的现实资源，需要关注事情的整体和发展。

（4）对那些与自己观点不同的人保持足够的耐心和虚心。

（5）增强对组织的归属感。

（6）尽量理智客观地对待事情的结果。

（7）增强做事的主动性，并注意不要在竞争激烈的环境中工作。

（8）学会调节和控制自己的情绪，目前不要从事压力较大的工作。

（9）增强做事的计划性和条理性，以及持续推进工作的韧性。

13. 动力——人格测评能带给自己什么

（1）更好地理解自己——类型、动力能帮助自己明确行为的责任和意义。

（2）理解他人——动力、人格的知识使自己明白每个人是不同的，这种不同使世界更多样，而不是让自己苦恼或限制自己。

（3）拓宽思路——用动力—人格的理论去看待自己或他人将会帮助自己认识到其他观点的合理性，避免固执地坚持自己，或者认为某种做法要么是正确的，要么是错误的。

案例分析：在不同企业文化中，即使同样的职业，也会有大相径庭的工作内容。除了工作名称之外，我们更应该深入关注工作的具体内容及相应的企业文化。

当今时代，经济飞速发展，新型工作不断涌现，上面罗列的职业肯定不是所有适合个体工作的综合，但却能向个体展示此前很少考虑的工作可能性。需要发掘这些不同工作种类背后的东西——与自己性格、动力特点相匹配的部分。

如果读完了所有的描述，个人认为对自己的描述并不正确，可以回想一下自己的答题状态，是否有意或无意地回避了自己本来的样子。需要说明的是，正如一家管理公司的人士所说，网上人员素质与能力测评，是人力咨询的新方式，值得鼓励。但同时要注意，任何规范化的测评模式，从统计规律上讲只有60%左右的准确度。因个人具体情况不同，职业测评应仅作为职场人士的参考，不要被其“牵着鼻子”走。如果对自己的职业素质测评还有什么疑问，就应该向专业测评咨询师请求帮助。

（资料来源：人才职业网——案例剖析）

案例思考题

1. 阅读案例中每个维度，看一看是否适合自己。
2. 观察你自己，并询问周围的朋友、同事，了解他们如何看待你。

调查研讨题

1. 了解你所熟悉的企业或其他单位有没有利用网络对职工进行素质与能力测评的，效果如何。
2. 到网上寻找一些人力资源测评网站，了解它们是如何运作的。

第12章

评价中心技术

学习目标

- 了解中国人才评估机构的分类。
- 掌握评价中心的概念、指标、测评过程和测评设计要点。
- 熟悉评价中心特点。

学习导航

12.1　评价中心概述
12.1.1　评价中心的概念和特点
12.1.2　评价中心的评价指标

↓

12.2　评价中心的基本要素
12.2.1　时间
12.2.2　主试者
12.2.3　内容

↓

12.3　评价中心的设计与实施过程
12.3.1　情景设计的要点
12.3.2　评价中心的实施
12.3.3　中国人才评估机构分类

12.1 评价中心概述

引导案例 12-1

某电器公司选拔副总经理

某电器公司是一家生产家用电器的专业化公司，在家用电器行业小有名气。由于业务不断发展壮大，需要从下面分厂挑选一位厂长来担任公司副总经理。各方面的意见最后集中到了陈厂长和李厂长两人身上，下面是这两位的个人资料。

陈厂长：男，39岁，大学电子专业本科。善言谈，好交际，活动能力强；注重技术人才的引进，重视产品营销，在全国几十个省市建立了三百多个经销点，每年的广告费也有几十万元。但陈厂长有缺点，骄傲自满，自以为是，常常盛气凌人，有时性情急躁，甚至暴跳如雷，经常顶撞公司领导，与其他兄弟厂和本厂几位副厂长关系也不融洽。

李厂长：男，40岁，大学企业管理专科。性格内向，沉稳，对事情总要三思而后行；注重产品质量，重视本厂人才的培养，善于做员工思想工作，各方面关系都很好。但李厂长缺乏开拓精神，求稳怕变，工作无大起色，按分厂的基础和实力，效益不应该比陈厂长的分厂差。

陈厂长和李厂长谁更合适，公司领导一时也难以取舍，最后请了一家国内著名管理咨询公司来帮忙，咨询公司经过考察，决定使用一套评价中心技术。

评价中心的实施方略：

1. 适当的练习次序

开始时咨询公司的评价者（2～3人）和陈厂长、李厂长就某一事项进行无指定角色的群体讨论，使大家获得大体了解。另外，咨询公司的评价者就此次评价拿出具有实用性、可行性的练习方案。

2. 舒适的测评环境

将公司的一个小型会议室经过精心布置作为评价中心场所，并尽可能避免意外的电话和工作方面的干扰。

在检查有关设备，制定相关紧急程序以防止意外情况的发生后，练习正式开始。

（1）简单说明纪要。在练习之前再给评价者们一次简单指令，其主要内容是对评价者的培训要点，包括时间表、基本设施、评价者——被评价者——练习矩阵，说明他们将要观察谁的信息，以及评价者指导手册等。

首先，给被评价者基本的简要练习信息，包括练习的性质、评价者的角色，对他们的期望；其次，告诉被评价者观察和记录的方法；最后要再次询问被评价者是否有不明白的地方。

（2）管理练习实施。在进行管理练习的过程中，组织者和管理者的角色仅仅是监督作用。如不允许被评价者相互讨论开始前的简要指令，在练习过程中则作为辅助工作者参加到评价工作中去。其主要负责以下事务：宣布时间进程，如“大家已经讨论 30 分钟了”，对某一工作事项说明规则，答复评价中心技术的有关问题，如评价者问时间上到了什么程序。除了以上基本要求外，对于某些特殊的练习还有需要注意的地方，如指令的解释，时间控制等。

（3）练习质量控制。由于评价者有不同的职业背景，他们的经验多少、时间投入、能力大小等都存在很大差别。在应用评价中心技术过程中，组织者要进行帮助，使练习顺利进行，如做好练习间的衔接工作，给评价者提供服务等。对于被评价者，监督他们完成评价者表格情况，在练习结束后，向被评价者说明多长时间后才会有反馈，并向被评估人员表示感谢。

（4）评价者讨论。完成了对所有被评估者的评估后，评价者开始集中在一起进行讨论，来决定评价的最终结果。在这一过程中组织者更要加强控制，以确保结论的可靠性。如要求给每个被评价者讨论的时间相同，在评价过程中做好笔记，分配好评价者报告的写作等，总之，在这一过程中，组织者要帮助评价者相互沟通，澄清问题，消除个人观点的负面影响。另外，很重要的一点是恰当处理好评价者之间的争论。

对陈、李两位厂长的评价除了遵守以上四大规则外，更要注意细节的控制，防止因某一环节的细小疏忽，使某一落选者日后有申诉的理由。例如，在评价者讨论的过程中，两者有可能出现争论（从陈、李两位厂长性格看争论在所难免），如果解决不当定会为以后危机埋下种子。因而对细节的控制要细之又细，以保证评价中心的成功。

3．评价中心报告的书写

评价中心的报告是实施评价中心的目的，一份详细的报告是必不可少的。报告的作者为参与评价中心实施的评价者，他们对被评价者的行为观察得很仔细，同时在反馈时也会更有效。评价者书写有以下内容。

个人基本情况：描述个体在各个标准上的表现，每个标准半页到一页，说明总体表现。

个体练习表现：分别说明个体在群体练习，一对一练习，独立工作情景中是如何表现的，或与他人是怎样互动的。

优缺点总结：说明被评价者的强项和需要改进之处。

发展和行动计划：根据工作特点，提出关键发展计划和可行性行动计划。

报告书写阶段已经没有了陈、李两位厂长的事项，完全由咨询公司评价者负责，此阶段机电公司领导大力支持，经常与咨询公司评价负责人保持紧密联系。而评价者此时要与被评价者保持一定距离，更不要把评价结果告诉他们，也不能直言他们的缺点，应该待全部报告完成后，直接送给机电公司的领导。

通过严格的测评实施终于为该公司选出了合适的副总经理，这家电器公司也从此跨入了发展的快车道。

（资料来源：中国人力资源网——典型案例）

12.1.1 评价中心的概念和特点

1. 评价中心的概念

评价中心（Assessment Center，AC）是将各种不同的素质测评方法相互结合在一起的一种新型人员素质与能力测评技术。它通过设计一种逼真的模拟管理系统或工作场景，将被测者纳入该环境系统中，使其完成系统环境下对应的各种工作，如处理公文、主持会议、进行决策等。

2. 评价中心的特点

（1）情景模拟性。完全模拟现实中的经营、管理情景，对实际操作有高度仿真性。这些情景模拟包括市场问题分析报告，发表口头演说，处理一些公文与信件，处理用户产品质量投诉问题等。它如实地模拟特定的工作条件和环境，并在特定的工作情景和压力下实施测评。测得的结果不仅有一般的心理素质，而且有管理人员解决问题所需的实际的素质与能力。

（2）综合性。评价中心综合运用了笔试、面试、公文处理、无领导小组讨论、管理游戏、角色扮演和心理测验等测评技术，并取长补短，互相补充。使评价中心测评的信度与效度大大提高。

（3）全面性。评价中心的测验材料涉及市场、人事、客户、财务、公共关系、政策法规及考察计划、授权、预测、决策和沟通等方面的能力，从而能够对高层管理者进行全面的评价。它在测评内容上，不仅能够很好地测评被测者的实际工作能力，而且还可以测评出被测者其他方面的各种素质与能力。

（4）整体的互动性。评价中心的测评大多数是在群体互动之中进行的，对于每项素质的测评，不是进行抽象的分析，而是将测评对象置于动态的观察之中，通过不断地对被测者发出该环境下各种发生变化的信息，要求其在一定的时间内和一定的情景压力下做出决策，在动态的环境中充分展示自己的能力。

（5）预测性。评价中心主要是对管理人员进行管理能力与绩效评估，因此，它的测评内容主要是管理人员的管理素质与潜能。它通过模拟更高层次的工作环境，从而为尚未进入这一层次的人员提供了一个发挥其才能与潜力的机会，为将来选拔和使用人才提供最重要的参考依据。实践证明，评价中心的预测结果与事实的吻合程度远远高于其他测评方法。

评价中心的最大特点是注重情景模拟，在一次评价中心中包含多个情景模拟测验，可以说评价中心既源于情景模拟，但又不同于简单情景模拟，是多种测评方法的有机结合。评价中心具有较高的信度和效度，得出的结论质量较高，但与其他测评方法比较，评价中心需投入很大的人力、物力，且时间较长，操作难度大，对测试者的要求很高。

12.1.2　评价中心的评价指标

评价中心的评价指标要针对不同的职位，制定不同的评价维度标准。

对一个高层管理人员的评价，主要有如表 12-1 所示的一些参考指标。

表 12-1　高层管理人员的评价指标一览表

指　　标	指标说明
系统性	能从全局整体出发考虑问题，对事物的轻重缓急有很好的知觉，能统摄全局
独立性	在各种事物面前能够不依赖于外界，有自己独立的判断，并且能独立地处理事务
决策能力	善于从已有的信息中得出结论，得出充分的、深思熟虑的判断
风险精神	敢于迎接挑战，对自己有足够的自信，有勇气去面对变化和风险
处理冲突的能力	当团体中出现不同意见和看法时，能够从矛盾中寻找到一致性，并能巧妙地化解矛盾
民主性	在做出决策前，能主动听取来自下属和其他各方面的意见，广泛收集来自不同方面的信息
说服能力	用具有说服力的证据清晰地阐述自己的观点，力求让别人接受，以便达成共识

12.2 评价中心的基本要素

引导案例 12-2

高层管理人员的评估案例

评价中心是近几十年来西方企业中流行的一种选拔和评估管理人员，尤其是中高层管理人员的人事测评方法。

现代人员素质测评理论认为，人的待业和工作绩效都是在一定的环境下产生和形成的。对人的行为、能力等素质特征的观察和评价，不能脱离一定的环境，所以要想准确地测评一个人的素质，应将其纳入一定的环境系统中，观察分析评定被试者在该环境下的行为表现以及工作绩效，从而考察被试者的全面素质。

1. 项目背景

××公司是国内某知名制造企业，随着业务的迅速发展，该企业于 2002 年收购了一家外地公司。收购行动主要由企业原财务总监 Y 先生负责，Y 先生具有很强的财务知识和谈判能力，办事雷厉风行，为该企业的收购成功立下汗马功劳。收购完成后，Y 先生在当地主持分公司的全面工作。与收购过程中卓有成效的工作相比，Y 先生在总经理职位上的表现不太令公司总部满意。是继续留任 Y 先生，还是从公布现有高层管理人员中选拔合适人选来解除 Y 先生的职务，总部高层需要仔细斟酌。为此，公司总部希望邀请专业的评估机构对 Y 先生和几位总部高管人员进行评估，以提供人事决策的科学依据。

2. 人才评估解决方案

咨询公司接受该项目后，首先通过高层访谈和初步诊断，力求准确把握该企业的经营战略、企业文化以及对高层管理人员的要求。进而，利用现有的能力素质模型库，结合该企业的行业特点和实际运作，为该企业提供了具有针对性的高层管理人员能力模型，包括全局观念、计划能力、沟通技巧以及培养和辅导能力等八大能力。该模型是评估的基础和标准，同时也是高层管理人员未来能力发展的重要指引。

然后，咨询公司派出由心理学博士和资深顾问领导的评估小组，运用专业化的评价中心，对每一位被测人员进行全方位的能力评估。采用的综合性评价方法包括：

（1）个人历史资料问卷——了解被测人员过去的工作经历、职业目标和兴趣等重要信息；

（2）认知能力测验——评估分析和推理、洞察和想象、开放性思维和战略性思维能力；

（3）个性测验——评估个性和行为风格，预测职业生涯发展；

（4）结构化行为面谈——通过收集与行为相关的信息，重点评估企业视为重要的领导能力；

（5）战略角色模拟——评估战略思考、计划和执行能力；

（6）下级辅导角色模拟——评估候选人激励和辅导下属的能力以及沟通能力；

（7）自我评估。

经过一系列科学、多角度和深入的观察和评估，咨询公司对各种原始的信息和判断进行去伪存真式的提炼和加工，最后向公司总部提交了针对每一位受评人的书面评估报告，综合分析该受评人的强项和弱点，提出相应的能力发展建议，并提供中立的推荐意见。

对于前面提到的 Y 先生，最后的评价是：具有一定的全局观念和战略性思考能力，有丰富的管理经验，分析判断和计划能力较强，能够较好地贯彻和执行公司的目标和战略。但是，Y 先生缺乏亲和力，没有能够在分公司的主要骨干中形成强有力的领导团队，在人际沟通中开放性不够，尤其是与总部和上级的沟通中不能及时反映情况和自己的想法，未能获得总部的高度信任。

通过评估，我们发现在总部现有高管人员中的 Q 先生，具有以下特点：能与上司保持畅通的沟通渠道，战略思维能力强，有较强的客户服务意识，善于通过授权来培养下属的能力和激励员工的积极性，在团队中有很强的亲和力。Q 先生的这些特点刚好符合公司高层对分公司总经理人选的要求：要有良好的人际关系协调能力；推广企业文化；要能建立起好的管理团队；要能处理好双重领导的结构关系等。通过数位候选人中的综合分析和比较，我们最后推荐 Q 先生担任分公司总经理一职，而建议将 Y 先生调任总部重新担任财务总监一职。

3．评估的效果

公司高层认为这次评估的结果比较科学和客观，该次评估报告在帮助公司高层做出重大人事调整决策的过程中起到了很好的参谋作用。该公司总经理最终作了如下评价："这次人才评估在相当程度上帮助了公司做出正确的人事决策，同时更重要的是帮助改进了高管人员的管理工作、高层领导班子建设工作。这是很重要的。"

（资料来源：人力资源总监网）

12.2.1　时间

评价中心实际测评所需要的时间随测评对象和内容的多少而变化。评价基层管理人员通常只需要一天时间，对中高级管理者的评价则需要 2～3 天。当评价与培训行动相结合时，有时需要 5～6 天。

这里需要说明的是，这些时间并不包括前期的准备工作，如挑选培训主试者，进行工作分析，确定评价内容，设计、挑选、组合案例，确定测评日程和安排等所花费的时间，也不包括测评过程结束后主试者对被测者素质的评价、讨论和完成测评报告的时间。

12.2.2 主试者

许多组织的评价中心的主试者是由组织内部的上层管理人员和人事部门的管理人员，或专业的测评专家组成。

上层管理人员为主试者的好处在于：一是他们对需要测评的内容和工作所需能力及素质要求非常熟悉，因此，由他们来判断被测者是否能胜任工作是比较合适的；二是上层管理人员参与评价中心的测评活动有助于被测者较好地接受测评结果；三是上层管理人员参与评价中心的测评活动有利于他们发现自身的不足，促使自身素质的提高。

通常情况下，评价中心要使用 4 ~ 6 种测评方式来进行测评。实施过程需要 2 ~ 3 天来完成。一般情况下，评价中心一次测评 6 ~ 12 人，由 6 名主试者进行操作。

测试方式和程序可以包括面谈、心理测验，但主要是完成模拟的工作任务。形式有公文处理、无领导小组讨论、管理游戏和案例分析等。

主试者各自对被测者在测评中的表现进行评定，并将测评意见写成书面报告，然后主试者聚在一起比较，讨论评价结果，直到对每一项测评内容的评分都达到一致后，形成最终的测评报告，对被测者工作能力和发展潜力等做出结论。

12.2.3 内容

评价中心的内容一般包括情况介绍、面试、管理游戏、案例分析讨论、角色扮演、公文筐测验、无领导小组讨论和综合评价等。

（1）情况介绍。首先简要介绍一下测评的程序和安排，说明测评中的注意事项和要求，为正式开展测评作准备。

（2）面试。由主试者通过与被测者相互交谈、问答，观察、评价被测者的言谈举止、气质风度等外部行为特征和表达能力、应变能力、自信心和控制力等智能要素，以及工作动机、工作和学习经历，个性与追求等内容，对被测者进行初步评价。

（3）管理游戏。管理游戏是指将若干被测者组建成“管理团队”，应用情景测验的方法进行素质与能力测评的测评技术。如将被测者按 4 人一组分几个小组，形成若干个公司董事会，给各董事一些关于市场状况和本公司下属各单位情况的资料，要求他们研究确定进行内部结构调整优化的目标，并做好调整的计划与组织工作。之后，与其他公司董事会进行谈判，转让影响公司发展的问题部门，买进本公司需要的企业或单位，或者是控股权，完成调整任务，以组建结构合理、有发展潜力的新的公司。

（4）案例分析讨论。“解决管理问题”。主试者给 4 人小组提供 4 个不同类型的案例，分别考察管理人员的不同方面的能力，如决策、计划、组织、控制、激励与创新等能力。要求他们作为企业的高级管理人员或管理顾问，在 1 小时内，通过分析、讨论，解决案例中所提出的问题，并形成一致意见，提交书面建议。

（5）角色扮演。角色扮演，是指让被测者模拟在应聘岗位上执行职责的一种情景测验方法。如被测者被告知自己刚刚被任命为部门经理，接替突然因故离职的原经理。新经理收到一份简要的情况介绍，是关于近期前任经理拒绝继续给一项研究项目提供资金的说明，然而，这项研究的技术负责人一直要求部门经理改变这个决定，继续提供资金支持以完成该项目研究。被测者有 15 分钟的时间提问，可以深入了解有关这件事情的各种信息，帮助自己发现问题、分析问题。在此之后的一段时间，被测者不但要做出具体决策，还要说明理由和根据，并回答主试者提出的各种有关问题。

（6）公文筐测验。要求被测者模拟某公司一个部门经理处理各种报告、信函、备忘录、申请书、电话记录等公文。被测者要浏览所有文件，分清工作的重要性和紧迫性，依次处理：或报上级主管，或自行处理，或授权下级处理。同时做好计划、组织、监督工作。主试者在观察了公文的处理过程，审阅了被测者的处理办法和处理意见后，同被测者进行 1 小时的面谈，详细了解其在处理每一件公文时的想法和理由，以获得更多的信息。

（7）无领导小组讨论。某公司董事会决定每月拿出 10 000 元钱给公司内 5 个管理人员加薪。被测者分别模拟公司各个部门，如生产部门、销售部门、财务部门、人事部门、经理办公室等部门的主管，组成薪金委员会，评选出 5 名职员。要求各部门主管尽最大努力为本部门的员工争取到这个奖励基金。

（8）综合评价。各主试者集中在一起，研究讨论各自对每一名被测者的测评结果，形成一致意见后，写出书面报告，对被测者的各方面素质和发展潜力进行综合评价。

12.3 评价中心的设计与实施过程

引导案例 12-3

某公司评价中心的实施要点

每年加薪前，管理人员与员工最不想却不得不面对的是工作评估。有的主管会以个人的偏见做准则，结果出现不少怨言，直接影响工作士气；有的只马虎了事，对公司对下属皆无好处。

如 F 先生是财务部经理，有 10 位同事协助他。在日常工作中，虽然他不满下属的工作表现，但他不但没有告诉他们，而且也没有给予他们任何改善建议，只表现出一脸不悦，期望下属明白他的意思。

事实上，作为主管，F 先生害怕和下属直接谈论评价报告，他觉得指出下属缺点，会令双方窘迫，所以很多时候他只给予中间评分，便交差了事。

F 先生和他的下属都认为，表现评估是没有用处和吃力不讨好的苦差。他觉得被评估的员工可能会生气，而员工觉得表现评估只不过是用来管束他们的工具。

除此之外，很多时候 F 先生只会留意员工的近期表现，往往忽视以前及整体的工作表现。因此下属即使工作表现不理想，他也未能及早改善，因而影响到整个部门的运作。

为免评估出现偏差或不公平，公司设计了一套评核准则，若出现不肯定的情况，管理人员可参考其他资料，例如，向其他同事查询或听取多方面的意见。还有一个全方位的评估方法（或称为 360 度评估方法），由上司、同事及下属以不同的角度对当事人做出中肯的评价。

同时，公司设计一套自测题来测试管理者的能力。

公司还建议：确定评估员工工作表前，可利用一些技巧引导员工讨论，例如，先由他自己检讨过往一年的表现，然后赞赏他表现良好的地方。对于表现不甚理想的项目，可要求员工向其解释原因。

主管的工作，不单是指出问题所在，还应包括指导员工如何解决问题和加以改善。主管必须具有这种能力，才会受到员工尊重和爱戴。此外，向员工清楚解释工作标准和考核标准，还可以帮助员工明白身份和接受考核的公正性。

（资料来源：中国人力资源网——典型案例）

12.3.1　情景设计的要点

（1）相似性。相似性是要求所设计的情景要与拟聘职位的工作实际具有相似性。具体表现在素质、内容与条件三个方面的相似上。素质相似是指情景模拟中所测的素质要与实际工作中经常需要的工作素质相一致。内容相似是指情景模拟中被测者所要完成的活动与实际工作的内容一致。条件相似是指情景模拟中被测者所拥有的工作条件与实际工作中人们所拥有的工作条件相一致。如调研模拟，只给被测者一个调研任务，而对于调研途径、方法及调研对象不予给定，这与实际工作中调研情形是一致的，使被测者有一种现实感。

（2）典型性。典型性一是指所模拟的情景是考生未来任职中最主要、最关键的内容，而不是那些次要的、偶然发生的事情。二是所设计情景，不是原原本本从实际工作中节选一段，而是把实际工作情形归纳、概括、集中在一起，使本来不同时间、不同情形下发生的事情集中在一起出现。

（3）逼真性。逼真性是指所设计的情景，在环境布置、气氛渲染与评价要求等方面都必须与实际工作环境相仿，否则情景模拟就失去了它的测评价值。当然，所设计的情景是根据一定工作原型与生活规律经过加工创造的“情景”。它们与真实还是有一段距离的，只能是一种相对的“真实”，而非绝对的真实，是现实的写照。

（4）突出主题。虽然所模拟的情景一般包括多种活动，以测评被测者的多种素质与能力，但这并非等于说所有这些活动主次不分，杂乱无章，整个情景设计应该使考生的行为活动围绕一根“主线”进行，突出表现所要测评的主要素质与能力，不要让一些不相干或相干不大的细节浪费了宝贵的测评时间。

（5）立意高、难度适当。即要求所设计的情景立意要从大处着眼，从素质与能力的宏观结构与深层次内涵出发，使整体情景模拟的每一步都有根有据，可以考察较复杂的素质与能力结构。

留给被测者问题的入口要具体一些，使被测者可以从小处着手，不会感到漫无边际无从下手，所提问题要有一定的弹性，水平高的被测者可以深挖，水平低的被测者可以浅挖。

12.3.2　评价中心的实施

1．测评过程简介

通常情况下，评价中心要使用 4 ~ 6 种测评方法和练习来进行测评。实施过程需要 2 ~ 3 天完成。主试者由组织内部经验丰富的上级主管和经过专门训练的专家组成。下面介绍一个比较典型的评价中心的测评日程及内容。

（1）第一天。

1）情况介绍。简要介绍测评的程序和安排，说明测评中的注意事项和要求，为正式开展测评作准备。

2）面试。由主试者通过与被试者的交谈、问答、观察，评价被试者的言谈、举止、气质、风度等外部行为特征和表达能力、应变能力、自信心和控制力等智能要素以及工作动机、工作和学习经历、个性与追求等内容，对被试者进行初步评价。

3）管理游戏。游戏的题目是“组建新的集团公司”。将被试者按 4 人一组分成几个小组，形成若干个公司董事会，给各董事会一些关于市场状况和本公司下属各单位情况的资料，要求他们研究确定进行内部结构调整优化的目标，并做好计划与组织工作。与其他公司董事会进行谈判，转让影响公司发展的部门，买进本公司需用的企业或单位（或者是控股权），完成调整任务，组建一个结构合理、有发展潜力的新的集团公司。

4）案例分析讨论。讨论的题目是“管理问题”。主试者给 4 人小组提供 4 个不同类型的小型案例，分别考察被试者不同方面的能力，如决策、计划、组织、控制、激励、创新等能力。要求他们作为企业的高级管理顾问，在 1 小时内分析、讨论、解决案例中所提出的问题，形成一致意见，并提交书面建议。

5）角色扮演。主题为“研究预算”。被试者被告知自己刚刚被任命为部门经理，接替突然因故离职的原经理。新任经理收到一份简要的情况介绍，内容是最近其前任拒绝继续给一项研究提供资金的说明，然而项目负责人一直要求经理改变这个决定，继续提供资金以便顺利完成该项研究课题。被试者有 15 分钟的时间进行提问，可以深入了解有关这件事情的各种信息，以便发现和分析问题。在此之后的一段时间内，被试者不但要作出具体决策，还要口头说明自己发现问题、分析问题的过程及决策的理由和根据，并回答主试者提出的各种有关问题。

（2）第二天。

1）公文处理。要求被试者模拟某公司的一个部门经理，处理各种信函、报告、备忘录、申请书、电话记录等公文。被试者要浏览所有文件，分清各种工作的重要性和紧迫程度，依次处理，并按照自己权限情况分别对待：或上报上级主管，或自行处理，或授权下级解决。同时，做好计划、组织、监控工作，使各种文件得到相应的处理。主试者在观察公文处理过程和审阅被试者的处理办法及处理意见后，同被试者进行 1 小时的面谈，详细了解其在处理每一件公文时的想法和理由，以获得更多的信息。

2）分角色小组讨论。讨论内容为薪金委员会如何为下属加薪。某公司董事会决定每月拿出 8 000 元钱非指定性地给公司内部 5 个中层管理人员加薪。被试者分别模拟公司各个部门（如生产部门、销售部门、财务部门、人事部门）的主管，组成薪金委员会，评选出 5 名加薪的中层管理人员。要求各部门主管尽最大努力为本部门的人员争取到这个奖励，并且在委员会中发挥作用，使委员会最合理、最有效地分配这项奖励基金。

3）无领导小组讨论。讨论内容为“财务问题”。被试者作为某食品公司的高级顾问，去帮助解决两个问题。其一，该公司一个分支机构由于财务混乱，出现资金流失问题；其二，根据该公司的财务状况和市场调查报告，是否应该扩大生产规模，怎样筹集扩大生产所需资金。主试者给出该公司的各种财务资料和其他有关信息，要求被试者提出解决问题的办法和方案，并分别在 8 分钟内口头说明，然后再将被试者分成小组进行讨论，最后形成统一的建议报告。

（3）第三天。各个测评项目的主试者集中在一起，研究、讨论每一名被试者的评价结果，对每一项测评内容的评价形成一致意见后，写出书面报告，对被试者各方面素质和发展潜力进行综合评价。

2. 利弊与改进

评价中心作为一种现代化的测评技术，具有以下优点：

（1）突破了传统测评方法的局限，开创了人才测评技术的新局面。早期的一些素质测评方法，如智力测验、个性测验等具有一定的效果和作用，而评价中心技术综合了管理学、心理学、社会学、行为科学和人类学等各门学科的最新研究成果，是对传统测评思想的重大改进。评价中心技术主要针对管理人员，注重现场研究和实践性，着重考察被试者解决实际问题的能力，并取得了很好效果，使素质测评技术有了新的发展。

（2）测评的效度以及测评带来的效益较高。评价中心的每一个情景测试都是从许多实际工作样板中挑选出来的经典，并经过技术处理，使许多与测评内容无关的因素得到有效控制。经过组合加工，还可以把不同时段和不同工作中的活动综合在一起，既提高了测评的全面性与准确性，又提高了测评的深度与难度。

许多研究表明，评价中心是一种很实用有效的测评选拔管理人才的方法。虽然评价中心的测评法对人财物和时间的花费稍高一些，但由于其测评效度较高，使人才选拔使用的准确性大大提高。人才的合理安排与使用给企业带来的效益是巨大的，远远高于测评过程所花费的费用。

（3）集测评与培训为一体，扩大了测评的功能和用途。一些传统的测评方法往往功能比较单一，而评价中心的测评过程既是一个素质测评过程，又是一个被试者在模拟工作中自我学习、自我提高的锻炼过程。通过信息反馈，主试者将测评结果以及不足之处的改进方向告知被试者，使其进一步了解自己，提高自己，将测评过程转入培训过程。

任何一种测评方法，都有其自身的优势与不足。目前评价中心存在以下不足：

（1）与其他素质测评方法比较，评价中心的测评费用较高。

（2）操作难度大，对主试者的要求很高，必须有相当的管理经验并受过专门训练。同时，测评需要的案例和材料需花费相当时间和精力。

（3）当模拟工作的内容与实际工作有误差时，测评中的能力表现与实际工作能力存在差距。

（4）测评的内容主要是管理技能和某些方面的心理素质，难以全面真实反映被试者的思想品德等内容。

经过数十年的实践和研究，一些专家也找到了进一步提高测评效度的途径和方法：

（1）根据需要测评的素质内容，选择合适的、有针对性的测评方法，并做好相应的题目设计。

（2）尽可能多地采用各种测评方法进行评价。

（3）挑选合适的主试者，并做好主试者的培训工作。

12.3.3 中国人才评估机构分类

经过 20 年的发展，特别是市场经济的确立，我国的人员素质与能力测评市场已经基本形成，人员素质与能力测评作为一个行业正在向产业化方向过渡。目前，在国内从事人员素质与能力测评的机构众多，通常可分为三大类，即政府测评机构、国际测评机构和民间测评机构。

1. 政府测评机构

我国由政府主办的测评机构主要有四大系统。一是以高考和自学考试为主要测评项目的教育考试系统，隶属于教育部；二是对劳动者和职业技能进行鉴定系统，由国家劳动与社会保障部管理；三是以党政领导干部和国有企业领导人选拔考核为主要测评项目的组织部门的测评系统；四是以专业技术资格（职称）考试和公务员录用考试为主的人事考试系统，由人事部管理。除此之外，还有一些部委设立的专门进行行业专业人员素质与能力测评的测评机构，如财政部考试中心、卫生部考试中心，等等。这些测评机构在设立之初都以自己传统的管辖范围为服务对象，但随着社会的发展，他们也在寻找新的测评市场。比如，随着计算机的普及，计算机知识与技能对于现代人才来说是必不可少的，教育、劳动和人事三大部门的测评机构就据此都开设了计算机水平测评项目。

2. 国际测评机构

世界最大的民间测评机构，美国教育测验服务中心很早就将英语考试（TOEFL、GRE 和 GMAT）输入到中国，成为中国人走向世界必须取得的通行证。步其后尘，英国剑桥大学考试委员会的商务英语和英国伦敦工商考试局的职业资格考试机构又紧急登陆中国。LCCIEB 是国际性的考试机构，它创办于 1890 年，在世界上约 90 个国家设有考试中心，所颁发的证书和文凭在这些国家和东南亚国家一直享有“求职通行证”的美称。此外，国外一些大型电脑公司在中国开办的技术等级测评项目也很受欢迎。如 Microsoft、CISCO、NOVELL、IBM、LOTUS 等国际著名的计算机大公司的专业授权证考试则成为专业人士的首选。

3. 民间测评机构

由于中国长期的计划经济和行政管理模式，一些大型的人员素质与能力测评项目都被政府的相关职能部门所垄断，而人员素质与能力测评业进入的待业壁垒（政策、技术、资金）

都比较高，因而我国民间测评机构发展得较为缓慢。目前主要是一些科研机构，其中最主要的是心理测评机构。而少数企业开办的测评机构仅限于企业内部服务。以企业为投资主体的专业性的、社会化的测评机构则寥寥无几。这些测评机构规模都很小，往往依赖自己的专有技术开展服务，缺乏产业化的能力与机会。

此外，管理咨询机构也结合它们的咨询活动进行了一些人员素质与能力测评活动。如由美国测验出版者协会（ATP）和人才资源开发集团推出的系列测评工具及服务项目等已经在中国的一些企业里得到应用。这些测评直接进入到企业内部，与企业咨询活动结合进行，这种兼有测评功能的中小型咨询机构将是今后企业人员素质与能力测评发展的重要力量。

本章重点概念

评价中心　管理游戏　角色扮演

自测题

一、判断题

1. 美国教育测验服务中心是世界最大的民间测评机构。(　　)
2. 评价中心的评价指标对于不同的职位，有相同的评价维度标准。(　　)
3. 评价中心的测评内容主要是管理人员的管理素质与潜能。(　　)
4. 在设计评价中心的测评形式时，留给被测者问题的入口要具体一些，使被测者可以从小处着手，不会感到漫无边际无从下手。(　　)
5. 劳动者和职业技能的鉴定系统，属于民间测评机构。(　　)

二、单选题

1. 通常情况下，评价中心要使用（　　）测评方式来进行测评。

A. 1～2 种　B. 2～4 种　C. 4～6 种　D. 5～7 种

2. 下列（　　）不属于评价中心的内容。

A. 笔试　B. 面试　C. 案例分析讨论　D. 公文筐测验

3. 将若干被测者组建成“管理团队”，应用情景测验的方法进行素质与能力测评的测评技术是指（　　）。

A. 管理游戏　B. 案例分析讨论　C. 角色扮演　D. 无领导小组讨论

4. 下列（　　）不是国内从事人员素质与能力测评的机构。

A. 政府测评机构　　　　B. 国际测评机构

C. 行业测评机构　　　　D. 民间测评机构

5. 下列说法错误的是（　　）。

A. 许多组织的评价中心的主试者是由组织内部的上层管理人员和人事部门的管理人员，或专业的测评专家组成

B. 情景设计中的逼真性只能是一种相对的“真实”，而非绝对的真实，是现实的写照

C. 评价中心的测验仅能够测评被测者的实际工作能力，而不能测出被测者其他方面的各种素质与能力

D. 实践证明，评价中心的预测结果与事实的吻合程度远远高于其他测评方法

三、多选题

1. 评价中心的基本要素包括（　　）。

A. 时间　　B. 主试者　　C. 内容　　D. 被试者

2. 下列哪一项不属于评价中心的内容（　　）。

A. 情况介绍　　B. 角色扮演　　C. 公文筐测验　　D. 综合评价

3. 上层管理人员为主试者的好处在于（　　）。

A. 对需要测评的内容和工作所需能力及素质要求非常熟悉

B. 参与评价中心的测评活动有助于被测者较好地接受测评结果

C. 参与评价中心的测评活动有利于他们发现自身的不足，促使自身素质的提高

D. 管理范围广泛

4. 我国由政府主办的测评机构主要有（　　）。

A. 以高考和自学考试为主要测评项目的教育考试系统

B. 劳动者和职业技能的鉴定系统

C. 以党政领导干部和国有企业领导人选拔考核为主要测评项目的组织部门的测评系统

D. 以专业技术资格（职称）考试和公务员录用考试为主的人事考试系统

5. 评价中心的设计要求所设计的情景与拟聘职位的工作实际具有相似性，具体表现在（　　）。

A. 素质相似　　B. 形式相似　　C. 内容相似　　D. 条件相似

四、简答题

1. 评估中心技术与前面各章节的测评技术有何不同？

2. 评估中心技术的主要特点有哪些？

3. 评估中心最适合对哪些人进行测评？

4. 评估中心技术中的情景设计有哪些要点？

5. 我国都有哪几类人才评估机构？企业人才评估的发展方向是什么？

案例分析

某银行公开选拔管理干部

某国有商业银行即将上市。为此，该行推行了全面的人力资源管理改革。其中，对管理人员实施竞聘上岗，即在全行公开岗位信息，符合基本条件的人员均可以报名参加竞聘。

开完人力资源改革会后，某省行李行长开始犯愁。他刚从另外一个省行调来 6 个月，担心 3 个方面的工作做不好。

（1）自己对中层干部还没有熟悉过来，无法准确判断每个人的才能，如果只是采用竞聘演说加上提几个问题的方式，据此做出人事调整决策的风险也太大了！

（2）部分职工对传统的竞聘上岗工作存在着比较偏激的认识，认为是走走过场而已，到头来还是领导和谁走得近就用谁。如此心态下操作竞聘上岗只是形式上的人力资源改革！不能借机建立起公平的用人机制，走的还是老路子。

（3）本行部分职工一遇到认为不公平的事就到总行“告状”，搞不好会影响企业的士气，甚至危及自己的职位。

人事教育处的王处长刚刚接受了一次完整的评价中心技术培训，他通过亲身感受，认识到用这种方法选拔管理人员的科学性。于是，他向行长建议：找一家专业人员素质与能力测评机构帮助搞竞聘上岗。刘行长第一次听说评价中心技术这个概念，心里没底，但苦于没有别的更好的办法，愿意进行尝试，于是就拿出了一个二级分行行长职位（共有 12 个符合基本条件的候选人），聘请一家专业机构来对报名人员进行测评和筛选，并拿出最后的推荐建议。

干部选拔方案：用评价中心技术测量胜任力。

王处长找来的专业机构很快拿出了他们的解决方案。该方案的核心是：用评价中心技术测量胜任力。

1．胜任力模型的建立

专业机构对所要竞聘的二级分行行长职位进行了详细的职位分析，建立了胜任力模型。该模型包含了人际能力管理、团队领导力、开拓性、变革管理、进取心和分析判断力 6 个胜任力特征。

2．设计测评方案

选择和编制评价中心测评题目。

（1）笔试。笔试包括3个方面的测试内容，如表12-2所示。

表12-2　笔试测试安排表　　单位：分钟

测试工具名称	测试要素	测试时间
管理职业能力倾向测验	分析判断力、逻辑推理能力、语言理解能力、书面表达能力和资料分析能力等	120
管理经验测试	组织协调能力、冲突解决能力、适应性、应变力、大局观和变革管理能力等	100
管理风格测试	心理能量的指向、收集信息的方式、决策依据、对待生活和工作的方式等	30
个性测验	进取心、责任感、社会成熟度、情绪稳定性、果断力和动力来源等	90
文件筐	授权意识、决策力、组织协调能力与分清轻重缓急的能力等	90
合　　计		430

笔试的时间为一天。

（2）半结构化面试。半结构化面试时间为50分钟/人，主要测评的维度如下：

1）口头表达能力；

2）自信心；

3）情绪控制能力；

4）社会成熟度；

5）变革管理；

6）进取心；

7）自我认知能力；

8）人际能力；

9）分析判断力。

半结构化面试由5名专家共同主持，主要采用了两种题型：行为面试题和情景面试题。

行为面试题侧重了解候选人亲身经历过的事件，如请简述你所经历过的主动采取改革措施的实例。情景面试题考察候选人在假设问题中的行为反应，如假设你的副手能力不济，但他和你的主管领导关系特别好，你如何使用他？

对12名候选人的半结构化面试进行了整整一天的时间。

（3）无领导小组讨论测试。无领导小组讨论每次测试6人，分两组进行测试。无领导小组讨论的主要考察维度如下：

1）团队领导力；

2）组织协调能力；

3）合作能力；

4）人际敏感性；

5）压力反应。

每次无领导小组讨论的测试时间为 60 分钟。两个小组活动共计 120 分钟。

3. 数据整理和统计分析

4. 提出推荐建议

在以上三种类别的测试基础上，3 天后，专业机构得到了关于这 12 名候选人的综合信息。以二级分行行长胜任力模型为依据，专业机构对这 12 个参加竞聘者提出了独立的推荐建议，推荐等级共分为四个档次，推荐结果如下：

（1）非常适合（1 人）；

（2）比较适合（2 人）；

（3）有点差距（4 人）；

（4）不适合（5 人）。

5 天后，专业机构提供了每个候选人的个人测评报告，报告包括如下几个方面的描述或评分：

（1）个人测评报告；

（2）管理能力与风格；

（3）个性特征；

（4）认知能力；

（5）职业倾向；

（6）胜任力轮廓图。

5. 最终人选的确定：综合决策模型

干部选拔外包给第三方的工作是胜任力模型及在此基础上的科学测评，而最终的聘用决策是以刘行为代表的省行党委参考测评报告，在综合考虑其他因素的基础上做出的。这些因素主要包括：

（1）候选人的民主评议结果；

（2）候选人以往的业绩考核成绩；

（3）目前该二级分行的其他班子成员情况；

（4）该二级分行所要解决的主要矛盾。

最后，省行党委充分尊重了第三方的测评结果，选择了推荐人选中的第一名任该二级分行行长。由于第二名表现也不错，而且非常善于“治乱”，就将其派往另外一个多年来业绩下滑、人心涣散的二级分行任行长，顶替刚刚申请退休的老行长。

由于第一次尝试的成功，李行长开始信任评价中心技术，又拿出了8个副处级职位，请专业机构按照第一次的工作模式进行了测试。

案例分析：从以上案例可以看出，完成这样的测评，需要具备两个条件：

（1）测评专家的专业水平和行业经验。国内从事人员素质与能力测试者众多，但真正系统深入地学习过心理测量学的人才极少。另外，还要求人员素质与能力测评专家熟悉行业经验，熟知行业文化和职位胜任力模型中的各项特征的真正含义。

（2）评价中心工具是否进行了精心的设计。好的测试题是选准人的前提条件，无论是面试题，还是情景模拟题。评价中心试题的编制是一项非常复杂的、需要高度专业经验的工作，非一般从业者能力所及。

这样就引出一个问题，为了选准一个职位上的人才，该行花费了大量的时间，并支付了一定的咨询费用。这种做法值吗？

研究表明，领导凭主观印象选拔干部的成功率为25%，传统组织考察选干部的成功率为40%左右，而用评价中心技术的成功率为85%以上。选一个行长可能花费数万元，而一个不称职的行长所造成的损失能达数亿元，从投入产出比来看，还是值得的。

本案例还给我们以这样的启示：选拔中高级管理人员时，在测评职位胜任力基础上，实施评价中心技术测评，有一项十分有效的选拔方式。评价中心技术不像传统的面试和知识考试那么简单，但却有最高的预测效度。

（资料来源：中国人力资源网——典型案例）

案例思考题

1. 无论什么岗位，按照本案例的测评程序做就一定能成功地选出最适合职位要求的人才来吗？

2. 该案例是银行选拔中高层管理人员，这套测评方式是否适合其他行业呢？有不适合的请举出例子来。

调查研讨题

1. 就你所了解的情况，目前有哪些企业或机关、事业单位及其他团体在选人用人时进行过评价中心技术测评？效果如何？

2. 你所在的单位领导对评价中心技术了解吗？

参考文献

[1] 赵琛微．员工素质测评[M]．深圳：海天出版社，2003.

[2] 费英秋．管理人员素质与能力测评[M]．北京：经济管理出版社，2004.

[3] 胡宏峻．人才评估[M]．上海：上海交通大学出版社，2004.

[4] 王益明．人员素质测评[M]．济南：山东人民出版社，2004.

[5] 萧鸣政．人员测评与选拔[M]．上海：复旦大学出版社，2005.

[6] 孙云晓，卜卫．培养独生子女的健康人格[M]．天津：天津教育出版社，1998.

[7] 龙燕梅，唐忠明．人才评估·中国企业人员素质与能力测评现状调查[M]．上海：上海交通大学出版社，2004.

[8] 朱晨海．人格特质——类型理论与心理测评[J]．人才评估，2004.

[9] 彭平根．评价中心之来龙去脉[J]．人才评估，2004.

[10] 包晨．测评技术之最新进展[J]．人才评估，2004.

[11] 申林．中国HR测评现代进行时[J]．人才评估，2004.

[12] 梁开广，李志凌．高级人员素质与能力测评五大误区[J]．人才评估，2004.

[13] 李晓影．人才评估界的“野心家”[J]．人才评估，2004.

[14] 朱晨海．中国人员素质与能力测评之千年古道[J]．人才评估，2004.

[15] 杜薇妮．评价中心的九大实施要点[J]．人才评估，2004.

[16] 王垒．实用人事测量[M]．北京：经济科学出版社，2002.

[17] 陈仲庚，甘怡群．人格心理学[M]．西安：时代文化出版公司，1993.

[18] 格里格，津巴多，王垒．心理学与生活[M]．北京：人民邮电出版社，2003.

[19] M·W·艾森克．心理学——一条整合的途径（上、下）[M]．上海：华东师范大学出版社，2001.

[20] 孟昭兰．普通心理学[M]．北京：北京大学出版社，2003.

[21] B·R·赫根汉．心理学史导论（上、下）[M]．上海：华东师范大学出版社，2004.
[22] 车文博．西方心理学史[M]．杭州：浙江教育出版社，1998.
[23] 张春兴．心理学思想的流变——心理学名人传[M]．上海：上海教育出版社，2002.
[24] 墨顿·亨特．心理学的故事[M]．海口：海南出版社，1999.
[25] 杨鑫辉．心理学通史[M]．济南：山东教育出版社，2000.
[26] 黎黑．心理学史[M]．杭州：浙江教育出版社，1998.
[27] 波林．实验心理学史[M]．北京：中国商务出版社，1981.
[28] 柯瓦奇．近代心理学历史导引[M]．北京：中国商务出版社，1980.
[29] 孟昭兰．人类情绪[M]．上海：上海人民出版社，1989.
[30] 时蓉华．现代社会心理学[M]．上海：华东师范大学出版社，1997.
[31] 叶浩生．西方心理学的历史与体系[M]．北京：人民教育出版社，2000.
[32] 郭本禹．当代心理学的新进展[M]．济南：山东教育出版社，2003.
[33] 林崇德，杨治良，黄希庭．心理学大辞典[M]．上海：上海教育出版社，2003.